幸福學：學幸福

| 第四版 |

五南圖書出版公司 印行

推薦序：大學教授群聯合推薦

邱志義

國立中興大學資訊管理學系與應用經濟學系合聘教
授兼產業發展中心主任、前行政院公平委員會委員

陳澤義教授以這本新書，請序於我。基於與他三十年交情，亦師亦友，固然義不容辭，當然也要道出長期以來，我所知道他的為人與做學問的誠懇與認真！

我是陳澤義教授博士論文的指導教授。三十年來，看著這位優秀學生青出於藍，努力不輟，成就非凡，實在令我引以為傲！

1985年澤義進入中華經濟研究院，協助我研究許多能源政策，尤其是電力政策與經濟分析課題，我們除了發表國內外期刊及學術會議論文之外，更合著四本專書，包括《電力經濟學》、《能源經濟學》、《科技管理導論》、《溫室效應與產業發展》。

澤義大學是唸政大統計學系，碩士是唸東吳經濟所，為了更上一層樓，1988年他考上交大管理科學研究所博士班。當時他為了繼續保有工作或者深造，面臨兩難！沒想到很幸運地，獲得蔣碩傑院長及于宗先副院長大力支持，得以留職留薪攻讀博士，完成學位。這兩位德高望重、眾所欽仰的學界泰斗，真是愛才惜才，賜予澤義一生最大的轉捩點！為了感恩回報中華經濟研究院的栽培，澤義不但加倍努力研究工作，更選擇與研究計畫直接相關的「缺電成本之估計及其在分級電價規劃上的涵義」為博士論文題目，此一領域二十多年後，正是當今智慧電網趨勢下最重要課題之一。

嗣後，澤義在我推薦及余序江教授提攜下，有難得的機會到美國加州

史丹佛研究院（SRI），進行爲期一年的博士後研究，並且與余博士合著專書及國際期刊學術論文。因爲管理學的背景，1999年轉任教職於銘傳大學、東華大學，到現在的國立臺北大學擔任通識教育中心主任以及國際企業研究所所長，作育英才無數，著作等身。不但在國際學術期刊發表百餘篇論文，更出版六本有關服務管理、科技與創新管理、國際行銷管理之大專教科書，充分發揮他管理學領域的專長。

除學術研究領域，澤義更寫了許多鼓勵年輕人的好書，包括：民國100年出版第一本《美好人生是管理出來的》（聯經）。接著，民國101年出版第二本《影響力是通往世界的窗戶》（聯經），民國102年出版第三本《管理與生活》（五南）與第四本《生涯規劃》（五南），前兩本書更在民國103年於中國深圳發行簡體字版（海天）。

從陳教授努力出版上述勵志書籍來看，他確實是以教導年輕人爲使命。在他這一本新書《幸福學：學幸福》中，他認爲每一個人都有與生俱來的幸福DNA。如果，你沒有感受到這種幸福，你可以依循這本練習手冊，按圖索驥，找到幸福美滿快樂的人生！而本書正是作者親身見證的幸福學專書。

我從陳澤義教授身上，看到他過去三十年來，婚姻幸福，父慈子孝，家庭美滿，一步一步找到人生的幸福。這就是最好的見證！

孫純慧

國立臺北大學企業管理學系教授兼教學發展中心主任

「要幸福喔！」幾乎成為今天的大小喜宴中，賓客們同聲高呼的恭賀口號。而幸福與快樂的追求更是人們與生俱來的基本期望。雖是如此，如何可以獲得幸福與快樂，對於這麼實際且基本的需要，好像看不到坊間有清楚的教戰手冊提供。陳澤義教授以他個人的人生體悟，繼其《美好人生是管理出來的》、《影響力是通往世界的窗戶》及《生涯規劃》等大作之後，創作此書《幸福學：學幸福》，真是給所有追求幸福與快樂人生的普羅大眾，一條簡明實際的可循之道。

陳教授不愧是知名的管理學者與教授，他深知學生學習的過程與需要，不厭其煩的娓娓道來幸福人生的內涵、詮釋與說明，如何因著對過去的惜福感恩、對現在的知足欣喜以及對未來的充滿信心，而得以擁有、維繫、發展充滿希望與幸福的人生，我身為他的同事，更得以親眼見證此一真實。

一本過去以來陳教授著作的獨有特色，本書各章均以「幸福宣言」的幸福方塊開頭，供讀者自我激勵與宣告用途，並以「古今中外」的名人感人小故事結尾。各章之中並均列有「幸福詩篇」供讀者反思，為了讓幸福快樂不再僅止於口號，各章內容均搭配有「習作練習」。本書無非是一冊貼切的「練習幸福完全手冊」。

上帝創造人類時，賜給人類最寶貴的禮物，就是「自由選擇」的權利。每個人承受這麼寶貴的禮物，如何善加利用與有效判斷，就產生了截然不同的後果。我們的始祖亞當及夏娃夫婦選擇「不順服」，因此帶給後代子孫永遠的與神隔絕（死亡）。因著罪與死亡所帶來的種種苦難，上帝不捨祂所創造與深愛的人類受此永遠的痛苦折磨、無力自救，因此開啟了上帝的救贖計畫——讓自己的獨生愛子耶穌基督道成肉身、來到人間，在上帝的救贖計畫中，因著耶穌基督選擇了「順服」，使得人類因此得以與上帝重新和好，恢復起初上帝創造世界萬物的美好，人類重新恢復幸福與

快樂。

　　誠如澤義教授所言，人生就是一種選擇，當我選擇相信上帝愛我，而且對我的一生有奇妙的計畫。這時，我知道我的人生是有意義的，我知道我從哪裡來，會往哪裡去，我只要依著我的人生說明書（上帝的旨意），活出原作者（創造我、賜我生命的上帝）所要我發揮的功能（人生的意義與價值），我能深深感受到我這一生是幸福的，而且，我身邊的人也可以因我得福。祈願所有本書的讀者能夠因此書而蒙福。

劉劢樺

國立東華大學諮商與臨床心理學系教授

　　「幸福」是眾人所追求的人生目的。在經濟發達、物質不虞匱乏的現代社會，人們卻依舊在其他諸如心理與靈性等層面，缺乏內在的幸福感。我與澤義因同在東華大學任教而認識，本書是他的幸福人生祕訣。

　　《幸福學：學幸福》透過一道幸福人生的方程式：「幸福人生＝快樂生活＋希望生機＋美滿生命」，闡述透過有意識地練習「快樂、希望、美滿」，即可以在「生活、生機與生命」中達成「三生有幸」的幸福目標。內容上，從分析生活事理所綻放的智慧，增加知性上的充實；也從引導理想實踐所啟迪的力量，累積行動上的動能。是一本供追求幸福人生的最佳操作手冊。

林遠榮

國立東華大學國際企業學系教授兼系主任

　　幸福人生＝快樂生活＋希望生機＋美滿人生，或許可以稱之爲「幸福人生恆等式」，亦爲《幸福學：學幸福》一書中心旨趣。與澤義兄結識於銘傳，之後繼續結緣於東華，爾後澤義兄因幸福人生規劃至臺北大學任教，不管是之前同事情誼或現在朋友關係，從澤義兄身上屢屢看到人生的逆轉勝的過程。

　　記得在《壽司之神》一片中看到主人翁對壽司的執著，將壽司饗宴氛圍以協奏曲般樂章呈現，「快樂生活」如同經典樂章、「希望生機」恰似即興樂章、「美滿人生」好比最終樂章，透過踏實的「練習」，終將「幸福」解密，本書無疑是一本「練習幸福完全手冊」。

洪廣朋

銘傳大學企業管理學系教授兼系主任

　　幸福學是當代顯學，幸福能掌握嗎？陳澤義教授的大作《幸福學：學幸福》正是提供世人追求幸福的手冊。我與澤義教授因同在銘傳大學企管系任教而認識，認識超過十年。我認識他更早該追溯到我曾聽過他信耶穌的見證。近年來我與他同在一個教會與小組，更多耳濡目染到他的人生經歷與為人處事。因著長時間接觸與許多層的關係，我看到的澤義教授是位幸福的學者，能認識這樣的朋友，是上帝所賜的福氣。因為澤義教授像前行者，讓我看到前方的道路，他也像一面鏡子，使我得以反思與管理如何可以擁有更加幸福的人生。

　　本書圍繞在澤義教授信仰的核心──信、望、愛，加上美滿。幸福的根基就是神愛世人，無私的愛。人生充滿不確定性，需要練習依靠信心而得的快樂；人生交錯著勝利與磨難，需要依靠在黑暗中心存希望，與面對逆境的做法。幸福是設定多重目標，追求圓融之美與心滿意足。

　　中國古人認為人生四大喜事──洞房花燭夜、金榜題名時、久旱逢甘霖、他鄉遇故知。我讀這本書，感到很多概念對於提升幸福是有幫助的，像是練習快樂的期望確認模式、練習樂觀的ABCDE模式，多目標決策與平衡計分用於人生目標的選擇等。這一本書是澤義教授融合信仰、管理學、與人生經驗的武功祕笈。澤義教授內心充滿愛心，以及分享知識與經驗，我誠摯地推薦這本書，這本書的內容是提供讀者追求幸福與管理幸福的手冊，讓讀者透過反覆練習取得幸福的密碼。

許芳銘

國立東華大學資訊管理學系教授兼系主任

　　「你幸福嗎？我很美滿！」是早些年流行於坊間的俏皮話。然而隨著離婚率的增加，這樣的幸福，好像離臺灣愈來愈遠。與澤義學長結識於交大博士班，之後繼續同在銘傳大學、東華大學任教，認識已超過二十年。澤義教授的《幸福學：學幸福》一書，揭示了尋找幸福美滿的具體寶鑑，也是他與大嫂結褵二十多年的最佳寫照。尤其是其中的「幸福宣言」，提供正向思考的宣告，「在上帝安排給我的生命中，每天都是美好、奇妙的」不啻是暮鼓晨鐘，提醒我們向造物主感恩，數算自己日子的價值，使人生得以定錨，追尋更美好的將來。

邱 士 宗

國立臺北大學會計系教授

　　澤義是我讀交大管研所博士班的同班同學，無論是在對學術研究的投入，或是在信仰的單純上，他始終都是十分值得我學習的榜樣。〈帖撒羅尼迦前書〉五章十六至十八節：「要常常喜樂，不住的禱告，凡事謝恩，因爲這是神在基督耶穌裡對你們所訂的旨意。」這幾節聖經可以說是澤義的人生態度之最佳寫照。

　　在我的印象中，澤義就是這樣一位單純愛上帝，始終心存感謝的人，而這也正是他擁抱幸福的祕訣，現在他藉由本書與讀者分享這些祕訣：那就是無論我們所處的環境如何，都應該選擇希望，保持樂觀，以積極的態度追尋自己人生的目標。我相信這本《幸福學：學幸福》可以帶給讀者許多正面的啟示。

葉別蓮

銘傳大學國際企業學系教授

　　每一個人都有一條屬於自己最幸福美滿的道路，每一個人都有與眾不同的聰明才智及專長，選好自己的道路，走自己的興趣，且合乎自己能力的道路。在羨慕別人的時候，也要欣賞你自己，因為每個人都有自己的路，加上熱情洋溢的行動，就是屬於自己最幸福美滿的道路。

　　澤義教授是我讀研究所碩士班的同學，我與他已有三十年的同窗友誼。他十分關心年輕學子，也很樂意幫助年輕人。他時常跟我提起，希望能將他多年傳授管理學的經驗，與人生的體會結合在一起，透過出書方式，提供給年輕人一些想法，幫助他們在面對將來事業和前途、愛情與婚姻，感到困惑時，能釐清思緒、規劃出一條屬於自己的人生道路。我非常榮幸受邀為陳教授的新書：《幸福學：學幸福》寫序，深切期望這本書能夠幫助年輕人找到屬於自己的一條快樂、希望與幸福美滿的道路。

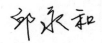

東吳大學經濟學系教授兼教務長

　　世人窮其一生，所追求為幸福及快樂，澤義教授由其自身經驗，提供追求幸福人生的一本教戰守策即《幸福學：學幸福》一書，指出：「幸福人生=快樂生活+希望生機+美滿生命」，說出幸福人生涵蓋了三大部分，即生活、生機與生命。

　　心中經常喜樂，追求快樂的生活，對人事物充滿希望，領航未來希望生機；洋溢美滿的人生，豐富美滿生命。澤義教授是我讀東吳研究所碩士班的同學，我認識他已超過三十年，澤義藉著其生活的經驗與心得集結成書，可提供給每一個人，如何去追求自己幸福人生，本書實為追求幸福人生必讀的指南，謹惠心推薦給大家。

鮑世亨
淡江大學國際企業學系教授兼系主任

　　隨著科技的進步，平均而言，人類的生活品質逐日提升。遑論遙遠的過去，只以前清而言，康熙、雍正、乾隆雖貴為九五之尊，但卻不知吹冷氣的滋味，不懂看電視的感受，也無法理解藉由電燈照亮可使暗夜通明的感受，而這一些對當代人來說，均只是一般人的基本生活享受。筆者未實證調查，但似可斷言大多數的人會認為自己不如康熙、雍正、乾隆三帝幸福、快樂。筆者不是歷史學家，所讀之歷史文獻也很有限，實無能力判斷康雍乾三帝或歷代君王、甚或當代之皇帝國王是否幸福、快樂？但可肯定的是，身為皇帝不見得即為幸福、快樂之人。朱由校（明熹宗）若不是皇帝而是一名工匠，他應該會更快樂、更幸福。

　　一個人的出身非自己所能選擇決定，因此如何在先天給定的條件與環境中塑造一幸福、快樂的人生過程，無疑是一重要的課題。據現存文獻的報告，平均而言，富人比窮人快樂，但財富大於某一臨界值後，金錢已無法給予人們快樂的感覺。同樣得自文獻報告，資訊封閉之窮國人民的快樂指數，常高於資訊發達之富國人民的快樂指數，且聰明者不見得比愚笨者幸福、快樂。因此，應可謂相互比較實乃造成人們不幸福、不快樂的主因。

　　如前所言，隨著科技的進步，人類的生活品質較以往提升，也因科技的進步，形成當今貧富差距日益擴大的M型社會，再加上資訊傳達快捷，人們比較勝敗得失的資料更多，而衡量一個人價值的標準，常是金錢與權力，因而人們不幸福、不快樂的感受更嚴重。當選總統或擔任董事長甚或就讀一流名校，此絕非單純憑一個人的努力即可達成，尚需仰賴多項主、客觀因素的協助，因此無需向他人炫耀，他人也無需忌妒這些人生勝利組，畢竟金錢與權力不是衡量一個人是否幸福、快樂的精準指標。事實上手工靈巧能做出精緻物品的工匠朱由校，遠比昏庸無能弄得政令敗壞的皇帝朱由校來得有意義，且對朱由校而言，也會較幸福與快樂。所以找到一

個指南而可邁入幸福、快樂的生活，實刻不容緩。

　　我們常將幸福與快樂視爲同義，事實上兩者是不相同的。「快樂」是個人的、私有的──亦即只要自我感覺良好，即可得到快樂；但「幸福」是分享的、共有的──亦即爲同一群體的成員共有美好、溫馨之感才能有幸福。因此幸福的境界更高，追求更爲困難，然因本書指出「感謝過去，惜福現在，施恩未來」此不二法則，以及書中諸多詳盡解釋與具體指導，令人頗有苦海浩瀚幸得捷徑之感。透過這本精彩生動的《幸福學：學幸福》，我們宛如沐浴於風和日麗、空氣清香的氛圍中，也感受到作者的用心與激勵，我們必無所疑慮地懷抱作者所傳達之信念，積極邁向培養幸福DNA的目標。

王又鵬

實踐大學企業管理學系教授

　　澤義教授是我大學同班同學，當澤義交給我這本書，希望我能寫出對這本書的一些想法時，我有點訝異，因為澤義過去寫的書多是管理領域相關的內容，但這本書的書名《幸福學：學幸福》，似乎與經營管理有所不同。不過，進一步閱讀之後，發現這一本書的內容提到許多管理書籍提過的概念，包括「期望確認模式」、「知覺價值分析」、「SWOT」以及「平衡計分卡」等，澤義將前述概念融入練習幸福之中的努力，實在令人佩服。

　　事實上，我對「幸福」的相關議題也早有興趣。記得七年前我擔任實踐大學管理學院院長時，因為受到Tal Ben-Shahar《更快樂》一書中提及的「正向心理學」的影響，曾推動在學院層次開設以「幸福學」為名的課程。當時，該課程應該是大專院校中的唯一。直到今日，「幸福學」這門課已是本校管理學院最受歡迎的課程之一，也可見大家對於「幸福」的渴望。有時，我也會思索「幸福」（eudemonia）與「快樂」（happiness）到底有何不同，看完這本書，終於也能有所收穫，也希望大家都能從這本書所提到的觀點與做法，找到你的人生幸福。

四版序

　　《幸福學：學幸福》一書自從2015年出版以來，能夠在短短八年多改版並發行到第四版。這對於作者而言，無疑是最大的鼓勵，此顯示當前有關「幸福學」的議題，備受各界重視，幸福學領域的各種新課題更接連浮現，亟需正視面對。在此一期間，作者感謝多位學者專家和讀者們，對於本書提出多項寶貴意見。此次第四版修正的重點，是為完整說明幸福學的內容，重點在大幅改寫第十一章（美滿生涯規劃）、第十二章（美滿的戀愛學分）的內容，並調整第四章（快樂溝通）、第五章（釜底抽薪追求快樂）的部分內文，也重新審定調整各個章節的標題名稱與對應內容。

　　2019年爆發全球新冠肺炎疫情後，引發網路與資訊科技的急遽進展，此業已明顯改變世人生活與工作內容的樣態。在此時，如何掌握「幸福學」的核心，並配合新冠疫後網路科技的進展，是本書（第四版）要改版修正的重點。因此，作者在各章中，為因應疫情後的工作與生活，特別改寫或重寫以下各節：重新面對被拒絕（5.2節）；從悲觀中脫困（7.1節）；對未來胸懷樂觀（7.2節）；生涯情境解密（11.2節）；生涯規劃道路圖（11.3節）；從友情到愛情（12.1節）；男女擇偶的標準（12.2節）；戀愛約會寶典（12.3節）等內容。並在其他對應內容處進行增添、改寫或修改，以使論述層面則更為紮實全整。以上努力，係為使探討內容能夠與時俱進、紮實完備。最後，作者由衷期望諸位先進學者專家繼續給予賜教，是幸。

識於國立臺北大學國際企業研究所

2023.5

自序：幸福人生＝快樂生活＋希望生機＋美滿生命

　　幸福（eudemonia；well-being）是可以經由「練習」而學習到的，本書就是你追求幸福，練習幸福的幸福學習指南。

　　幸福不是僅指「物質生活條件」上的居住條件、所得與財富、就業與收入指標；也不是僅指「生活品質」上的社會聯繫、教育與技能水平、環境品質、公民參與及政府治理、健康狀況、人身安全、工作與生活平衡指標。

　　仔細看「福」這個字，左邊是「神」的部首，右邊是「一口田」的筆順，故真正的幸福是自我接受並享有「神賜一口田」的福氣，也就是擁有一顆知足的心。因此，只要有一顆心滿意足的心，你我都會是幸福人，都會做幸福的事。可見幸福的追求，必有更重要的內在因素。不然有錢、有勢、有名望的人，如影視紅星、運動球星、富商巨賈、政商名流之輩為何並不快樂，也不幸福，甚至悲觀、沮喪、吸毒、得憂鬱症或自殺的消息時有所聞。

　　此外，基於「生活的目的，在增進人類全體的生活；生命的意義，在創造宇宙繼起的生命。」「人生以服務為目的，而非以奪取為目的。」「人生自古誰無死，留取丹心照汗青。」以上來自蔣中正、孫中山、文天祥等古聖先賢的訓誨，或可當做我們追尋人生目的、探尋幸福人生的起點。

　　總之，幸福人生的果實是豐碩人生，幸福人生就是你獲得幸福的豐碩果實，並且能夠知足常樂。基本上，幸福人生包括快樂心態的生活、希望滿足的生機、和美滿豐富的生命三個部分。因此，幸福人生的基因DNA就是：「幸福人生＝快樂生活＋希望生機＋美滿生命」，也就是生活、生

機、生命的「三生有幸」，是擁有欣欣向榮的幸福生命。

練習幸福包括三個層次的練習：

第一是練習快樂（happiness），練習擁有快樂的生活，學會對過去心懷感謝、對現在歡欣喜笑、對未來充滿期待，心中喜樂並知足惜福，你會開心的對自己說：「我很快樂。」這是本書第貳篇的內容。

第二是練習希望（hope），練習充滿希望的生機，學會對於未來人事物的滿懷信心，深信將來必定會發生美好的成果，心中樂觀並領航未來，你會自信的對自己說：「我對未來充滿指望。」這是本書第叁篇的內容。

第三是練習美滿（flourish），練習洋溢美滿的生命，使你在健康市場、家庭市場、工作市場、社會市場等四個領域，都成就平衡豐富的美滿人生，你會確定的對自己說：「我的人生幸福美滿。」這是本書第肆篇的內容。

本書第肆篇則是歸結前三篇的內容，提出幸福人生的學習指南。

亞歷山大說：「我們的一生並不是我們直接決定的；我們是先決定自己的習慣，習慣再決定我們未來，我們的一生。」這指出通往美好答案的路徑，你是不是練習好快樂、希望和美滿的習慣，並取得練習幸福的門票，坐擁幸福呢？

在這個時候，你需要做出你生命中的智慧選擇，在關鍵時刻，做出影響人生方向的明智選擇，練習好快樂、希望和美滿的生活習慣，改變自己命運，為自己開創美滿與幸福，練習幸福，成就幸福人不虛此生的快意。再說一次，只要你練習好幸福的習慣，幸福自然就會來敲門。

我深信上帝給每一個人都有一顆正面和健康的內心，因此個人期望讀者能夠透過本書，學習若干技巧來改善不合理，甚至是偏差的思想，建立客觀和理性的思維方式去看待自己和解讀身邊所發生的事物，以走出負面情緒或焦慮不安的困境，甚至扭轉自己若干不合事理的思維模組。並且將上帝所賜的正向能量廣為傳遞，引導讀者找回正向思維和正確的生命態度，重返自己穩妥的人生道路，找回屬於上帝預備好的幸福人生。這就是個人所抱持的基本信念。

本書提供追求幸福人生的教戰守則。書中透過宣示【幸福宣言】，提

供洗滌內心的信條宣告；臚列【幸福詩篇】，道盡古代詩人的人生抒懷；藉由【古今中外】，鋪陳典範學習的人物素材；透過綱舉目張的「各章內文」，提供條列式的記誦渠道；另輔以【習作練習】，提供反覆操作學習的題材。

　　當然，在本書中不免會接觸到「天」或「神」的概念，在這裡，基督教或天主教意指上帝，回教意指阿拉，佛教意指佛或菩薩，道教意指神明或玉皇大帝，非任何特屬宗教或New Age思潮等，則以上天稱之等，由於眾說紛紜，莫衷一是，本書作者全然接納各家宗教的論點，然為簡化且易於說明起見，在後面的敘述中，皆以「上帝」一詞概括承受與替代之。因為全球中基督教或天主教的信仰人口最多，以及作者個人的宗教信仰所致。在此作者尊重宗教多元價值，並無獨尊基督教或排斥其他宗教的意思，其他宗教信仰讀者敬請自行將上帝替換成為其他相關神祇的名稱來閱讀相關文句即可，作者在此聲明。

　　本書之得以順利完成，要感謝國立臺北大學薛富井校長提供一個優質的教學與研究環境，以及校內同仁、學生的切磋。博士論文指導教授許志義恩師的推薦序，以及作者的同學與同事們，包括徐純慧、劉劭樺、林達榮、洪廣朋、許芳銘、邱士宗、葉彩蓮、邱永和、鮑世亨、王又鵬等10位大學教授（係依和作者結識的時間排列）的聯合推薦，使本書增色不少，作者在此特別表達感謝。

　　本書的完成，必須再次感謝愛妻彝璇過去二十七年來的辛勞持家、鼓勵支持和愛心包容，並教養兩個孩子迦樂、以樂完成大學學業。誠如所羅門王《箴言》所云：「得著賢妻是得著好處，也是蒙了耶和華的恩惠。才德的婦人誰能得著，她的價值勝過珍珠。」同時，衷心感謝五南圖書楊士清總經理與王俐文副總編輯慨允出版；臺灣科技大學游紫雲講師在潤校文稿上的細心切實。願將此書獻給　上帝，本書中如有任何疏漏與缺失，尚祈各界先進不吝指正，是幸。

識於國立臺北大學

目錄

第貳篇　練習希望明天更好

第叁篇　練習美滿人生加分

第零篇　幸福是需要學習的

世人從呱呱落地的那一時刻起，
就展開一生對於幸福的追尋，
幸福是從原生家庭出發，
各級學校接棒，然後到工作場合，
再到建立新的衍生家庭，
最後到闔眼的一刻有家人陪伴，
為一生的幸福畫下美麗的句點。
每一段幸福的歲月，都讓我們看見快樂，看見希望，看見美滿，
只要相信、信靠和堅持，在上帝的賜福中，
幸福必然會翩然來到，長留在你的生活中，
特別在你美好的家庭中。

第一章　幸福人生

【幸福宣言】：幸福要素宣言

在我今生的生命中，一切就是這樣快樂、希望和美滿，

這是幸福的三大要素。

每個人，包括我，

都用對自己最有意義的方式，體驗出生命的豐盛和美滿。

現在我帶著愛來回顧過去，並選擇從過去的經驗中學習。

這其中沒有對錯、沒有好壞。

過去的已經過去了，現在存在的只有當下的體驗。

我愛我自己，因為是上帝把我從過去帶到現在。

在上帝的引導下，我會去做對的事，這是幸福的另一關鍵要素。

我更樂於和別人分享我的真實面目，

因為我知道，在生命上，上帝和我是一體的。

在上帝安排給我們的生命中，每天都是美好、奇妙的。

1.1 你也可以通往幸福

當有人講笑話時，我們都會發笑。

不管是開懷大笑、捧腹而笑、淺淺一笑、會心微笑……。

但同樣的笑話，我們聽第二次、第三次以後，便不再發笑。

同時，我們卻將同樣的痛苦、憂傷，一直都放在心底，

沒多久就去思想第二次、第三次，甚至第N次。

而每想一次，我們就痛苦一次。

而在這樣的生活習慣下，我們便開始離「幸福」愈來愈遠。但是，只

要你開始閱讀本書，你也可以走向幸福。

一、幸福是什麼

幸福（well-being；eudemonia），字義上是「well」加上「being」的合體字，是一種處於精神上和物質上都和諧美善（well），且當事人能夠自我滿足（being）的心理狀態。心靈上的幸福感是主要的、最高的善；而追求幸福則是身心靈尋求美善的務實活動。幸福具有雙重性，如下所述：

第一，和諧美善性（well）。即是由亞里斯多德的「目的論」觀點而論，幸福是指所有事物達成和諧美善的終極目標，此為一切文明工藝活動的目的所在。幸福即是最終極、最高級的目的，也就是最後、最高的善（good），故達成目標會增加目標幸福感。

第二，知覺滿足性（being）。即是當事人主觀滿意目前所處的狀態，「知足常樂」，為心中知足所衍生的滿足感和快樂感受。此時是主觀感受到自身的需要、條件和活動皆處於和諧，或是對慾望業已滿足的生活狀態。

從而具備幸福感的人，較容易克服困境，得到快樂，獲致希望，成就美滿生活。當人們發現自己能夠符合人性的基本特質時，擁有好奇心、具有想像力、進取心、社交性、助人心、關愛心、競爭心、嬉戲心，從而使生活生動，富饒樂趣，生命找到價值，獲得認可，幸福感會自然升高。

申言之，幸福是什麼，是福如東海，壽比南山；是福祿壽喜，人間至福；是福氣福氣，幸運之至；還是家庭幸福，人生美滿。這個問題的答案因人而異，莫衷一是，因為人人心中自有一套自己的幸福人生哲學。

幸福不是僅指「物質生活條件」上的居住條件、所得與財富、就業與收入指標；也不是僅指「生活品質」上的社會聯繫、教育與技能水平、環境品質、公民參與及政府治理、健康狀況、人生安全、工作與生活平衡指標。

幸福更是一種體會，是一種平安的狀態，幸福是與知足並列在一起的詞彙。仔細看中文的「福」這個字，左邊是「神」的部首，右邊是「一口田」

的筆順，故眞正的幸福是自我接受並享有「神賜一口田」福氣的感受。當我們能夠接受神所給的那一口田，而自己覺得很有價值時，屬於你我的那一份單純的幸福，自然便會有如青鳥，停留下來，停在你我的肩頭上。

幸福的英文「well-being」，乃是「well」加上「being」，即爲「美好」加上「所是」。也就是對於現在擁有的一切，看做十分美好，此實與中文的「神賜一切」有異曲同工之妙。

幸福的本質在於「知足」，我們常說：「知足常樂」，以及「敬虔加上知足的心便是大利」【1-1】。知足就是活在當下，抓住並且珍惜現在擁有的生活片段，和周遭的人、事、景、物。當我們停下匆忙腳步，好好想想自己擁有的一切，像是朋友、親人、工作和師長等，便可以恍然大悟，提醒自己應當好好珍惜現在，對於現狀能夠知足，便能感到幸福，產生更多的喜樂度過每一個明天。請不要陷在過去，認爲過往回憶最美，這樣的人不會知足，也不會快樂。

我認爲，只要有顆心滿意足的心，你我都會是位幸福人，會去做幸福的事。這時，重要的是要讓自己保持知足常樂，這是人生一段「愛、生活與學習」的旅程【1-2】。

二、幸福的是是非非

人類的英文是「human-being」，乃是「human」加上「being」；此與幸福的英文「well-being」，乃是「well」加上「being」相近。兩者皆有「being」一詞，也說是「所是」，這意味著需要回歸事物的本質，強調「所是」，而非「所有」；強調「你是誰」，而非「你做了哪些事」，即是成爲眞正的人，享有眞正的幸福。也就是對於現在眼前的一切，皆看做十分美好，此實與中文的福；「神賜一口田」，實有異曲同工之妙。

人生中最重要的事情，就是做一件事，當你做好這一件事，你會發現，其他的若干事情就會變得比較不重要，不必太在意，或者比較容易去做。

這個通往美好之事就是，人尋求幸福，感受到幸福。在達成多元目標時，除完成數量目標外，更需要看重品質的幸福感受。否則就算名利雙

收、位高權重、身體健康、服務社會俱佳，但卻對幸福無感，豈不悲哀。換句話說，達到數量和品質目標的幸福感受，是為人生幸福的雙腳，缺一不可。

幸福就像隻小小青鳥，若拚命抓取，青鳥會愈飛愈高，抓也抓不著；倘若我們整天追求幸福，幸福就真的會離我們而去。反而當我們停下匆忙腳步，幸福的小小青鳥便會停下，停在你我的頭頂上。

真的，幸福就在你我的身旁，只要願意仔細看、留心聽，暫停腳步，用心理一理心思，幸福就在這裡，幸福並未離開。

當我們留意周圍平凡事物，例如早晨漫步、晚間慢跑，以及左鄰右舍的彼此問安；甚至開始作畫、學習跳舞、乃至於研發新的食譜、蒔花弄草或烹煮咖啡新法，都可獲得快樂和希望，這是幸福。幸福需要你我花時間培養、品味，以達到無論在什麼情況都能夠知足，有衣有食就當知足的美好境界【1-3】。

事實上，每個人都有幸福的DNA，而本書就是一本練習幸福的完全手冊，幸福DNA的三個內涵要素，就是快樂、希望和美滿，而這一切都需要我們多加練習。

在這個時候，且讓你我練習幸福！天天練習快樂，練習希望，練習美滿，你若是能夠做到，那你離幸福不遠了。換句話說，你就會是個幸福人，你會做幸福的事。讓我們在上帝的光中，建立練習幸福的新習慣吧！

又由於我們內心最深處都是希望能被自己欣賞和被自己尊重，所以自我尊榮和自我實現是馬斯洛所訂定的人類基本需求。而當我們能夠做到快樂、希望和美滿，相信我們必能感到自己尊敬自己，自己欣賞自己，從而感到幸福。

再強調一次，名利的加身對於幸福行動的促成並不顯著，因為許多見證顯示，有名望的人以及有財富的人並未更明顯感到幸福。事實上，幸福感受是主觀的，其和客觀的名利取得實際上較少關聯。此外，權力和地位也不會促成更加幸福，因為掌握權勢和地位的人多會緊握權力，防範周遭他人竊取他的權力，在高度自我防衛的機制下，自然不容易擁有幸福，其理至明。

1.2　三拍子的幸福人生

　　快樂、希望和美滿的感受是直接導致你對自己或他人，進行幸福行動的三大要素內涵。快樂、希望和美滿可以說是三拍子幸福人生的寫照。理由是緬懷過去和活在當下所產生的快樂歡愉感受，足能發生幸福的體會；而擁抱未來前景所產生的希望情懷感受，則是滋生幸福的溫床；同時內心的美滿憧憬則是使幸福行動能夠持續的內在驅動力。在其中，快樂和希望的態度代表短期下的情境，其中快樂是對現在的關照，而希望則是對未來的期許；至於美滿的憧憬代表長期下的堅定。故快樂、希望和美滿三者當可完整表示態度的時空各個層面，具備表達上互斥和周延的效果。以下分別總結快樂、希望和美滿的意涵，如圖1-1，說明如下：

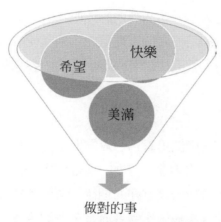

做對的事

圖1-1　幸福人生的三大要素

一、快樂

　　快樂（happy）的英文名詞「happiness」，係來自於冰島文中的「happ」，或古挪威語的「hap」，原意指「好運」或「機運」而言。至於和「happ」有關的字根，則是「偶然（haphazard）」和「偶發事件（happen）」等字。從而，對於突然而來的好運，才是使人感受到真正快

樂的方式。所表現出來的就是「改善時刻」、「情況好轉」時，所產生強烈的快樂知覺感受。這是瞬間即逝的，如喜獲麟兒的父母親、衝線得勝的運動員，或得知運彩彩券中獎的剎那。然而，此種「改善時刻」、「情況好轉」並非一蹴可幾，經常發生的。從而在今日，世人愈來愈擁有財富和地位，然而內心中卻仍然不開心，也不快樂。因此，快樂的追求即需要從內心上學習「轉念」，創造在內心上的「改善時刻」、「情況好轉」情境，獲得隨時能夠從心底快樂起來，創就「常常喜樂」的具體功效。

申言之，快樂（happiness）的意義爲「個人一種即時幸福滿足的狀態，一個心理愉悅的滿意經驗」，特別是在家庭中，享有家庭和樂的快樂。析言之，快樂來自於「助人爲快樂之本」、「有朋自遠方來，不亦樂乎」、「美景美食之享受歡樂」、「知足常樂」、「心滿意足」、「心想事成」等，其當以此爲基準，無庸置疑。此時即是人們的心中順從態度，表現出主觀上滿意他人這一切活動內容或服務時，內心滿足的心情。理由是人們接受這一個事物是符合個人期望的，期望能夠實現更是一件十分快樂的事情。因此，個人就直接順著周遭活動的內容來解讀，產生不假思索的順從態度。

二、希望

希望（hope）的性情被定義爲一般的期望，懷有正面希望的人咸認爲在生活中好事而非壞事會發生，有如「hop」跳躍般的跳出現實環境。即正面希望的樂觀人士會對未來有好的期待，負面希望的悲觀人士則是想著未來有壞事發生。並且相較於悲觀者而言，樂觀者會有較多信心認爲他們的能力可以達成目標或是避免阻礙，他們會較擅長於辨別適合的目標，以及把握追求目標，特別是達成婚姻幸福、家庭和樂、功成名就，美好生活的人生目標。析言之，希望係來自於「人活著就有希望」、「留得青山在，不怕沒柴燒」、「往好處去想」、「期待雲破日出，黑夜終將過去」、「明天必然會更好」的期望。此時即是個人心中認同的態度，並且表現出覺得該事件標的很有價值的看法。理由是個人認同這一個事物是符合成本效益的，且效益大於成本，是一個十分划算的交易。因此，個人就

能夠認同周遭事物的內容，產生心中接受的認同態度。

三、美滿

美滿（flourish）是個人心中勾勒出的美麗風情，是表現出打從心底內化的態度，從而在工作、家庭、健康、社會等各個層面中，有如「flour」麵粉般的四處打滾浸染，皆獲得美好生活的喜悅。理由是個人從心底憧憬的樣態，相信生活中的這一切美麗和豐富都是真實的，絲毫沒有欺騙和虛假的成分。因此，個人就能夠放心追求這一平衡的生命，產生心中擁有充足安全感的內化態度。尤有甚者，美滿更可延伸至個人和自己和好、個人和他人和好、個人和大自然和好、個人和上帝和好的美好狀態，這是個人擁有上帝所賜的永恆生命之圓滿狀態呈現。

另美滿的影響力道明顯大於快樂和希望，因為「內化的驅動力量當源遠流長」，若缺乏腳踏實地真實感受到恆久的美滿，而僅有仰望未來的希望和當下的快樂，則恐流於久旱祈求甘霖、枯木待逢春的柏拉圖式精神幻夢。

最後，幸福更是直指美滿的婚姻與感情生活。在大學四個必修學分當中，最引人遐思卻也最多人被當掉重修的，莫過於「愛情學分」這一門課程。誰不希望在浪漫的大學校園中，在拱門長廊內，和自己心所愛的人、思慕的人，手牽手一起漫步在其中；誰不希望能夠有個心上人，陪伴在自己的身邊，可以談心、撒嬌、聊未來，甚至是要賴。不錯，愛情所結的果實固然甜美，然而，卻是看得到，卻不容易構得著，以及吃得到。

「情」字這條路，或是幸福家庭之於我們，真是有如汽車駕駛巴望看見公路，花草樹木盼望獲得甘露，靈魂身軀期望夜有歸宿，個人內心渴望開啟窗戶，而你我則是希望能夠有新人新婦。試想，人生本來就是痛苦而流光短促，怎可就此灰白虛度，我們需要給自己揭開愛情帳幕，不再落入煙雲迷霧，好好下定決心，勤加練習並全力以赴，相信幸福不再是可望不可及的天際雲路。

有一句老話：「要怎麼收穫，先怎麼栽【1-4】」；有道是「工欲善其事，必先利其器【1-5】」，而一身功夫是需要勤練，才能練就出真本

事的，若沒有眞功夫，怎能獲得美好、長久的果實。還有：「強摘的瓜兒不會甜【1-6】」，這告訴我們，還不到瓜熟蒂落的時刻，就強硬摘取瓜果，這有如朝三暮四，隨意胡亂承諾的對象，通常無法維持長久，難以享有幸福人生。

若是抱持著隨緣就好的想法，不把愛情、婚姻當一回事，每天忙於他務，甚至是裹足不前，只是「盧」在這裡，光說不練，根本不想一探巫山，那就沒什麼好說的。

又爲什麼一對對甜蜜萬分、如膠似漆，令人稱羨的登對配偶，卻是難以長相廝守，永浴愛河，舉案齊眉。這當中究竟發生什麼事，「幸福」之道果眞的是蜀道難行嗎？本書以下各章將一一解密。作者深信每個人都有幸福的DNA，本書則是一本練習幸福的完全手冊。讓我們繼續看下去吧！加油【1-7】！

【幸福詩篇】飲酒之五

> 結廬在人境，而無車馬喧。
> 問君何能爾，心遠地自偏。
> 採菊東籬下，悠然見南山。
> 山氣日夕佳，飛鳥相與還。
> 此中有眞意，欲辨已忘言。

——陶淵明

〈飲酒之五〉詩爲東晉詩人陶淵明毅然決然辭去彭澤縣令、定意隱居山林後所作。詩人透過描寫農村田園的美好風光，展現自我開適的鄉野生活和超脫塵俗的快樂心境。

詩人寫下自己內心和世俗塵囂遠離，所以能夠雖身處塵世，然而內心能感受超塵絕俗的快意。自己雖生活居住人寰，但不沾染世俗車馬風塵僕僕的嘈雜。這是由於自己的內心超脫環境，因而就算是身居

街市，也一如位處偏遠山林，不受干擾。全詩清新自然，不帶任何矯情心態，寫出詩人內心幸福、與世無爭、怡然自得的幸福心境。

【習作練習】

(a) 請試著去回想從幼稚園、小學到中學的過程中，你曾經做過的兩、三件「壞事」，例如考試作弊、亂丟紙屑、說謊話、偷摘水果、欺負同學等事情，

(b) 再說明本節的三道安全防護罩是否對你發生作用？請誠實寫下你自己的答案。

【古今中外】德蕾莎修女光照人寰

　　天主教修女德蕾莎（Mother Teresa），1910年生於阿爾巴尼亞的斯科普里，40歲時在印度加爾各答成立仁愛傳教修女會，幫助印度窮人。

　　德蕾莎修女胸懷人溺己溺、人飢己飢的仁愛情操，秉持「你的光也要照在別人面前，叫人看出你的好行為來，便叫一切榮耀歸給上帝」的信念。德蕾莎修女像牧羊人一般，牧養、照料加爾各答的窮人，全心奉獻在照顧印度窮人的慈善義舉上。德蕾莎走遍加爾各答陳舊髒亂的窮鄉僻壤，靠近窮困中的老弱婦孺。協助窮人脫離赤貧，使窮人也能有美好的明天。

　　1979年德蕾莎修女獲頒諾貝爾和平獎，並享有「加爾各答天使」的成就榮耀，在87歲時（1997年）辭世，辭世時擁有四千餘個修會，十餘萬名義工，以及120個國家的六百多項慈善事業。她的名言是：「我並沒有做什麼偉大的事情，只是用偉大的愛心做一些微小的事情。」德蕾莎修女抱持這份竭盡心力為上帝發光發熱的仁愛信念，成就她不平凡的生命內涵。

【本章注釋】

1-1 「敬虔加上知足的心便是大利了」，原文出自《聖經‧提摩太前書》，第6章第6節。

1-2 愛、生活與學習一語，出自巴士卡力。詳細內容請參閱Buscaglia, L. (1982), Living, *Loving and Learning*, NY: The Free Press，簡宛譯（民73），《愛、生活與學習》（巴士卡力著），臺北市，洪建全文化基金會出版。

1-3 「只要有衣有食，就當知足」，原文出自《聖經‧提摩太前書》，第6章第8節。

1-4 「要怎麼收穫，先怎麼栽」語出《胡適箴言》。敬請參閱胡適（2013），《胡適箴言》，香港：中和出版有限公司。

1-5 「工欲善其事，必先利其器」語出孔子，敬請參閱《論語‧衛靈公第十五》：子貢問為仁。子曰：「工欲善其事，必先利其器」。

1-6 「強摘的瓜兒，不會甜」語出梁斌，敬請參閱《紅旗譜》四一：「孩子們自然會選擇自己的道路，打著鴨子上架不行，強摘的瓜兒不甜」。

1-7 本章中不免會接觸到「天」或「神」的概念，在這裡，基督教或天主教意指上帝，回教意指阿拉，佛教意指佛或菩薩，道教意指神明或玉皇大帝，非任何特屬宗教或New Age思潮等則以上天稱之，由於眾說紛紜，莫衷一是，本書為簡化起見，在後面各章的敘述中，皆以「上帝」一詞替代之，並不再附注說明。係因全球中基督教或天主教的信仰人口最多，以及作者個人的宗教信仰所致。作者並無獨尊基督教而歧視排斥其他宗教的意思，特此聲明。

第壹篇 練習快樂天天開心

世人窮其一生，所追求的究竟何所指，「幸福、快樂」而已，然而世人多半沒有用對方法，所以時常快樂的人並不多見。

基本上，快樂並不是因為人獲得金錢、名位、愛情、或是其他事物的產物。事實上，長久的快樂是發生在人達成目標的過程當中，付出心力投入某活動的過程中，人看到自己的能力和獲得，就會感到快樂。

事實上，快樂的基本元素是正向情緒，所以需要自己選擇快樂，並且定意努力獲得快樂。也就是人需要多多練習快樂，練習說出正向肯定的話語，讓自己擁抱快樂，浸泡在快樂的正向氛圍中。因此，快樂是我們生活中應當經常具備的元素，好使我們經歷上帝所賜的美好人生。

我們若是能夠經常對過去心懷感謝、對現在歡欣喜笑、對未來充滿期待，內心充滿歡喜快樂的心靈，你就會是快樂人，做快樂的事，特別是在家庭生活中，經營幸福快樂的生活。

就從此刻開始，讓我們天天練習快樂，勇於面對改變的抗拒，在上帝的光中，建立快樂的新習慣吧！

第二章　撒下快樂種子

【幸福宣言】：生命品質宣言

在我今生的生命中，一切就是這樣幸福、快樂和美滿的。

我一直都被上帝所保護著、指引著。

我可以安心探索自己的內心；

我可以安心探索過去；

我可以安心擴展我對生命的視野，展現自己的生命品質。

真正的我，是超過我的人格的——在過去、現在和未來都是如此。

此時此刻，我選擇超越我的預設限制，承認我內在生命的亮麗、光采。

我完全願意學習去愛自己，展現自己。

在上帝安排給我的生命中，每天都是美好、奇妙的。

2.1 快樂就這樣發生了

盼望我們的靈魂能甦醒，

使我們在事情表象的背後，能夠看清事情的真相。

使你我的心不會隨環境而起舞，而是能夠常常喜樂。

看一眼藍天白雲、聽一聲蟲鳴鳥叫、聞一朵撲鼻花香，

內心就有快樂湧流。

有一口食物可以吃、有一件衣服可以穿、有一個朋友可以聊，

內心就可以歡樂。

搭上一趟公車、走完一段街道、做完一天工作，

心中就有喜樂揚起。

　　這就是快樂、歡樂、喜樂的正向情緒的起頭。

　　非常簡單，快樂就這樣的發生了。

一、快樂的意義和功能

1. 快樂的意義

　　快樂（happy）是一個人覺得歡喜和開心的感受，是一種在某種情境下當時的心情。與快樂一詞相類似的詞彙有「興奮」、「享樂」、「愉快」、「爽快」、「開心」等，其意義自有相互交疊之處。然而基本上，我們可以區分成兩大類：

(1) 被動的快樂

　　所謂被動的快樂是指個人在面對某外在刺激的情況下，所產生的很興奮、很享受、很爽快的感受，「興奮」、「享樂」、「愉快」、「爽快」比較是屬於被動的快樂。至於外在刺激是指任何足以使個人的感官產生愉悅與歡愉的操作，例如：

a. 刺激視覺與聽覺：如觀賞影視綜藝節目、脫口秀搞笑、歌唱跳舞節目、遊憩觀光景點與名勝古蹟等。

b. 刺激味覺與嗅覺：如享用美食刺激味蕾、品嚐奇珍異果、聞聞花香撲鼻、置身芳香香水空間等。

c. 刺激觸覺：如撫摸動植物、賞玩收藏藝品物件、享受泡湯按摩樂趣、親友擁抱親吻、性愛撫慰等。

　　基本上，刺激是一種外來的因子，會引起被刺激者進行若干自然的反應，如歡喜快樂或厭惡憤怒。然而，只要刺激一旦消失，被刺激者通常會很快回復到原來的狀態。例如，某人觀看電視綜藝節目，其主持人很會搞笑逗趣；或是觀賞電影，其情節十分幽默風趣，令人捧腹大笑，然而一旦節目結束或電影散場，即會失去刺激源，當事人即無法繼續有快樂與歡笑的感受。再者，刺激與動機自不相同，因此，本節討論的重點並非是關注刺激快樂的事物，而是關注如何引發主動快樂，以及背後的動機。

(2) 主動的快樂

　　所謂主動的快樂是指個人在沒有外在刺激的情況下，所產生的很開

心、很愉快、很喜樂的感受。「快樂」、「喜樂」、「愉悅」比較是接近主動的快樂，在此時，快樂是來自於個人內心的主動思維。也就是個人內心主動來產生快樂，即在意志上具備快樂的動機。動機（motivation）一詞，顧名思義，即為使個人「動」起來的「機」制，是使個人產生快樂的行動運作機制，動機全然是內心思維下的產物。事實上，動機會最後決定每個人實際上去生成的事務。

賽利格曼（Martin Seligman）更指出，快樂並非來自外在的物質，快樂是來自內心，這是一種積極、正向的思維，和心中愉悅的狀態【2-1】。懂得欣賞自己和他人，賞識自己的配偶和家人，珍惜你現在擁有的人事物，這是快樂的源頭。沒有這樣的思想模式，就算你已經擁有天下最多的財富、權力、地位，甚至娶得美嬌娘，你也會看不見，自然也感受不到快樂。

2. 快樂的功能

快樂的感覺除了使你感覺良好以外，還有哪些意義和功能呢？基本上，正向情緒很重要，它不只本身帶給你快樂而已，還會使你和外界的人際交往，如配偶、家人、朋友等，更加成功。正向情緒可以使你在友誼、健康、愛情、工作的表現上都加分，因此，問對方「你真的快樂嗎？」這實在是一個令人省思的好問題。申言之，快樂的主要功能有三，茲說明如下：

(1)快樂更可以造成更高的效率：

人力資源管理中有一條黃金定律，就是「快樂的員工必然是一個具有生產力的員工」，因為一個人若是經常保持高亢快樂的情緒，他的身心靈是處在一個十分健康的狀態，自然會積極、主動的努力工作，且樂在工作；並且正向、勇敢的迎向挑戰，解決問題，如此一來，自然會產生極高的工作效率與效能，產生美好的業績成果。

(2)快樂更可以造成更多的快樂：

基本上，快樂是會感染的，加上物以類聚是宇宙中自然不變的定律，此即「吸引力法則」的運作，故快樂本身會產生更多的快樂，一個時常快樂的人也會製造出更多的快樂，這會形成一個正向循環，透過系統運作而

持續下去。

(3) 快樂更可以造成雙贏的美好結果：

快樂更可以造成雙贏，包括更多的資源以及更多的好事。其中包括：

a. 更多的資源：人們會喜歡與快樂的人共事，也會把資源交付到快樂的人手中，因為人們在內心中都有一個趨近快樂與逃避恐懼的情結。如此一來，快樂的人自然能夠透過資源擴大和內涵建構的程序，把餅做大來引入外在資源，以及有次序的經由分類與構面，豐富所含括的資源內容，形成整體的成長與發展，這是塑造雙贏的一大支柱。

b. 更多的好事：快樂是會感染的，快樂會帶來更多的美好事物。因著心中充滿快樂情緒，洋溢著期望「好事（市）多」的想望，期待更多好事會發生。此時一則快樂的人會努力工作經營，二則快樂的氣氛會吸引更多人參與投入，在「眾志成城」、「家和萬事興」、「天助自助者」、「天助自助者」的運作下，自然會有更多的好事發生，也就是會使你的家庭生活和工作生活充滿美與善，這是建立雙贏的另一支柱。

二、快樂情緒就在你我手中

情緒是一種內在的真實感覺，它沒有所謂的對與錯，好與壞。情緒是一個中性的事物，它可以載舟，也可以覆舟；它可以成事，也可以壞事。此時，不要讓你自己的情緒把你打敗，不要任憑你的情緒，特別是憤怒、生氣、憂愁等負面情緒，管理主宰你的人生。更不要只是貪圖一時的爽快，而失去快樂的心，甚至造成無法挽回的傷痛。因為，不輕易發怒的，勝過勇士；治服己心的，強如取城。更何況不輕易發怒的，大有聰明；性情暴躁的，大顯愚妄【2-2】。

（一）獲得快樂的一般性原則

至於獲得快樂的一般性原則有四者，如下述：

1. 內心是快樂與否的焦點

快樂的焦點在於自己的內心，而不是外界發生的事情。事實上，一個人是否快樂，10%是來自於所發生的事情，而90%則是來自於他怎樣反

應。因為我們沒有辦法決定別人怎樣對待我們，但是我們卻可以決定，我們要怎樣反應。也就是說，你我都要為自己的快樂與否來負責。例如，當你開車時，有人超你的車，這個時候你可以很不爽快的發牢騷，猛按喇叭，甚至是超車回去形成超車大賽，你也可以一笑置之，不當做一回事，快樂與否全在乎你的內心。

2. 快樂的主權無人能夠奪走

　　快樂的主權在你自己身上，除非獲得你自己的同意，否則別人不能奪去你的快樂。換句話說，除非你的放行，把你自己快樂的主權交出去給他人或環境，不然你必然可以享有快樂。因為這快樂是沒有人可以奪去的。特別是某一件事情沒有辦法按照你心裡的計畫去完成，或是當有不公不義的事情發生，甚至是當有人激怒你、惹到你的時候。你特別需要保守你的心，勝過保守一切，因為一生的果效，是由心發出【2-3】。千萬不要受別人的影響，因而失去快樂的心情。特別是當有一件事情不稱你心，不如你意時。例如，你開車找停車位，剛好看見前方有一個停車位，可是好巧不巧，有一輛車子插入車道搶走你的停車位。在這個時候，千萬不要咬牙切齒，甚至破口大罵，下車理論，因為這會造成雙輸的結果。試想，現在對方已經奪走你的停車位，你千萬不要再讓他奪去你的快樂。

3. 快樂需要遵守垃圾車法則

　　要記住「垃圾車法則」，就是不要隨處亂倒垃圾。我們四周中，有太多的人心中堆積著許多垃圾，如憤怒、哀怨、苦惱、苦毒等，等著找人發洩，將自己的情緒倒在他人身上。這個時候你需要拒絕收入垃圾，要將自己的垃圾桶蓋蓋好。因此，你要將一切憂慮卸給上帝，因為祂顧念你們【2-4】。當你能夠遵守垃圾車法則，避開不必要的垃圾，自然就更加接近快樂了。

4. 快樂來自於擁有正面的眼光

　　要學習用正面的眼光，去看待人生的不完全，也接納別人的不完全，這是迎向快樂態度的前提。不要讓負面的情緒掌控你，也不要將眼光放在問題、缺點和環境之上，反倒是要放在上帝的可能性之上。應當仰望上帝，我還要讚美祂，祂是我臉上的光榮，祂是我的上帝【2-5】。若是上

帝動了善工，必定成全這工。關關難過也要關關過，你我的焦點不在環境身上，而是在上帝身上。且讓今天的困難成為明天的祝福，今天的生命成為明天的見證。要在內心裡轉換成好心情，也就是不管在什麼情況下，都不要失去我們的快樂。例如，你今天收到通知，面試未獲錄取，證照考試不及格。在這個時候，要知道失敗為成功之母，仍然要保持快樂的心，努力奮鬥，預約下一次的錄取與及格。

（二）獲得快樂的四種情境

再者，在以下的四種情境中，你會覺得很快樂，說明如下。

1. 當你覺得很感恩時

你覺得很感恩：有人表現他很在乎你，在未來會幫助你。例如，嘉聰遇見了好友黃榮，黃榮對他說：「你是我的好同學，我一定挺你，也必然會出手幫助你。」這使得嘉聰倍感窩心而感激莫名。又如，趙雲在公孫瓚帳下不受重用，後遇見劉備，劉備識才惜才，視同手足，這使趙雲心懷感恩之情，遂有後來長坂坡單騎救主的義舉。

2. 當你覺得很滿足時

你覺得很快樂：你得到想要的東西，你的慾望被滿足了。例如，彥智苦追美惠五年，終於結婚抱得美人歸，彥智心滿意足而十分快樂。又如，劉備在諸葛亮襄助下，終於攻下成都，取得漢中、西川諸地，完成諸葛亮的三分天下隆中策的大計，內心十分滿足而感到快樂。

3. 當你覺得很有自信時

你覺得很有自信：你展現若干能力或技術，為周遭他人所稱許。例如，水德覺得自己很棒，因為他展示屋頂花園給好朋友明遠看，在花團錦簇、美不勝收的美景下，水德不禁自信而驕傲起來。又如，關羽在虎牢關前「溫酒斬華雄」，自豪能在片刻時分便斬下對方來將的首級，並為義軍群雄諸將所稱許，關羽不禁顯露其武功精湛的驕矜之氣。

4. 當你覺得有人尊敬你時

你覺得有人尊敬你：你會認為自己很了不起，或是很成功。例如，很多人很欣賞尊敬「林來瘋」林書豪，粉絲們覺得林書豪能讀完哈佛大學

學業，又轉到NBA打籃球，實在是十分了不起。又如，諸葛亮在新野一役，初試啼聲，用奇兵計大破曹操先鋒部隊，這使得關羽和張飛不禁拜服，而願意聽從接受指派。

　　例如：每當筆者站在教室講臺前教書時，我會觀照自己，以身爲人師爲傲，以能夠傳道、授業、解惑爲傲。每當我想起這一切，我的快樂感就從心底湧現，源源不斷。我還要學習擁抱快樂的正面情緒。使我天天都成爲快樂的人。

　　再如，筆者時常漫步臺北大學的校園中，我感到所有一切幫助我，陪伴我的朋友，你們都是我的小天使，是上帝派你們帶給我的溫暖，使我的生活多彩多姿。我感到很開心，也很滿足這一切。

三、怎樣產生快樂的情緒

1. 怎樣產生短暫的快樂

　　快樂是情緒感受的一種【2-6】，快樂的情緒怎樣產生呢？又怎樣突然消失呢？這也就是探究產生快樂，特別是短暫快樂的原因。基本上，產生短暫快樂的方式有二：

(1) 將自己的能力長處有效發揮

　　第一，當你用到自己的長處和能力時，會產生「我很有用」的良好感覺，你的日常工作與家庭生活會充滿眞，你的家居生活會充滿美善。例如，語言、數理、體能、創意藝術或專業技能等。因爲上帝創造的每個人都有其天賦才能，若能有效發揮，則會產生「天生我材必有用」的滿足感與成就感，進而帶出自我滿足的喜悅感受。此時，若能將之擴大運用在家居生活上，必然會帶給配偶和家人日常的歡樂和美好的生活。

　　例如，具有音樂天分的偉凡，當他投入作詞作曲的工作時，不禁吹起口哨，哼起小調，眞是快樂陶醉在其中。又如，水滸傳中，一百零八條好漢個個身懷絕技，今在梁山泊群英聚義，打著替天行道旗號，得以發揮自己的個人才能，自然生發出喜悅滿足情緒。

(2)將自己個性的美德充分發揮

　　第二，當你用到自己人格特質的美德時，會產生「我很喜歡我自己」的良好感覺，例如，守時、守規矩、愛乾淨、謙讓、助人或合群等，皆會帶來正向感覺和內心滿足，唯有自己賺來的，才是真正值得的快樂感覺。因為這是上帝創造給個人從小養成的個人特質，特別是正向的美德，若能有效發揮，則會產生「我就是我自己」的高自我形象感受，進而帶出滿足的喜樂感受，若將之運用在家居生活上，則必然會帶給配偶和家人長久喜樂和美滿歲月。

　　例如：筆者喜歡教學生活，也喜歡寫作的日子。每當我站在講桌前，用心教導時；或是坐在電腦桌前，奮力寫作時，深深覺得我是世界上最快樂的人，這種喜樂滿足的心情。因為我可以盡情的講，盡情的寫，在言語和文字中，使聽的人和看的人都能得到幫助，這豈不是人間一大樂事嗎？我喜歡享受在這樣的感覺當中，真是美妙呀！

2. 怎樣建立長久的快樂

　　長久的快樂和短暫的感官快樂不同，故需特別說明。基本上，產生長久快樂的方式有二：

(1)在努力實踐目標的過程中

　　長久的快樂是在你實踐目標的過程中發生，它起源於你有遠大的目標，而非更多的物質。例如，努力做人並成功受孕，奮力養育下一代所帶來的快樂和滿足感。因此，長久的快樂必然發生在你達成目標的過程當中。事實上，長久的快樂是從你投入參加某些活動或事情之中獲得。當你付出心力投入活動的過程中，你看到自己的能力和得著，因而感到快樂。或是從日常工作和生活中，看見自己做得到的事情，由當中發現自己的能力、收穫和滿足感受。例如，參加社團活動中，你發現自己有美好的人際關係，看見自己的生活方向，欣賞自己的能力，感覺有成就感，能夠自主發揮等。又如，在工作中，由於部門經理領導有方，使人盡其才，每個人都能發揮所長，因此該部門員工的士氣高昂，工作效率甚高。

(2) 擴大能夠快樂的範圍，特別是工作時段

　　此外，你怎樣在生活中，建立長久性的快樂呢？基本上，你維持快樂的長度會等於你快樂的範圍、你的生活環境，加上你自己可以控制的變數。若你可以擴大使你快樂的範圍，擁有使你快樂的外在生活環境因素，並且擁有使你快樂的內在因素，你便可以建立長久性的快樂。在食、衣、住、行、育、樂、工作、生活各個層面，皆找到使你快樂的事物。也就是不僅是在娛樂和休閒生活中需要感到快樂，甚至是日常家居生活也可以挖掘出快樂，例如，正確對待你的配偶和家人，說積極造就人的好話，帶出和樂的家庭氣氛。

　　特別是占去你一天清醒生活中最長的上班工作時段，更可以快樂地去面對。這其中，外在生活環境因素僅占一至二成，內在因素則占了八成。因此，你可以使用改變對過去的看法，用心經驗現在，並對未來灌注希望，來導正自己的情緒到正向上，控制自己擁有長久性的快樂。因此，求上帝指教我們怎樣數算我們自己的日子，好叫我們得著智慧的心，能夠過一個常常喜樂，天天開心的生活【2-7】。

　　例如：這些日子來，筆者花了許多時間來寫作，不管是《美好人生是管理出來的》、《影響力是通往世界的窗戶》、《生涯規劃》、《管理與生活》、《溝通管理》，還有這本《幸福學：學幸福》的書。在這樣的寫作過程中，我都享有長久的快樂。雖然在寫成後尋找出版社常會需要等候，甚至遭遇挫折，但這是一時間的苦痛，並不會影響我心中源源湧出的持久快樂。因此，我便能夠一本書一本書地寫，寫出我的心情，也寫下我的盼望，而這一切的快樂和滿足，絕對不是能夠用言語來形容的。

2.2　快樂是一種正向情緒

一、正向情緒是快樂的火種

　　基本上，快樂是一種正向的情緒，可以使人內心愉快，神清氣爽，

故快樂的正向情緒是幸福人生的火種。其中的情緒是一種感覺當事人特有的思想、生理與心理的狀態，是個人在受到外在環境刺激後，所產生的情感經驗。擁有更多正向情緒的人可以建構出更多的心理與社會資本，成為有效的「資源建構者」（resource builder），也就是成為製造資源的「生產者」，而不再是耗用資源的「消費者」。哪些人比較容易快樂（正向情緒）？哪些人比較不容易快樂呢？這個問題的答案就在本書前兩章中。基本上，情緒可以細分成基本情緒與複雜情緒，這又可細分成正向情緒與負向情緒，茲說明如下：

1. 基本情緒

基本情緒（basic emotions）是人類天生就有的，人類擁有的基本情緒感受，此一情緒通常包括生理因素，全體人類都共同擁有。基本情緒通常會經由外界環境所啟動，藉由人體的感受器官達到人體。例如，由於看見、聽見、聞到事物進而生成喜悅，又稱古典情緒（classic emotions）。常見的基本情緒包括喜悅、憤怒、哀傷、快樂、憐愛、憎惡、慾望等「七情」。這又可細分成正向情緒與負向情緒：

(1) 正向情緒（positive emotions）即是積極、向上、樂觀、建設性的情感經驗。例如前述的喜悅、快樂、憐愛等「七情」。此外，另有喜歡、驚訝、偏愛等其他正向情緒。

(2) 負向情緒（negative emotions）即是消極、向下、悲觀、破壞性的情感經驗。例如前述的憤怒、哀傷、憎惡、慾望等「七情」。此外，另有生氣、悲哀、憂心、煩惱、擔憂、厭惡、嫌棄、害怕、恐懼、想要等負向情緒感受。

2. 複雜情緒

複雜情緒（complicated emotions）即是在基本情緒的基礎上，由於不同文化層面對於基本情緒有不同的認知，或是在特定的社會條件或是道德因素下的產物，故稱做複雜情緒。其中，又可細分成正向情緒與負向情緒：

(1) 正向情緒（positive emotions），例如自信、歡呼、憐愛等情緒。

(2) 負向情緒（negative emotions），例如害羞、窘迫、羞愧、內疚、驕

傲、難過、挫折等情緒。

二、就是要產生快樂的正向情緒

　　通常，人逢喜事精神爽，諸事順遂的時刻，容易產生快樂的情緒，這是不爭的事實。例如，洞房花燭夜、金榜題名時、久旱逢甘霖、他鄉遇故知等古人認爲的人生四大喜事，此時焉能不快樂。然而，本節要談的是，就算事情不盡如人意，甚至有壞事發生，仍然定意要選擇快樂。至於進行的方式則有以下行爲、態度、認知與思想等四個層面：

1. 在行為上，去做快樂的事情

　　首先，就是在行爲（behavior）上，直接去做快樂的事情。例如，去做幫助別人的事情，因爲「助人爲快樂之本」。去做溝通分享的事情，因爲「分享的快樂是何等的多」。去做感謝感恩的事情，因爲「感恩知足，知足常樂」。去做讚美別人的事情，因爲「讚美他人就是欣賞自己，快樂自然來」。而因著感謝他人和讚美歡笑是最常見的行動，本章以下兩節就先說明感謝與讚美歡笑。至於溝通分享與幫助他人，則請見本書第四章的內容。

2. 在態度上，就是要快樂

　　第一章提及，快樂的字根「happ」，就是面對偶發事件的轉念。因此，定意「轉念」要選擇快樂，便是能否快樂的重要關鍵。因爲，一個人不快樂也是過一天；快樂也是過一天。不快樂也是上班做工作；快樂也是上班做工作。那爲什麼不去快樂的過日子，從「態度（attitude）」上選擇就是要快樂呢？在此時，係先從「意願」上轉念，願意去做到快樂，至於「能力」上能不能做得到快樂的問題，則可以在下一個階段再來解決。

3. 在認知上，學習將成果轉念成為快樂

　　認知（recognition）是態度的基礎，就是對一件事情的解讀。此時，讓我們對事情的「成果（outcomes）」予以「轉念」，重新解讀。一般人都是看成果的形式（form）來解讀成果的價值，也就是按照這個成果的外在形式，來決定這個成果好不好，若是好就會快樂，不好就不會快樂。此時我們要轉念，改成看成果的本身（content）來解讀評估其價值，也就是

只要個人努力做了，盡心盡力完成了，就可以滿足，可以快樂。也就是要：

　　從必須要工作中升上主管才會快樂，轉念改成只要完成努力工作就可以快樂；

　　從必須要考試考九十分以上才會快樂，轉念改成只要完成努力讀書就可以快樂；

　　從必須要業績上產品暢銷才會快樂，轉念改成只要完成努力銷售就可以快樂；

　　從必須要作品有銷售佳績才會快樂，轉念改成只要完成努力寫作就可以快樂；

　　從必須要申請被錄取才會快樂，轉念改成只要完成努力工作與申請就可以快樂；

　　從必須要考上第一名才會快樂，轉念改成只要完成努力學習事物就可以快樂。

　　這是因為個人已經「做工完成」這一件事，因此可以享受做完工作的快樂。千萬不要用世俗的眼光，扭曲了完工的價值。由於在上帝的眼中，祂已認定做完工作是美好的，因「祂看這一切都是好的」。這就有如完成一件藝術品般的珍貴，就值得我們歡喜快樂了，至於得獎升遷則只是錦上添花的小事罷了。

4. 在思想上，聚焦在對的價值來獲得快樂

　　思想（think）是認知的溫床，就是對一件事情想法的切入點。此時，讓我們對人事物的「內涵（essence）」，「轉念」重新思想。就以個人而言，又可分成個人的本身、個人的個性、個人的努力三個方面。

(1) 個人的本身：因為想到我在這個世界上有人愛我，我是被愛的而感到快樂；我是有價值的而感到快樂；我是有用的而感到快樂。

(2) 個人的個性：因為想到我在這個世界上，我是勇敢樂觀的而感到快樂；我是美麗的（英俊的）而感到快樂；我是可愛有趣的而感到快樂；我是個勇士與得勝者而感到快樂。

(3) 個人的努力：因為想到我在這個世界上，我是有生產力的而感到快

樂；我是有能力的有效率的而感到快樂；我是走在計畫中的而感到快
樂；我是行在光明中的而感到快樂。

　　在此時，因著對人事物中的「轉念」思想，將負面轉成正向思想，
將消極轉成積極思想，將灰暗轉成陽光思想，所以個人就可以快樂。即如
「雖然無花果樹不開花，葡萄樹不結果，橄欖樹也不效力，田地不出糧
食，圈中絕了羊，棚內也沒有牛；　然而我要因耶和華歡欣，因救我的上
帝喜樂」【2-8】。

【習作練習】
　　此時，我們可以透過以下的兩階段練習，使自己成為正向情緒的資源
建構者。
　　(a) 首先，想一個很明顯的正向情緒實例，在仔細回憶內容細節後，
　　　　給它命一個名字，然後具體說明這個正向情緒。
　　(b) 然後，找到可以激發你，使你產生歡笑、希望的正向情緒。並經
　　　　常去思想、耕耘這些正向情緒。使它們在你心中生根，產生力
　　　　量，使你能樂觀生活，建立個人和社會資源，並分享給他人。

【習作練習】
　　現在請你練習做一些你可以自我控制的正向情緒，這包括以下三種各
自獨立，各自不相從屬的正向情緒，請分別逐項練習：
　　(a) 過去的：請練習滿意、滿足、欣賞、充滿、真誠。
　　(b) 現在的：請練習歡樂、熱情、愉快、順暢、狂喜。
　　(c) 未來的：請練習樂觀、希望、信心、信任、篤定。

【幸福詩篇】將進酒
　　　　　　　人生得意需盡歡，莫使金樽空對月。
　　　　　　　天生我材必有用，千金散盡還復來。
　　　　　　　烹羊宰牛且為樂，會需一飲三百杯。

> 岑夫子，丹丘生，將進酒，君莫停。
>
> 與君歌一曲，請君爲我側耳聽。
>
> 鐘鼓饌玉不足貴，但願長醉不願醒。
>
> ——李白

　　唐末公元752年，李白和岑勳連袂前往拜訪住在嵩山穎陽山居的好朋友元丹丘。三人一同登高山並飲酒作樂，眞是人生一大樂事，遂作詩「將進酒」，擁抱快樂的正向情緒。李白當時雖處於懷才不遇光景，但卻把握當下，道出「人生得意需盡歡，莫使金樽空對月。」並藉由美酒挑動作詩興致，說出「鐘鼓饌玉不足貴，但願長醉不願醒。」李白化悶鬱爲快樂，創造快樂的空間，即興宣洩情緒，淋漓盡致的展現在這首將進酒的千古佳句上。

2.3 感謝過去的每一天

　　感謝過去的每一天，從心裡表示對過去的感謝，這是通往快樂的捷徑。

一、學會知足，才會感謝

　　事實上，我們生活在臺灣，雖然不能和天堂相比擬，但也不至於和地獄一樣。這裡沒有戰爭，並且連饑荒、傳染病、旱災、海嘯等災難也不多見，糧食和飲水也供應無虞。很可惜，多數人都不覺得自己比地球上至少一半的人來得更幸福。因爲世界上仍有很多人是活在飢餓、貧窮和戰爭陰影中，生活比臺灣更痛苦。

　　你看不見和感受不到，是因爲你往往只「看見」自己的苦，只「看見」自己的缺乏，而對於自己現在擁有的一切都看做是理所當然，因此不會感恩珍惜【2-9】，更不會感謝上帝的賜予。更明確的說，你所擔心的不是「沒有東西」，而是「沒有好東西」。例如，在家居生活中，你沒有

看見溫柔賢慧、辛勞持家的配偶，而老是看見怨懟嘮叨的配偶和身材逐漸發胖的配偶。這時，你眼中只有看見自己所沒有的物品，並且將它無限放大，所以你就抱怨這個不好、那個不夠，以為自己什麼都沒有。一個不懂得知足和欣賞的人，怎麼會感到滿足，怎麼會感到滿意，怎麼會去感謝呢？

事實上，有顆敬畏上帝的心，加上知足的心，便是大利益；因為人沒有帶什麼到世界上來，也不能帶什麼走【2-10】。只要有衣和有食，就當知足，於是我知道怎樣處卑賤，也知道怎樣處豐富；或飽足，或飢餓；或有餘，或缺乏，隨事隨在，我都得了祕訣【2-11】。不是嗎？

請記得：「當擁有成為事實，知足就是義務」，「自己的快樂自己救！」

　　例如：筆者感謝上帝賜給我賢慧的妻子，賜給我兩個大學畢業的陽光男孩，住在臺北市大樹圍繞的家園中，母親健在，自己有個還算健康的身體以及周圍的一些朋友，我實在很滿意、滿足於這一切了。

二、對過去感謝是快樂的第一步

事實上，感謝是可以學習的。先是要對過去表示感謝，將過去美好記憶放大，便能增加生活滿意度。因為你對過去快樂與否的感覺，全然會由你的短期和長期記憶內容來決定，這個認知心理學的道理是再簡單不過的事情【2-12】。

你需要對好事表示感恩與滿足，運用感激來放大好事的好處力道，將美善的家居生活攤在顯微鏡下。同時對壞事不誇大，不用到處對別人訴說，而是用寬恕來解除壞事抓住你的力道。因為心中知足安靜是你肉體的生命；嫉妒他人則是你骨中的朽爛。

例如，今天中午吃午餐（自助餐）時，你夾到一塊你喜歡吃的魚下巴，或是你啃的竹筍排骨湯汁中，你撈多一塊排骨。今天中午你正準備要睡午覺時，隔壁辦公桌的「正妹」對你做了淘氣俏皮的鬼臉。

又如在今天晚上的下班途中，突然有一隻麻雀飛過你的眼前，給你一個小小的驚喜。或是今天搭捷運下班途中，捷運車廂內有一則短文、短詩或標語，令你發出會心的微笑。這些都是值得感恩、表達感謝的事。

例如：筆者感謝上帝在我生命的四周，放下許多真心真情的好朋友，我要感謝這一切的一切。

在高中時代，有建發和明修兩位大俠陪伴，他們總是行俠仗義，真情流露。感謝你們。

在大學時代，有振鋒和伯超兩位打羽毛球的老球友，我們總是一起逛家樂福、逛好市多，享受男人間逛街品頭論足的樂趣。感謝你們。

在碩士班時代，有永和和彩蓮兩位志同道合的同學，我們一起撰寫學術論文，口試碩士學生，在學術界裡互相照應，互相提攜，其樂也融融。感謝你們。

在博士班時代，有士宗和仁偉兩位志同道合的同學，我們一起在圖書館苦讀，演算課堂習題，在學術界裡互相切磋，互相陪伴，我心似清泉。感謝你們。

在中華經濟研究院時代，有志義、柏年和素真三位老同事、老朋友，真心真性情，夢也不能忘。感謝你們。

在銘傳大學任教時代，有廣朋和振益兩位好友，當回銘傳娘家時，我會備感親切。感謝你們。

在東華大學任教時代，有達榮、芳銘、國義三位湯友，連同我一起號稱「東華F4」，我們一起泡溫泉湯池，一起聊天說地，一起遊山玩水，美好時光總是意難忘，我總是深切盼望美好時光能夠就此凍結停住。感謝你們。

現在我在臺北大學任教，又有純慧和建榮兩位天使來陪伴，這使我們感覺到，教學、研究與服務的道路上，一點也不會孤單。感謝你們。

有這麼多位天使在我的四周圍，我實在是一位幸福人，在此要特別感謝愛我的上帝，讚美上帝的慈愛和恩典，是上帝使我在人生的每一段路途中，都充滿著快樂纍纍的幸福果實。

【習作練習】

　　獲得快樂的方法，需要尋找一些好東西，讓我們練習回答以下的問題：

　　(a) 寫下今天發生的三件快樂（好）事情。

　　(b) 為什麼這一件快樂的（好）事情會發生？

　　(c) 這一件事情對你的意義是什麼？

　　(d) 就這一件事情你對自己的滿意度為何？

　　(e) 你怎樣才能夠使這樣一件快樂的（好）事情再次發生在你身上？

【習作練習】

　　請進行「感恩之旅」，並說出三件值得感恩的事情。試著回想：

　　(a) 上一回家庭旅遊的歡樂細節（包括時間、地點、路線與活動內容）。

　　(b) 你和男（女）朋友陷入熱戀時的生活點點滴滴。

　　(c) 你過去如何的努力工作，以致獲得好成績（業績），並獲得工作升遷的詳細過程。

　　(d) 你在小時候和兒時玩伴一同玩耍的青春黃金歲月。

　　(e) 你喜獲麟兒時的快樂經驗。

三、對已經發生的事情能夠感恩的三種方法

　　對已經發生的事情能夠感恩的三種方法【2-13】，說明如下：

1. 接受正確思維

　　從理智上相信，這是個不連續的時代，有太多的行銷和創新機會，充滿著無限的可能性，所以要為未來的機會而感謝。加上造物主上帝賜下美好事物，使你所願的得以知足，以致你能夠如鷹返老還童，因此要為現在的所有而感謝，感謝上帝賜給我親愛家人，賜給我周遭朋友，賜給我身體健康等。同時未來並非過去的延續，無法由過去來預測未來，過去的事情不能決定未來，個人的童年不幸福，並不會導致日後的失意，所以也要為

過去的事實而感謝。

2. 強化美好回憶

　　強化對過去記憶中美好回憶的成分，來學習具體的感恩。例如，為擁有親愛家人而感謝，為擁有新交男女朋友而感謝。這些美好的回憶事物，可以是身邊周遭的小事（如公車上有座位），或是家庭生活的趣事（如家中小兒尿床），也可以是關乎你一生的大事（如工作升遷），這都無妨。重要的是你要留住這個美好的回憶，並主動改變你的記憶成分，進而提高你情緒上的生活滿意度。

　　就算你有個不幸的童年，你也可以透過快樂的回憶取代痛苦的記憶，來使你的回憶空間充滿著滿滿的歡樂。

　　例如，又聾又啞的海倫‧凱勒並不自怨自艾，而是去感謝她有位恩師兼好友的蘇利文，去享受每次學習新知的喜悅，去體會每次皮膚觸摸的溫暖感覺，讓她每次的回憶皆帶著飽滿的喜悅。又如，林肯總統生平遭遇多次失敗，選舉落選，但是他不抱怨，不喪膽，也不自暴自棄，他感謝上帝給他這許多次的失敗，是要帶給他明天成功的動能，因此林肯能夠東山再起，再接再厲，終於選上美國總統。

3. 學習寬恕對方

　　若是你經歷到他人無端的虐待，有個不幸的過往，如曾經有個家暴的雙親、不幸的婚姻，那麼學習饒恕並原諒對方。拆掉過去痛苦記憶的保險絲，使它無法被周邊事物引爆，也不會使你的個性趨向偏執，這需要從情緒來入手。茲以圖2-1列示如下。

　　例如，有一天，筆者無意間由別人處得知我的孩子闖禍了，把我的書房搞得一團亂，我霎時怒髮衝冠，氣沖沖的把孩子叫到面前，不分青紅皂白就霹靂啪啦的訓誡一頓。在愈說愈火的情況下，我拿出在工作時的看家本領，第一點、第二點，條理分明的數落孩子一頓。孩子的頭更加低，但是事實上孩子是敢怒不敢言。

　　後來，孩子的媽介入了解事情的來龍去脈，妻子對我表示，孩子曾對她說：「爸爸一點都不聽我說話，他一點都不了解我為什麼會這樣做，我

圖2-1　對已經發生事情感恩的三種方法

討厭他。」經過妻子的這一段轉述，我這才清醒過來，知道自己在處理的過程中，自己竟然成為獨行俠，自己說太多而聽太少，一點都沒有了解對方（孩子）的想法，也沒有原諒孩子的無心之過。這也成為我的鑑戒，提醒我要多加留意聽別人說話，學習寬恕對方。

四、感恩時要寬恕他人

若是你對於某些人與事無法感恩，其中一個可能的原因是你還未能原諒對方。因此，你需要先原諒寬恕他人，才能夠自然的感恩你身邊的人與事。也就是無法原諒與寬恕是完成感恩的絆腳石，你需要先把它移開，才能做到自然的感恩。

若是要原諒寬恕他人，可以參照所謂的「接近」（reach）法則【2-14】，即透過賽利格曼（Seligman）所提出的R-E-A-C-H五個感恩途徑來達成，如圖2-2列示，茲說明如下：

(1) 回憶

首先是回憶（recall, R），係以客觀的語句來重新回想傷痛的經歷，並說出該傷痛的過程，如遭家人摑掌、配偶背離等。透過重述事件過程來寬恕對方。這時候的重點是客觀描述當時的處境，重現事實，而不需加入

圖2-2　R-E-A-C-H的五個感恩途徑

過多的負面情緒。

例如：我回想起我的女朋友，那時在交往五年六個月之後，女友向我提出分手的要求，她說我們之間並不適合，然後就此音訊全無，人間蒸發。

(2) 同理

再來是同理（empathize, E），就是轉換到對方立場，說出對方為什麼要傷害你的理由，例如家人背負龐大債務，或配偶沉迷酒吧而無法自拔等，並且客觀的檢視這個理由。這時候的重點是清楚有理性的說出具體原因，找出事情背後的原因，不要引動個人情緒而意氣用事。

例如：因為女友在上班的公司，這些日子遇見一位積極追求她的同事，女友必須做出選擇，最後她選擇她的同事，而沒有選擇已經交往五年多的我。

(3) 施恩

第三是施恩（altruistic, A），就是把「寬恕」這件事情，當做一項神聖的禮物，來表示你定意施恩，施惠利他於對方。例如，我定意要原諒家

人或配偶。這時候的重點是表明你個人的決志，突顯這是一件個人定意送出去的禮物，並且斷定這是一樁理性的行為，而非衝動的感情用事。

例如：我於是決定要送給她一份禮物，一份我定意寬恕她的禮物，來明確表示我已經原諒她的劈腿行徑。

(4) 承諾

第四是承諾（commit, C），也就是向第三人說明，我已經饒恕對方。並且將寬恕看成是一個承諾，一個不會改變、長期持續的承諾。例如，我已經承諾要寬恕我的家人、男（女）友或配偶。這時候的重點是讓第三者加入事情中，來表示這是一件公開性的承諾，具體公眾監督的效力，而非私底下的祕密協議。

例如：我向朋友表示，我已經饒恕她，這是一個承諾，斷不會隨意而改變。

(5) 維持

最後是維持（hold, H），即隨時提醒自己，我已經原諒對方，不再紀念這件事情。例如，我不再紀念我的家人、男（女）友或配偶所傷害我的那件事情。這時候的重點是業已凍結此件事的發展，不允許再有節外生枝的意外，也就是強調這是一種剛性結果。

例如：我隨時對自己說，我已經饒恕她對我的傷害，願意用力忘記她曾經劈腿的事實，並且不再紀念這件事。

2.4 現在充滿了歡笑

現在充滿了歡笑，從心裡感受到對現在的歡笑，專注在現在「now

and here」，這也是通往快樂的路徑。

一、活在當下是對現在歡笑的先決條件

前已述及，快樂是可以學習的。除了要對過去表示感恩外，更是要對現在歡笑。所謂對現在歡笑就是享受當下的歡樂情境。特別是核心關係圈中和家人的和樂相處，或是和配偶的親密愛情。其實，在上帝創造的這個世界中，天底下並沒有什麼新鮮事，也沒有什麼舊事老梗，只有當你的眼睛變得老舊，才會使你錯過許多值得欣賞的事物，誤以為日子總是無聊沉悶，千篇一律。事實上，事情的「沉悶」或「新鮮」都是由你的眼睛來決定，且讓你我擁有一雙全新的眼睛吧！

去看看為什麼小朋友每一天都是那麼快樂，就算去家裡附近的公園或便利超商很多遍，「舊地重遊」仍然是這麼開心呢？因為孩子們的心中充滿好奇心和想像力，充滿細心觀察、用心感受的幻想空間。在他們眼中沒有什麼是理所當然或是「固定常模」。孩子們對四周同樣的事物，可以看見其中的趣味，超越事物的外觀，他們樂於留意四周每一件事物的變化和不同點。就算是牆上的五隻小螞蟻，也可以看出牠們不同的隊形和走路姿態。因為在孩童的眼中，這個世界是千變萬化的，今天螞蟻所走的路和昨天走的路並不相同啊！如此一來，便不再是一件遙不可及的事【2-15】。

因此，對現在歡愉的基本要素是愉快、歡樂、順暢。這其中包括兩種性質的愉快：

1. 身體愉快

身體愉快是身體感受到舒爽的感覺，它的效果十分短暫，當外在刺激停止時即會消失。例如，和配偶、朋友或家人看一場高潮迭起的電影，吃一碗熱騰騰的牛肉麵，喝一杯香甜夠味的檸檬青、仙草蜜，打一場全身流汗的激烈籃球比賽，泡一回全身舒暢的溫泉好湯等。

2. 心情愉快

心情愉快是內心感受到歡笑的感覺，它多是認知上的愉悅，刺激雖然結束，仍會停留一段時間。例如，宅在家中閱讀一篇短詩或小說，外出觀賞一場藝廊展示或公眾展演，遊覽一處風景秀麗的地方，聽一場餘音繞樑三日的音樂會等。

　　又因爲喜樂的心乃是良藥，一旦你能夠開心，你便得到醫治你的肚臍，滋潤你的百骨的祕訣。因爲得著快樂的，就得到生命，又得到醫治全人的良藥【2-16】。

　　例如：筆者喜歡晚間在校園中散步，漫步在臺大校園中，挽著愛妻的手，體會迎面吹來的涼風，凝視椰林大道中搖曳生姿的花叢，以及青春學子的開懷笑靨，還有呼嘯而過的自行車影。我喜歡和妻子相約一個好心情，在喜樂滿足的歡笑聲中，訴說一段屬於我們共同的心語。這便是將自己沉浸在身體愉快和心情愉快的場景中。

二、做好對現在歡笑的祕訣

　　如何能夠做到對現在歡笑呢？這需要增強愉快的感受，賽利格曼指出其具體做法有習慣化、鑑賞、清心三者，即所謂的「HAP」法則，如圖2-3所示，茲說明如下：

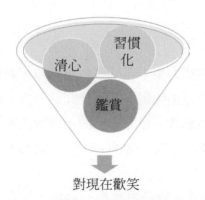

清心

習慣化

鑑賞

對現在歡笑

圖2-3　對現在歡笑的三大祕訣

1. 習慣化

　　習慣化（habit）是讓快樂成爲一種習慣，使快樂能夠每一天、每星期的定期發生。做法上是找出你快樂的持續時間長度，再習慣性地給予外在刺激，也就是建立「儀式感」，來使快樂成爲一種習慣，從而使快樂的愉

快感覺經常發生，並且長久維持著。例如，有機會一起吃飯時，先向對方右手搖三下，左手搖三下，然後笑三聲，完成吃飯儀式，才開始用餐。又如，每天抽空聽一段動人的音樂，週末得閒種植花草，下班途中閱讀書報或遠眺天空的雲彩，下班後到住家附近的親水公園騎單車，甚至是在家居歲月中，有空時翻閱相片，遐想上回度假旅行的種種情節等。

2. 鑑賞

鑑賞（appreciation）就是鑑定和欣賞。也就是仔細的欣賞、品味、判斷當下的人事物情景，其包括五個細部內容【2-17】：

(1) 建構記憶：將當時情景深印腦海，寫下當時最快樂的場景、何人、何時、何事物、最經典的對話，以及特別的紀念物品，或留下紀念物品強化回憶，並可與人分享。

　　例如，筆者如今結婚二十多個年頭了，回想某次在淡水情人碼頭和愛妻手牽手看落日夕陽的情景，當落日餘暉中，筆者握著妻子的雙手，看著她的眼睛，對她說：「妳好美！」在那個夜晚，妻子也大力捏握我的手心，並拍照留下倩影。

(2) 強化觀察力：將注意力集中在某些特定地方，並排除不想要的其餘地方，使你的觀察力更加敏銳。甚至能聞到芳香，聽到心跳，看到皮膚的呼吸起伏而渾然忘我，也銘感五內。特別去回想有趣的事件，定格在某一塊特殊的動作方塊，最好能夠有一段慢動作特寫般的描繪。

　　例如，記下某些特定物品的顏色、花樣、形式，以及對話的內容，甚至是周邊的人物與天氣狀態。例如，筆者定格在愛妻臉上有個淡淡的臉暈，搭配起淡淡的彩妝，以及身穿粉紅色的中國裝，同時也望見耳垂上的銀色小耳環，那是一朵美麗的心形。

(3) 純化感受：單純的沉浸其中，吸收此時此刻的場景，不去想應該如何，不去想下一步會如何，也不想如何改進現況。單純地把自己丟到

這樣一個場景當中。

例如，筆者每次回想此時此刻，心中會不自覺的升起暖暖愛意、心跳加速、臉煩紅潤，內心感到十分快樂，真是作夢也不能忘。

(4) 與周遭他人分享：找朋友分享，使周遭他人知道你是如何珍惜此份機緣，在分享時最能看出你的愉快程度。因為在分享的時刻，快樂總是加倍的多。

例如，筆者喜歡在課堂上和學生分享心中的喜樂，甚至約好朋友出來到麥當勞聊一聊這時的心情。

(5) 自我恭賀：告訴你自己，你是一個很棒的人，別人很重視你、欽佩你，而你等這一天也等很久了。

例如，筆者經常告訴自己，澤義是個幸福快樂的人、超棒的人，是個人見人愛的人。

3. 清心

清心（pure heart）是隨時保持一顆單純的心靈，這是在做好對現在歡笑時必須要有的心態。也就是放鬆心情且心無旁騖的去體會某些事物，將心靈的速度放慢，用心去留意當下環境所發生的事情。特別是家中的一草一木、一瓦一片和吉光片羽。例如，抬頭遠眺遠方的青山，觀看天邊的彩霞，欣賞落日的餘暉，伸手一探無端飛過的小蜻蜓，回味街頭小販的一碗米粉湯、芝麻糊等，這些都可以成為過去美好的回憶。

例如：筆者向來目的導向，每次要做什麼事情，都要先問目的何在。
民國101年5月，我準備要和妻子共度結婚23週年紀念日。我原先規劃安排北投春天酒店泡湯加享受美食晚宴。但是，這次我學習放下既定目

標，這使得安排更有彈性。

　　日子一天天過去，天氣愈來愈炎熱，在當天，氣溫竟超過攝氏三十度，熱爆了，泡湯之行自然胎死腹中。我試探性詢問：「要不要去土城看油桐花節，日子剛剛好」，由於有去年賞桐花時人擠人的不愉快經驗，妻子連忙大搖其頭。

　　後來，望著窗外的一輪紅日，我突然靈光一閃，兩眼一亮的說：「我們去淡水海岸看夕陽，然後，去欣賞超級大月亮。」（原來那天報紙上說，當天月亮距離地球最近，晚上的月亮超大。）就在我和愛妻一起吃完午餐，準備出發的前一刻，妻子接到她的媽媽打來的電話，便興高采烈的要我讓丈母娘和大姊一同前往。看著愛妻高興的容顏，我心想，只要她能夠高興，多兩個大電燈泡也無妨。

　　這時，妻子笑得開懷，一行四人搭船來到淡水漁人碼頭，沿路笑聲不斷，以一顆清純的心，歡歡喜喜享受初夏美好時光。我們一起搭捷運、逛老街、吹海風、看夕陽、賞落日、望明月、觀白雲、啖美食，玩得盡興，真是美好的一天。丈母娘和大姊也謝謝我和妻子彝璇讓她們一起共度我們的結婚紀念日。

　　這使我想起，擁有一顆清心、單純的內心，不要事先預設立場，不要試圖掌控對方，凡事順其自然並保持彈性，必然是容易享有快樂的每一天，也擁有美好的人際關係。

【習作練習】

　　讓我們做完以下「美好的一天」的練習：

　　找出完整的一天，只去做自己喜歡做的事情，寵愛你自己，不要讓生活中的瑣碎事情來打擾你。用紙筆寫下你的計畫，並如實的完成它。記下你自己重要的發現，以及心中自然生成的一些靈感或感動。

【古今中外】樂觀感恩的羅斯福

　　有一位年輕人，某日家中遭逢小偷洗劫，損失甚重。好友前來探訪並多加安慰，他卻說：

「我很感恩，小偷今天只有偷走我一部分的金錢，並非我的全部財物。」

「我很感恩，小偷今天只有偷走我的身外之物，並未傷害到我的生命。」

「我很感恩，今天是小偷來我家偷走我的東西，並非我去偷取別人的東西。」

就是這樣正面、感恩積極、陽光的樂觀態度，使他能夠面對各種苦難和挫折挑戰，也開創出不同凡響的卓越成就，例如，他在美國二次大期間執行凱因斯的經濟新政，成功使美國的經濟擺脫蕭條，重返繁榮。他曾因成功地調停日俄戰爭而獲頒諾貝爾和平獎，他就是美國的第26任總統西奧多‧羅斯福（Theodore Roosevelt）。

【本章注釋】

2-1　快樂的意義係由賽利格曼（Martin Seligman）於《真實的快樂》（Authentic Happiness）一書中所提出。賽利格曼係1942年生，為美國心理學家，主要研究領域為學習無助、憂鬱悲觀、樂觀主義等。1988年並創設正向心理學（Positive Psychology），探究快樂的正向情緒領域。詳細內容請參閱洪蘭譯（民102），《真實的快樂》（馬汀‧賽利格曼著），臺北市：遠流出版。

2-2　「不輕易發怒的，勝過勇士；治服己心的，強如取城」，原文出自《所羅門王箴言》16章32節。「不輕易發怒的，大有聰明；性情暴躁的，大顯愚妄」，原文出自《所羅門王箴言》14章29節。

2-3　「這喜樂是沒有人可以奪去的」，原文出《聖經‧約翰福音》16章22節。「你要保守你的心，勝過保守一切，因為一生的果效，是由心發出」，原文出自《所羅門王箴言》4章23節。

2-4　「你要將一切憂慮卸給上帝，因為祂顧念你們」，原文出《聖經‧彼得前書》5章7節。

2-5　「應當仰望上帝，我還要讚美祂，祂是我臉上的光榮，祂是我的上帝」，原文出自《聖經‧詩篇》42篇5節。

2-6　快樂是情緒感受的一種，情緒感受是許多種感覺、思想和行為後綜合生成的心理與生理狀態，也是對一連串主觀認知經驗的總稱。出自Robbins, S.P. (2006),

Organization Behavior, the eleventh edition, Prentice-Hall, Inc.

2-7　「求你指教我們怎樣數算我們自己的日子，好叫我們得著智慧的心」，原文出自《聖經·詩篇》90篇12節。

2-8　「雖然無花果樹不發旺，葡萄樹不結果，橄欖樹也不效力，田地不出糧食，圈中絕了羊，棚內也沒有牛；然而我要因耶和華歡欣，因救我的上帝喜樂」原文出自《聖經·哈巴谷書》3章17-18節。

2-9　珍惜感恩是一種最好的習慣，詳細內容請參閱Urban, H. (1995), 20 Things I Want My Kids to Know, CA: The Free Press.或曹明星譯，《黃金階梯》（伍爾本著），臺北市：宇宙光出版。

2-10　「因為我們沒有帶甚麼到世上來，也不能帶甚麼去」，請參見《聖經·提摩太前書》6章7節。另「敬虔加上知足的心便是大利」，原文出自《聖經·提摩太前書》6章6節。

2-11　「我知道怎樣處卑賤，也知道怎樣處豐富；或飽足，或飢餓；或有餘，或缺乏，隨事隨在，我都得了祕訣」，原文出自《聖經·腓立比書》4章12節。又「敬虔加上知足的心便是大利了，……只要有衣有食，就當知足」，原文出自《聖經·提摩太前書》6章6節與8節。

2-12　認知心理學是一門研究認知和行為背後得心智處理的心理科學。包括思想、記憶、感知、推理、決定和動機和情感等。而布羅德本特在1958年出版《知覺與傳播》一書，則為認知心理學的指標性論著。其中的認知訊息處理模式，即由心智處理來推理思考的模式，更為其核心模式。

2-13　有關對已發生的事情能夠感恩有四種方法，係由賽利格曼所提出，請參閱洪蘭譯（民102），《真實的快樂》（馬汀·賽利格曼著），臺北市：遠流出版。

2-14　接近法則的實際操作，請參見賽利格曼（Martin Seligman）《學習樂觀》一書。Seligman, Martin E.P. (1991), *Learned Optimism: How to Change Your Mind and Your Life*, New York: Pocket Books.

2-15　「懶惰人哪！你去看看螞蟻，察看牠們所行的，就可得著智慧」。原文出自《所羅門王箴言》6章6節。

2-16　「這便醫治你的肚臍，滋潤你的百骨」。原文出自《所羅門王箴言》3章8節。「因為得著它的，就得了生命，又得了醫全體的良藥」。原文出自《所羅門王箴言》4章22節。

2-17　詳細內容請參閱洪蘭譯（民102），《真實的快樂》（馬汀·賽利格曼著），臺北市：遠流出版。

第三章　建立快樂習慣

【幸福宣言】：現在歡愉宣言

在我今生的生命中，一切就是這樣幸福、快樂和美滿。

上帝支持我自己，生命也支持著我。

在我四周及生活的每一層面，我都可以看見這種生命法則的運作。

我每天要用各種充滿喜悅的方法增強我所學到的功課。

我滿懷歡喜和感恩展開每一個今天。

我充滿期盼每一天的冒險，並且知道：

在我的生命中，「所有碰到的事物都是美好的」。

我愛我本來的自己、喜愛自己所做的一切事情。

我是自我生命活靈活現的展出，充滿熱情和歡喜。

在上帝安排給我的生命中，每天都是美好、奇妙的。

3.1　改變就從現在開始

不管哪一條法案獲得通過，哪一種政策獲得實施，

也不管哪一方意見的聲音比較大，支持人數比較眾多。

這世界上的每一個人都要做他自己的選擇和決定，

並且承擔自己選擇和決定的後果。

這就是幸福管理的真義。

幸福是需要練習，需要管理的；

若是要歡呼收割，你需要流淚去撒種。

就是現在，改變就從現在開始。

　　面對生活中的一片混亂，面對不斷發生的失控和挫敗，如對配偶亂叫，對家人咒罵。面對一再重複出現的生氣和憤怒場景，特別是與核心關係圈中的家人、配偶關係的破裂與疏離，乃至於離異，這是不是很熟悉又無奈……。

　　照一下鏡子，今天起床如廁時，弟弟正好待在廁所，於是你發了頓脾氣；你到站牌時公車剛開走，於是你大聲吼叫；你到辦公室上司對你說三道四，當下你敢怒不敢言，氣在心裡；在中午吃飯時餐廳十分擁擠，你心中不爽，怒斥服務生；在下班時路上塞車，於是你口出惡言，大罵警察無能。

　　這些場景是不是很常見，很熟悉呢，你內心覺得如何。

　　事實上，人生沒有過不去的難題，你不可能坐在難題旁邊等它自己消失，你只有想些辦法去跨越它、解決它。人生也沒有永遠的痛苦、傷痛，再深的痛，再大的苦，傷口總有痊癒的一天；

　　人生也沒有永遠的感情，沒有結局的感情，時間一到總會結束；一個不曉得怎樣擁有感情的人，總是只得忘記，慢慢地，你不會再流下眼淚，慢慢地，你覺得一切都會過去。

　　適當的放下，尋求改變的能量，是你我生命的優雅轉身；

　　心靈的釋放，重拾快樂的容顏，是你我生命的美麗句號。

一、給自己改變的機會

1. 快樂是需要學習的

　　快樂是需要學習的，它不會自然發生與成長，需要在環境壓力中，個人有能力，有自覺的努力調整。也因為有學習，才會有能力去快樂，有能力回轉、悔改、改變，找到屬於自己的快樂。

　　學習才能使我們有能力，包括快樂的能力，乃至於危機處理能力，將危機轉化成快樂。「危機」就是「危險」加上「機會」，是因為有危險的發生，才會有機會來解套。故是危機也是轉機，也是快樂前的灰暗。

　　改變就是要打破原有的惡性循環（crazy cycle），不會落入我們仍然做同樣的事情，卻是期待著有不一樣結果的迷失。並且，學習去增加新的活力循環（energizing cycle），透過新的行為，建立新習慣，以期能帶出

好的結果。因為一旦有好的行為產生，才有機會產生好的習慣。事實上，只要有一方改變，另外一方就會跟著改變了。

2. 給自己一個機會去改變

　　一個人不快樂，是因為他已經放棄欣賞自己和周遭世界，並選擇用一個害怕和灰暗的角度看事物，包括最親密的家人與配偶之間的互動，所以，一切都由人自己來決定。是快樂或是擔憂，這是人可以選擇的，現在就撥雲見日吧，請給自己一個機會，走出既有的思想框架，下定決心願意改變吧。

　　是的，每一個現在都是全新的起跑點，你可以選擇自己想要的意念，當你這樣想的時候，相信你已經進入改變的氛圍，已經下定決心願意改變【3-1】。

　　例如，有一首曲名為〈機遇〉的70年代老歌是這樣唱的：「像天空繁星忽現忽隱，像水面浮萍漂流不停，人生的機遇稍縱即逝，切莫等待、切莫遲延、切莫因循。像晴空白雲連綿不盡，像江上帆影迎向光明，美妙的人生永無窮盡，我心嚮往、我靈渴慕、我願追尋。」讓我們自我覺醒，勇於改變吧！

　　若是這樣，我要恭喜你，你已經訂好「成為快樂人」的太空船門票，特別是享有快樂的家庭生活，只要踏上改變的太空船，就要付諸實現了。坐好了，讓我們開始啟程吧！

二、自我察覺、自我覺醒與自我整理

1. 自我察覺是改變的第一道按鈕

　　現在首先給自己一分鐘，去感覺體會自己在過去這一天的時間中，你在想些什麼，去留意或傾聽自己所說出來的每一句話，特別是與配偶、與家人對話。看一看這其中是帶著害怕、憂愁、憤怒、報復的負面情緒；還是帶著開心、歡欣、快樂、喜愛的正面情緒。

　　你也可以一併檢視你過去一天中微笑的類型，基本上，微笑有兩種，首先是官夫人剪綵的微笑（Pan-American smile），也就是僵化的嘴唇，皮笑肉不笑。另一是杜鄉的微笑（Duchenne smile），此時你的眼角上

揚，出現魚尾紋，笑得很自然。這點你需要先分辨清楚。

基本上，我們是透過情緒去體會發生何種事情，情緒的功能是吸引注意力和協調反應。而負面情緒是要警告和提醒我們，以便有所因應，此稱為「情緒適應」。

例如：憤怒的情緒是提示受到侵犯。如江東陸遜用計奪取烽火臺，並奪取荊州，關羽聞荊州失陷，不禁大怒火冒三丈，導致臂傷金瘡迸裂，跌落下馬。恐懼的情緒是提示危險。如劉備騎著赤兔馬「的盧」，一路被吳軍追趕甚急，直至江邊無處可逃，心生恐懼自言自語說：「難道我劉備命喪此地！」悲哀的情緒是提示失落。如關羽死訊傳到蜀國朝中，劉備聞訊，不禁痛哭，悲傷度日。

事實上，若是人愈注意那些負面情緒，愈會生出更多的負面思想，掉進負面人格的漩渦當中，沒有辦法走出來。因為人注意到什麼，它就會長出什麼，這就是所謂的「吸引力法則（law of attraction）」【3-2】。

當然，自我察覺是需要用點心思去做的事情，因為上述的想法念頭往往是一眼閃過、稍縱即逝、不容易捉摸的。若是你能夠自我察覺到自己腦海中的所思所想，經常出現負向的不快樂意念，你便開啟自我改變的潘朵拉盒子，啟動改變的第一道按鈕。例如：體會經常性頭痛時心底的想法、不時浮現的憤怒生氣意念、規律性肚子痛時心中的念頭、常態性胸悶或失眠時腦海所浮現的意念，並確認此一思維和某一個事件間的連結。

例如，多年前，筆者想在論文寫作中，想謀個好成績，所以就反覆不斷的練習，每天都很努力的加強練習著。甚至是在撰寫論文時，經常會肚子痛，或是拉肚子跑廁所。而這個時候我感覺到自己很害怕，害怕自己寫不出論文。

有一天晚上，妻子不經意的來到筆者的書房，看到我愁眉苦臉的埋頭寫作，妻子很關心的看著我，說：「你看起來不很開心耶，讀書和寫作有那麼痛苦嗎？」

「哦，讀書並不好玩，事實上還滿無趣、滿辛苦的！」我苦笑著對著妻子說。

妻子回答説，「你這是一直在『練習痛苦』、『練習緊張』啊！」你爲什麼不改變一下，換個心情，來『練習快樂』！」

「『練習快樂！』這是怎麼一回事？」我丈二金剛摸不著頭腦的摸著頭。

妻子説：「我以前也是會緊張，也會擔心自己表現不好，所以臉上就沒有笑容；後來我突然發現到，原來我一直都是在『練習擔心』、『練習煩惱』啊！而在全身壓力緊繃下，結果反而不容易表現好。」

「後來，我開始『練習快樂』，練習自己表現得很好，展露出燦爛笑容的時刻，這樣會使我的心情開朗，相信在這樣快樂的氣氛下，結果就容易表現得很好。」妻子繼續對著我說，

看著妻子開朗活潑的笑容，我的内心湧起一道暖流。我點點頭，我決定要開始「練習快樂」！放下煩惱的工作表現壓力，放下很難處理的複雜人際關係，放下研究與教學壓力，練習開心的工作，練習歡笑的時刻，來找回那許久未見的笑容。就是這樣的自我察覺，我的内心開始有了奇妙的改變。

2. 自我覺醒是改變的第二道按鈕

現在給自己一些新鮮的空氣，讓你去厭煩自己那種一而再、再而三的生氣發怒的感受，特別是對配偶的抱怨，以及對家人的怒目相向。而覺醒到就算你自己生更多的氣，這只會對你創造出更多生氣的環境，使你掉進生氣的深淵裡；也警覺到一個事實：其實問題還是在那裡，並沒有消失。

其實，面對負面情緒的「黑狗（black dog）」【3-3】，也就是因爲錯誤的負面思想所引發出的一連串負面情緒感覺，終究需要用正向思考來面對。

若是你能夠醒悟過來，問自己：「我爲什麼要一直生氣？」「爲什麼我非得要大吼大叫？」「我爲什麼要擔心害怕？」「難道沒有別的法子嗎？」

若是你開始自我覺醒到自己的憤怒思想，並且認定這些是造成你生氣不快樂的根本原因，那你便是啟動自我改變的第二道按鈕。

　　例如，筆者那時警覺到自己是一個容易暴怒的人，有什麼事情不順我的意，我便大發雷霆，大聲吼叫，唯恐天下人不知道。後來，上帝啟示我，突然間我發覺到，「我為什麼老是發脾氣？」「我為什麼一定要提高音量大吼大叫？」原來是這件事情我不會做，我用大叫來掩蓋我手足無措的慌張，就像是小時候我碰到不會做的事情，我便大叫找媽媽求助一樣。或是有別人突然插進來，打亂了我的做事步調，我也用大叫來呼救，就像是小時候有人弄亂我的玩具，我大哭大叫要媽媽來救我一樣。於是在上帝的光照中，我發現問題的真相，我問自己：「難道除了生氣大怒之外，沒有別的方法嗎？」於是慢慢的我全身注入新能量，我不再是「練習生氣」，而是開始「練習解決問題」、「練習快樂」。

3. 自我整理是改變的第三道按鈕

　　現在自己深深吸一口氣，讓你自己的思維更加清晰，然後動手改變你內在的心思意念，特別是你對配偶、對家人的想法、感受與期待，乃至於所引發的各樣情緒。也就是改變你的思想方式、說話方式、認知模式和自我表達方式。因為心裡所充滿的，口裡就說出來【3-4】，而若要成就外在的快樂心情，你需要先改變內在的心思意念。

　　若要改變自己的思維，需要搬開舊思維，打掃內心房屋。就像進行一個房間大掃除般，一個房間要先搬開物品，清理灰塵，打掃地面，然後才能潑灑清潔劑，用水刷洗乾淨，也就是讓乾淨的新思維源源不斷地進入你的內心。

　　若是你開始自我整理心思意念，搬開桌椅櫥櫃，揚起一些灰塵，恭喜你，你已經啟動自我改變的第三道按鈕。茲以圖3-1列示習慣改變的三道按鈕。

　　例如，筆者發現自己容易在事情還沒有來臨之前窮緊張，把自己搞得神經緊張，也因此失去快樂。後來，上帝啟示我，突然間我發覺到，我是一個習慣未雨綢繆、事前預備妥當的人，這是好的。但是我不需要過分緊張，因為這不僅於事無補，反而增加身體的負擔，提升容易出錯的機會。

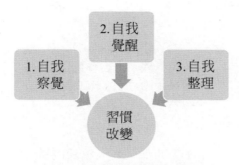

圖3-1　習慣改變的三道按鈕

我也開始自我整理，重新的思考，並對自己說：「我做得很好。」「事實上我已經表現得很棒了。」「這一切沒有什麼大不了的。」於是慢慢的我全身開始放鬆起來，我不再「練習緊張」，而是開始「練習微笑」、「練習放下」、甚至是「練習快樂」。

3.2　抗拒改變是必然的

面對改變，人們會抗拒改變，這是必然的。現在你開始面對旅程中的改變抗拒，這就有如現在你開始打掃家裡的房間，你可以選擇先打掃客廳，也可以先打掃臥室或餐廳。事實上，你可以先從你最想要打掃的房間開始，再循序漸進的打掃下去。例如，你先打掃你的學校生活，然後打掃你的社團生活，再接著打掃你的家庭生活。而要打掃另外一個房間，你必須要先站起來，往那個房間的方向走過去，而不能光是坐著不動。

此時你會發現你不想移動自己的位置，不想打掃清理某一個房間，或是某個房間中某一個角落的灰塵。在這個時候，你會賴在沙發上一動也不動，兩隻眼睛老是一直瞪著電視，或是推託自己正在忙別的事。這是抗拒改變的一些記號線索。

用心發現或面對自己的這些言語之外的線索，正視自己抗拒改變或拖延的壞習慣，就可以啟動改變的第四道按鈕。它有四道開啟手續，茲以圖3-2列示啟動改變的四道開啟手續。說明如下：

圖3-2　啟動改變的四道開啟手續

一、發現一些非言語上的線索

　　首先是發現一些非言語上的線索，非言語上的線索是一些蛛絲馬跡的舉動，隱約透露當事人抗拒或拖延的心態。例如，藉口上廁所離開現場、突然岔開話題、轉開視線目光、玩弄手機或平板電腦、做其他的事情來拖延時間、不想專心聽別人說話、開始吃喝食物或飲料、胡亂翻閱一些報紙或雜誌等，這些行為都是言語外的明顯抗拒線索。

二、看見自己內心的假設

　　再來是看見自己內心的假設，有些時候，在你的內心世界裡，也可能已經自我制訂好若干限制性的假設，例如，你對自己說：「這樣做是沒有什麼用的」、「這樣做對我的問題沒有任何幫助的」、「你們根本不了解我」、「你們完全不了解這件事情」、「對方不會同意你這樣做的」、「我的情形跟你們所想的不一樣」等。而這些內心的假設就像是一個框架，會限制你未來發展的可能性。

　　事實上，現實情況不一定會照你所想的去發展。因為，上述的假設是一種你的自我合理化的想法，業已先入為主的將某些事情做出想當然耳的設定限制。這樣做會明顯將事情的發展情況，限定在某一個層面方向之上。

三、面對自己內心已經搭建好的自我概念

　　第三是面對自己內心已經搭建好的自我概念，此時，你也經常會對自己的現有狀況或自我看法，也就是自我概念認知，做一些限制，這也是常見的自己拖延或抗拒手法。例如，你對自己說：「我已經太老了，不適合這種改變」；「我就是太過膽小了，這個我實在做不來」；「我是一個懶散慣了的人，這種改變並不合適我」；「我已經閒懶慣了，不可能這樣地去衝鋒」；「我個性一向嚴肅，怎麼可能如此放肆」；「我根本不是這種人」等。

　　總之，你已經給自己加上太多的「太……了」，這些強加在自己身上的自我概念，這就是「自我信念冰山（ice-bergs）」【3-5】。它已經像麻繩般將你緊緊的綑綁住，使你根本動彈不得，更別說是向前行走了。

四、確認成長過程中所抱持的信念冰山

　　第四是確認成長過程中所抱持的信念冰山，就是你在成長過程中，有形無形中學習到的一些信念冰山，這些也會成為你改變的阻力。例如，你對你自己說：「這樣做是不對的」、「這樣做是沒有用的」、「這樣做太花時間了」、「這樣做太花錢了」、「這樣做太勞心勞力了」、「這樣做媽媽不會同意的」、「這樣做別人會笑你的」、「這樣做我會沒人愛的」、「這樣做總覺得怪怪的」等。

　　薩提爾（Virginia Satir）的家族治療模式中【3-6】，提出冰山理論（iceberg theory）的比喻，來說明人類行為的內在經驗和外在歷程，因為種種不一致而產生的許多困境。而在信念冰山之下，則隱藏著「情緒」、「觀點」、「期待」、「渴望」四項元素，成為內在價值觀、應對態度和為人處事基本立場。而這些元素的內涵，則左右著冰山上層的外在言語和行為。說明如下：

1. 情緒：指喜、怒、哀、樂、偏愛、厭惡、情慾等基本情緒，乃至於恐懼、驚訝、害羞、羞愧、擔憂、內疚、難過、挫折、窘迫等複雜情緒。

2. 觀點：個人的想法、看法、意見，對於某些事物的內在感受，以及家

庭規範、信念等。基本上，許多情緒的產生，都是來自於觀點之下的後續產物。例如，因爲有認知不公平的想法，連帶感受到委屈和不滿，以至於產生憤怒的情緒。因爲有滿足、知足的想法，產生感謝、感恩的感受，因而產生喜樂的情緒。

3. **期待**：期待或期望是滿足渴望的具體方法。這是渴望產生內心動機，所生成的實體。期待更包括對自己的期待、對於他人的期待、他人對於自己的期待等三個不同層面。例如，對自己的期待能夠到世界壯遊、能夠成爲身材苗條的美少女；對於他人（配偶）的期待能夠溫柔體貼、能夠分擔家事；他人（父母）對於自己的期待能夠考上公職考試、能夠早點結婚等。

4. **渴望**：渴望是指內心深處的需要、希望。包括自由、平等、愛、被愛、被接納、受尊重、被認同、有意義等。

　　個人若能辨識並選擇要改變的渴望、期待、觀點、情緒等冰山元素，訂定要改變的目標，藉以逐步排除渴望、期待、觀點、情緒等元素的干擾，並責成落實爲改變行動，便能夠突破現狀，發揮無限可能，開創快樂幸福的人生。

　　例如，有很多次妻子提醒筆者要練習快樂，而不要繼續練習緊張時。我經常都會猛看報紙、猛看電視來躲避，或是猛瞪她一眼。因爲開始做這種練習並不好玩，彷彿是要脫光衣服，在眾人面前公審自己般的難堪，甚至是要將自己脫去一層皮般的痛苦。因爲我的內心會這樣的告訴我：「這樣做是沒有用的，因爲我已經習慣過著神經緊張的日子，而這些已經陪伴我這麼多年了。」而這些自我信念冰山，就是抗拒改變的重要因素，需要我去面對、去打破。

【幸福詩篇】下江陵

　　　　　朝辭白帝彩雲間，千里江陵一日還。
　　　　　兩岸猿聲啼不住，輕舟已過萬重山。

　　　　　　　　　　　　　　　　　　　　　　──李白

　　這首〈下江陵〉詩是在唐乾元二年（759年）春，李白被流放至雲南夜郎，一路奔波到白帝城（在今四川奉節縣白帝山上）遭逢赦免，返回至江陵（今湖北江陵）時所作。

　　詩中只見李白離開白帝城後沿長江而下行，船隻行走極為快速。白帝城高聳直入彩雲之上，意謂著城牆高立雄偉，令人讚嘆。由「一日還」，能夠回想原先必有一段逆水行舟的艱苦旅程。而李白這趟船行則是在長江兩岸猿猴叫聲的一路伴隨下，那猿猴叫聲猶在耳際，而船隻業已穿過三峽的重疊山嶺，駛進平原地帶。行船快速。李白對現在美好情境樂開懷，心情愉悅，不禁溢於言表。

3.3 練習說出正向話語

　　現在，就是你開始建立正面好習慣的時候，這可以使你大步邁向快樂的旅程，因為練習快樂需要說出正向肯定的話語。這個程序也有四個子步驟【3-7】，茲以圖3-3列示練習說出正向肯定話語的四個步驟，說明如下：

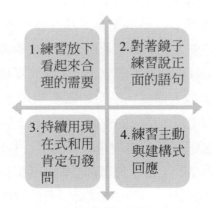

圖3-3　練習說出正向肯定話語的四個步驟

一、練習放下看起來合理的需要

　　第一步是練習放下看起來合理的需要。事實上，生命中最有力量的時刻，就是現在，所以，只要你願意放下自己，你將會得到釋放。正因著你們必曉得真理，真理必叫你們得以自由【3-8】。

　　因為現在的你是你自己造成的，特別是在家庭中的你，在家人眼中的你，乃至於在配偶眼中的你。因此，此處所謂的合理的「需要」，係包括前節所述的信念冰山，其中的「情緒」、「觀點」、「期待」、「渴望」四個元素，舉例說明如下。

1. **情緒**：「我願意放下我沒有面子的難堪。」「我願意放下使我生氣的怒火。」「我願意放下使我憂慮擔心的情緒。」
2. **觀點**：「我現在願意放下在我腦海意識中，造成這種情況的思想方式。」「我願意放下認為不公平的想法。」「我願意放下使我不舒服的感受。」
3. **期待**：「我願意放下我現在所面對的壓力。」「我願意放下我對自己的高度期待。」「我願意放下別人對我的錯誤期待。」
4. **渴望**：「我現在願意放下自己的內心需要，我願意放下自己被別人認同的那種需要。」「我願意放下追求自由，到世界壯遊的需要。」「我願意放下追求平等，要求同工同酬的需要。」

　　例如，若是你想要少打一些電動，那你就要說：「我現在願意放下對於打電動的那種需要。」或如，若是你想要改善親子關係，那你要說：「我現在願意放下使我感受到不舒服親子關係的那種需要。」

　　只要你「願意」放下需要，甚至不需要知道怎樣放下。事實上，你只要願意放下自己的主權，把你的生命主權交給上帝，上帝自然會做好其餘的事情，擔負起全部責任，這就是改變態度【3-9】。試著對自己說：「我靠著那加給我力量的上帝，凡事都能做」【3-10】。而這個時候你心裡所想的，和你嘴裡所說的，都會得到應該有的回應，也因此正在開創你的未來，開始在日常家庭生活層面、夫妻親密生活層面，開始帶來改變。最後，放下需要必然帶出寬恕與原諒，如此才算是完整的完成放下釋放的過程。這時，試著對自己說：我願意原諒（說出自己或其周遭他人的名

字），我原諒你做過的（說出是哪一件事情），以及願意原諒你對我所造成的一切傷害，現在我選擇原諒這一切。

例如，筆者在面對工作上的緊張壓力，準備要用「練習快樂」來替代「練習緊張」時，面對上一節中的自我信念冰山，就是我心中抗拒的呼求，甚至是一種聲嘶力竭的「哀求」。我先勇敢的對它說「不」。

這時我在上帝的光照中，會從心中逐漸升起另外一股力量，這使得我的心中有改變的勇氣，我便對自己說：「我願意放下這一切的壓力。」或「我現在願意放下我自己的面子。」或是「我願意改變。」

當這一句話說出口後，後來的事就變得比較簡單了，我便接著慢慢的對自己陸續說：「我做得很棒！」「這件事情沒有什麼大不了的，沒有關係的。」「這些事情難不倒我，我可以面對。」「靠著上帝加給我力量，我能做到。」就在這個時候，我看到這個自我信念冰山正逐漸融化、消失，我的臉上也開始出現笑容，全身肌肉開始慢慢放鬆，甚至開始手舞足蹈，哼唱起一首歌來，事實上，現在的我已經開始在「練習快樂」，對不對？

二、對著鏡子練習說正面的語句

第二步是對著鏡子練習說正面的語句。當你一個人練習正向肯定的說話時，對著鏡子來練習說話是一個不錯的方式，因為你可以看到你自己的臉部表情和感覺。現在眼睛正視鏡中的你，然後大聲的說出正面的語句【3-11】。

你要說的第一句話就是：「我願意改變」。你更要接著說：「我是很棒的」、「我是好孩子」、「我是人見人愛的」、「我是個有用的人」、「我可以做得到」、「這一切難不倒我」等。

你可以更進一步去說你現在的心情，以及今天發生過的事情。記住，要說正面的事情。

再一次提醒，鏡子可以幫助你看出自己的表情和感覺，以及哪些地方你在抗拒。

　　例如：當建東和冠宇說出：「今天我的心情很好！吃了一頓很可口的義大利麵當午餐，商家用的調味佐料真的太有料了。又在回家後補了一個小時的午覺，消除我一週下來的工作疲勞，使我精神為之一振，實在太棒了。更巧的是，我的大學同學又打電話來找我外出走走，聊得超開心的，還一起打場桌球，舒活一下筋骨，真是太好了，這真是美好的一個下午。」

　　羅沙達（Marcel Losada）比例，是指在某特定時間（如一天當中）內，對話中正向與負向語句的比例分配。在這裡建東說出的正向語句出現的次數，明顯多於負向語句。可見羅沙達比例大於一，明顯偏向正面情緒。讓我們練習更多正面語句吧！

【習作練習】

　　現在請你跟著以下的句子，練習說出一些正面的詞句：

「我就是我自己」。

「我喜歡做我自己」。

「我喜歡我自己的眼睛、鼻子、髮型、身材」。

「我天天年輕有活力」。

「我相信一切都會很順利的」。

「我現在是健康寶寶」。

「我天天充滿愛心和熱情」。

「我現在非常快樂、充滿希望、美滿、自由」。

「我現在擁有美好的幸福生活」。

　　在你說正面語句時，若是你發現哪些地方你在抗拒，那就要停下來，問自己是什麼原因，這時也許你會從心底浮現出一些舊信念，你可以去判讀它是來自何處，然後試著去和這個舊信念對話，特別是對你的家人和配偶。這時要留意不要老是說出負面語句，試著改變吧！特別是在基本的休

息與恢復活動週期（basic rest & refresh activity cycle, BRAC）中，也就是你下班後到隔天上班前的時段，這是你的居家生活品質的代表，也是你最可以改變的空間，就從這裡開始吧！加油！

　　記得，這個時候請不要責怪自己，而是要安慰自己、肯定自己；要好好愛自己，善待自己。因為你是上帝的寶貝，上帝愛你。

　　例如，在筆者開始一天的工作，坐公車上班的路上，我會練習對自己說：「今天真是美好的一天，相信一切都會很順利的。」或是「上帝愛我，上帝好愛我。」用一些正面期待的肯定語句迎接一天的工作。透過在車上的「練習快樂」，我開心迎接每一天的工作。

　　而在忙完一天的工作，坐在回家的公車上，我會對自己說：「寶貝，你今天教書教得真棒，教得好極了。」用一些正面肯定的語句給自己打氣。有些時候，一整天平安無事，我也會對自己說：「我是個很棒的人，我喜歡做我自己。」甚至是「感謝上帝，我充滿喜樂平安。」這些都是我愛用的正面肯定語句，在這一段坐車的時間，我已經大大的「練習快樂」，這時的我，便因此重新得力，帶著滿滿的祝福回到家中。

三、持續用現在式和用肯定句發問

　　第三步是持續用現在式和用肯定句發問。在這裡，你需要練習在對話時使用肯定式來發問（appreciative inquiry），這個方法是由庫柏里德（David Cooperrider）所提出【3-12】，就是要進行有意義的提問和讚美來鼓舞對方，使對方發現自己的最佳點，同時可促使彼此改變關係，特別是對你的親密家人、親近配偶之間的互動過程，這是組織發展的美好方法。

　　練習肯定式發問的背後，即是想執著以下三個信念。第一是相信肯定式發問，深信周遭他人是可以被信任的。第二是拒絕被動式發問，即拒絕相信抱怨是正確的。第三是懷疑強勢性發問，不相信這是一個弱肉強食的世界，不接受暴露弱點必然會被別人欺負。

以下繼續說明肯定式發問的四個功能：

1. 協助認知：即透過有效的肯定式詢問，可協助雙方了解事實真相，澄清認知，甚至是家人和配偶之間。如提問：「當時究竟發生什麼事？」「有哪些人在場？他們做了哪些事？」「正確的時間和地點是什麼？」足能使真相被更清楚的解讀。

2. 正向態度：即透過肯定式詢問，可使對方產生正面的態度，特別是家人與配偶之間。如提問：「你當時的心情是什麼？」「這個時候，某某人的意見是什麼？你知道後的心裡感受是什麼？」「你如何調整你的觀點呢？」此舉定能促成更進一步的關係發展。

3. 調整行為：即透過肯定式發問，可使雙方做出正向有意義的建設性行動，特別是家人和配偶之間。如提問：「你打算怎樣做？」「為什麼你要這樣做？」「有沒有比較好的做法呢？」「怎樣做才能夠雙贏呢？」「你要怎樣對這件事情說幾句話？」如此便能形成正向友善的行動。

4. 探索背後的冰山：即透過肯定式發問，可幫助雙方思考隱藏在話語線索背後的冰山，如家人和配偶之間。

【習作練習】

現在請你練習做肯定式發問的相關習作：

(a) 請指出當時的情境是什麼？

(b) 請盡量客觀且正確的描述該情境。

(c) 你當時的心情是什麼？

(d) 這個時候其他相關當事人，他們的觀點意見又是什麼？

(e) 這些如何幫助你調整你的觀點？

(f) 現在，你要怎樣對這件事情再說幾句話？

四、練習主動與建構式回應

第四步是練習主動與建構式回應。佛德利克（Barbara Fredrickson）

提出擴張建構理論（broaden-and-build theory），即強調要擴大並建構正向資源，其中最重要的是進行主動與建構式回應（active-constructive responding, ACR），以利日後使用【3-13】。至於其中的要旨為練習主動與建構式回應對方，包括主動回應和建構式回應兩個部分。

主動回應即主動積極地回答對方所提出的意見。此時係透過熱烈歡迎、衷心感謝、支持讚賞、情境鼓舞等方式，主動承接周遭他人的意見提議與發問探詢。

建構式回應即邀請對方詳述其所提出的意見內涵，此時係透過邀請表述動作，使對方得以有機會就事件的人事時地物做出清楚說明。甚至提出具體而微的誘因獎勵機制，正向回應對方的意見表達行動。

要練習主動與建構式回應對方，需先了解回應對方的方式有四種，亦即：1.主動與建構式：熱心、支持、利他。2.主動與破壞式：忽略此事件。3.被動與建構式：了解、支持。4.被動與破壞式：指出此事負面處。

以下就主動與建構式溝通回應說明如下，即主動與建構式回應舉例：

1. 主動回應舉例

當對方說：「我升遷了！」

你主動回答說：「太好了，你是怎麼辦到的，這真是超棒的感覺，不是嗎。我真的好為你驕傲，我知道這次升遷對你有多麼重要。」（這是主動回應）此時即透過主動回應，在情緒感覺上正向承接對方的意思表示。

2. 建構式回應舉例

你繼續接著以建構式回應方式說：「現在請仔細告訴我這一切的過程。老闆告訴您的時候，你在哪裡，他怎麼說，你又是怎麼回答的，讓我們好好的慶祝一下吧！」（這是建構式回應）

此時即透過建構式回應，積極鼓勵對方再進一步描繪甫提出之意思表示的內容細節。

例如，有一天，當筆者向妻子說：「我的新書《管理與生活》被五南圖書接受出版了！」妻子就說：「太棒了，這是天大的好消息啊！快點告訴我到底發生什麼事情，我好想要聽。」當我訴說事情的原委後，妻子

又說：「這一件事情對你很重要，上帝也垂聽我們一起的禱告，大大鼓勵你寫作。」後來妻子更說：「真是峰迴路轉，天無絕人之路，上帝關上一扇門，也為你開了一扇窗。讓我們一起慶祝吧！」我又說了許多當時的心情，我心中充滿快樂。這是因為妻子在這個時候，一直使用正面的肯定語句，加上適當的主動式建構回應，便帶給我們兩人更多、更興奮的快樂感受。

【習作練習】

現在請你練習主動與建構式回應的相關習作：

(a) 你過去通常的回應方式是什麼？

(b) 為什麼你很難做出主動與建構式回應？

（提示：工作太累、家中氣氛不佳、過分專注自己的事情。）

(c) 怎樣利用自己的強項來保持主動與建構式回應的方式？

（提示：好奇心者問問題、熱情者熱烈回應、智慧者指出所學到的經驗。）

3.4 練習有快樂的 Fu

最後就是練習有快樂的Fu，練習感覺快樂，在這裡有兩件事情必然會發生。

一、確信你值得擁有幸福快樂的美好事物

第一是確信你值得擁有幸福快樂的美好事物，並藉此建立幸福的家庭和快樂的家人。你必須要相信，並且確信，你是一位值得擁有幸福快樂，擁有美好事物的人。

你可以對自己說：「我是快樂的人！」「我是有福氣的人！」「我是富足的人！」「我是美麗的人！」「我是健康的人！」或是「我是世界上最幸福的人！」「我是一個幸福、快樂和美滿的人，我值得擁有這一切。」

前述你所說出的所有現在式正面語句，正代表在你的身上所生成的新信念。是的，新信念目前正在陸續誕生中，你只要再次凍結它，相信這些正面的話語，應用在你的身上是再適合也不過了。

是的，你值得擁有最好的、最幸福快樂的美好事物，並且你現在就可以接受它。

是的，在上帝大愛中，你值得擁有這一切。

【習作練習】

現在請你跟著宣告，大聲說出以下的句子：

「我值得擁有或成為一位富足的人，並且我現在就要接受它。」

「我值得擁有美滿的婚姻和家庭，或成為一位稱職的父親（母親），並且我現在就要接受它。」

「我值得擁有快樂的人生和人際關係，成為一位人見人愛的好人，並且我現在就要接受它。」

「我值得擁有幸福的人生，或成為一位幸福美滿的快樂人，並且我現在就要接受它。」

「我值得擁有美好的夢想和希望，或成為一位美夢成真、心想事成的人，並且我現在就要接受它。」

二、經歷到改變的喜悅

第二是經歷到改變的喜悅。在上述過程中，你的內心或許會產生抗拒，因為它不願意接受新的練習方式，它不樂意被你用這樣的方式來「訓練」。

因此，你需要繼續播下正面肯定的種子，特別在你的家庭中，持續堅持下去，不要理會內心對你的哀求，甚至是對你的威脅或恐嚇。例如，不要理會下面的哀求，如「你要是再這樣子對我，我真的快要受不了；我會生病、頭痛發作的。」

若是你度過以上這個階段，你將會陸續看到你改變的過程，經歷到

改變後的成長，特別是在你的家庭生活中，乃至於工作和其他場景中。你將會漸次發現，你可以開始享受改變的美好過程，你會開始欣賞你對自己所做的一切努力，甚至開始享受改變後的美景，經歷到改變的喜悅，甚至是可能接近完工。這時，我要恭喜你，因為你正待在上帝的光中，為自己創造出更美好的將來，特別是建立你的家庭。正如古諺：「不經一番寒徹骨，焉得梅花撲鼻香」【3-14】，這時你更要保守你的心，勝過保守一切，因為你一生的成果是由你的心發出【3-15】。

是的，你或許不是一位天生的快樂人，但是，你卻可以開始改變成為快樂人。

例如，現在筆者有事沒事都會對自己宣告：「我是快樂的人！」「我是蒙福的人！」或是「我現在就是一個幸福、快樂和美滿的人，我值得天天擁有這一切。」而當我這樣練習說話的時候，我覺得更加快樂，覺得我是一個天底下最最幸福的人。真的，每當我多做些「快樂練習」，我就會更加快樂。

【古今中外】凡事感恩的司布真修道士

司布真是位喜樂滿足、凡事感恩的修道士，他曾說：

如果我在看到有蠟燭能心中感恩，上帝才會賜下電燈，

如果我在看到有電燈能心中感恩，上帝才會賜下月光，

如果我在看到有月光能心中感恩，上帝才會賜下陽光，

如果我在看到有陽光能心中感恩，上帝才會賜下永不熄滅的天國榮光。

【本章注釋】

3-1　願意改變是改變法則的起步，出自Allen（2009）。請參閱Allen, J. (2009), *The Wisdom of James Allen*, London: LISWEN Publishing，或魏郁如、王潔、陳佳慧譯（民98），《我的人生思考》（詹姆士，艾倫著），臺北市：立村文化出

版。另外，願意改變更是變革管理的一環，出自Lewin (1951)。請參閱Lewin, K. (1951), *Field Theory in Social Change*, NY: Harper & Row.

3-2　吸引力法則係由阿特金森（Atkinson）於1906年在《思維波動或思維世界的吸引力法則》一書中所提出。指類似思想的人會相互吸引，同時又尋找吸引其他人的過程，是為一種互相吸引的歷程，不僅是某個思想對另個思想的單向影響而已。

3-3　情緒黑狗係指精神官能症而言，此名取自邱吉爾首相，他患有憂鬱症，曾說：「我心中的憂鬱就像是一條黑狗，牠一有機會就咬住我不放開。」邱吉爾服用一種名叫小甜甜的藥物，來控制他心中的這條黑狗，自邱吉爾之後，情緒黑狗便成為憂鬱症的代名詞。後來森田正馬更藉此創作森田理論，運用個人觀念來成功治療精神官能症，藉由學習方式，將自己投射成馴獸師，馴服心中的頑皮黑狗，並將不安阻力轉化為卓越化的動能。

3-4　「善人從他心裡所存的善，就發出善來；惡人從他心裡所存的惡，就發出惡來；因為心裡所充滿的，口裡就說出來」，原文出自《聖經‧路加福音》6章45節。

3-5　自我信念冰山源於自我冰山理論，係由美國心理學家薩提爾（Virginia Satir）於1964年的《聯合家族治療》一書中所提出，理論指出個人的自我有如若一座冰山，自己所能見到的，只是表面極少的一部分行為，而相當大一部分的內在世界，則是深藏在更深層次，不為人所看見，恰如冰山大部分皆在深海中一樣。

3-6　薩提爾（Virginia Satir）的家族治療模式，敬請參閱林沈明瑩、陳登義、楊蓓譯（民98），《薩提爾的家族治療模式》（維琴尼亞‧薩提爾，約翰‧貝曼，珍‧歌柏，瑪莉亞‧葛茉莉合著），臺北市：張老師文化。

3-7　有關練習說出正向肯定的話語的步驟，係由賽利格曼所提出，請參閱洪蘭譯（民102），《真實的快樂》（馬汀‧賽利格曼著），臺北市：遠流出版。

3-8　「你們必曉得真理，真理必叫你們得以自由」，原文出自《聖經‧約翰福音》8章32節。

3-9　改變態度係出自Maxwell, C.J. (2006), The Winning Attitude: Your Key to Personal Success, Tennessee: Thomas Nelson，至於有關態度的說明，請參閱Robbins, S.P. (2006), *Organization Behavior*, the eleventh edition, Prentice-Hall, Inc. 以及施以諾著（民92），《態度決定了你的高度》，臺北市：橄欖文化出版。

3-10　「我靠著那加給我力量的，凡事都能做」，原文出自《聖經‧腓立比書》4章13節。

3-11　有關宣告正向語句的實際操作，亦請參閱謝明憲譯（民102），《創造生命的奇蹟》（露易絲‧賀著），臺北市：方智出版。以及關秀娟（民103），《懂得活：給都市人的快樂良方》，香港：經濟日報出版。

3-12 肯定式發問或稱肯定式探詢，係由凱斯西儲大學管理學院組織行為學教授庫柏里德所提出，為著名的組織發展訓練方式。在企業人力資源發展和永續力領域普遍應用，以探索企業責任和永續未來。請參閱Hammond, S.A. (2006), *Thin Book of Appreciative Inquiry*, 2nd-ed. NY: The free press.

3-13 擴張建構理論係由佛德利克於2001年所提出，強調正向情緒如快樂能強化向外探索事物的動機，歡樂可以提升創造力，個人自豪則使人樂於分享過往成就並積極邁向將來。請參閱Fredrickson, B.L. (2001), The role of positive emotions in positive psychology: The broaden-and-build theory of positive emotions, *American Psychologist*, 56, 218-226.

3-14 「不經一番寒徹骨，焉得梅花撲鼻香」一句出自唐朝黃檗斷際禪師的《宛陵錄》。意謂著凡事都必須要經過一番艱苦磨練，才能夠有所領悟而得到幸運。

3-15 「你要保守你的心，勝過保守一切，因為一生的果效，是由心發出」。原文出自《所羅門王箴言》4章23節。

第四章　快樂溝通

4.1 快樂的聽與說

我們對自己人生的快樂感受，基本上是表現在我們和他人的溝通品質上，能夠互相快樂的聽與說，這絕對是通往幸福的敲門磚，也因此是快樂人生的重要著力點，就是我們的溝通力。申言之，我們和他人在建立關係、強化關係和維護關係時，需展現溝通力，避免由於對話方式的不協調而發生衝突，甚至衝撞對方，形成耗費口舌在調節雙方說話口氣上。

在實際的溝通過程中，係包括平時的一般狀況以及戰時的特殊狀況兩種大分類，此即本章的內容安排梗概。在平時的一般狀況，即雙方的日常對話，使用「尊重式溝通」、「PAC交流分析」可有效改善溝通效率；在戰時的特殊狀況，特別是對方遭遇到哀傷和挫敗事件時，「同理心溝通」即可派上用場，逐步進入對方的內心，進行有效溝通。

首先指出的是，溝通中的對話（dialogue）一字，實為「dia」和

「logue」的合體字，其中「dia」指穿透，而「logue」則源自「logos」的字形，指字面意義的本身。故對話是需要穿透雙方說話的字面表層意義，進入內心的深層交流，這是雙方溝通對話交流的本義【4-1】。

　　在說的方面，溝通對話需先聆聽，在傾聽發訊者說完話後，接下來就是收訊者說話表示自己意見的時刻。在說話的方面，最重要的是謹慎言語，重點發言。要發揮言語的影響力，「一句話就能改變對方的一生」，特別是握有權柄者所說出的話。因為生死在舌頭的權下，喜愛它的必吃它所結的果子【4-2】。

一、說話的兩種起手式

　　在此時，有兩種常見的說話起手式，即以「我」為主體或以「你」為主體的說話，如圖4-1所示。茲說明如下：

圖4-1　兩種說話起手式

1.以「我」為主體

　　用「我」為主體說出訊息，就是用「我」的感覺來說話，說明事實，或傳達自己的感受和心情。例如：

　　「當我看見你做這樣一件事情，我的內心很痛、很痛。」或

　　「當我聽見有關於你的近況時，我簡直不敢相信，這是你這幾天遇見的事情。」

2.以「你」為主體

　　用「你」為主體說出訊息，就是用對「你」的評斷來說話，這時多半是評斷、批評、指責和命令威脅。例如：

「你眞是混帳，完全不可救藥了」。或

「你怎麼這樣，把這件事情搞得亂七八糟，一塌糊塗。」

因此，我們在說話時，要盡量用我爲主體來說出訊息，避免用你爲主體來開啟訊息。因爲在以你爲主體來開啟訊息時，若是讚美對方，則無大礙。但是，人們卻很容易說出批評和指責的話語，使對方受到傷害。因此在說出以你爲主體的訊息時，需要特別注意。

若是學習說出以我爲主體的事情時，要說明事實或眞實感受話語。又由於是說自己的事情，因此不會傷害到對方。其實只需要注意，不要長篇大論的說自己，而是要留給對方說話的時間，如此對話才能夠繼續下去。

在說話時更需謹記，汙穢的言語一句不可出口，只要隨事說造就人的好話，叫聽見的人得益處。淫詞、妄語和戲笑的話都不相宜，總要說感謝的話，說造就人的話【4-3】，這樣便能得享生命樹的果子，透過說話使他人得益處。

二、使用短語來說話

更有進者，在回應對方的提問，因而必須說話時，我們可以使用「短語」來回應對方【4-4】。其可分成三大類：

1. 面對正面事物時

面對正面事物，即如某人表現優異、某事情如期完成、某物件美好呈現等。此時即需以短語來表示欣賞與讚嘆。例如：

「你太厲害了！」

「你超強的！」

「這太棒了！」

「這裡太美了！」

「這實在是太有趣了！」

2. 面對負面事物時

面對負面事物。即如某人表現不佳、某事情未能如期完成、某物件錯

誤呈現等。此時即需以短語來表示平安與鼓勵。例如：

「我真的不知道會這樣！」

「我沒問題！」

「還好，這還有救！」

「我不擔心！」

「我不急，你慢慢來！」

3. 面對意外事件時

面對意外事件。即如某人遭遇意外災害、某事情因不可抗力事故未能如期完成、某物件因故無法美好呈現。此時即需以短語來表示驚訝或緩頰。例如：

「真糟糕！」

「我知道，這沒事！」

「這可能嗎！」

「這或許吧！」

若能使用溫柔且堅定的短語回答，一則慈愛與真理兼顧，恩惠與公義平衡，足能使對方信任；二則可以避免落入血氣中，不去惹起對方的怒氣。三則可以讓後果成為最好的老師，釐清界限與責任歸屬，真正達到教育對方的目的。誠所謂「後果孕育出承擔，承擔孕育出責任感，」值得吾人深思。

4.2　尊重提問你尊我卑

「有一天在華納威秀逛街，在精品店中無意看到一張小卡片，上面印著『sccess』，偉凡看不懂這奇怪的英文單字，正在狐疑間，翻過卡片來看背面印著『You can not spell success without "u"』，翻成中文為「沒有你

就不會成功」，是的，感謝你們大家的支持和愛護」。這是前行政院長陳冲先生，有一次在一場慶祝茶會中的感性談話，這段話語吸引全場觀眾並給予熱烈的掌聲。

是的，沒有「你」就不會成功，在人際溝通上更是如此。你我在溝通對話時，需要透過尊重式提問，你尊我卑的站在對方立場思想。也就是永遠和對方站在同一條陣線，同他一國，尊重對方的想法和感覺。在心態上先有對方後才有我們，先關心對方需要，來做出尊重式提問，這樣才能開啟真正的「快樂」溝通。

本節繼續將快樂溝通的焦點置於「問」的層面。在正常的尊重式溝通與PAC交流之外，當適逢特殊事件，如突然生病、發生車禍、工作遭到挫敗、考試落榜等意外時，需要透過同理式溝通，來引導對方說出尚未說出來的話語、想法、情緒、心情和感受，此時需要敏銳對方的感受，藉由同理心，將對方的心聲說出來。如此感同身受的溝通，當能贏得對方的尊重與信任。例如，父母在家中做好積極聆聽，願意專心聆聽，了解孩子的心聲，讓孩子感受到父母親重視他們。因為在未聽完就先回答的，就是他的愚昧和羞辱【4-5】。

一、尊重的三種方式

在各種提問方式中，尊重式提問最能建立關係，開啟快樂溝通，故本章特闢專節說明。

尊重（respect and humility）意指尊敬對方，將對方置於高處，並將自己降至低處。或是將對方升上較高的地位，自己反處於較低的地位。這個時候夏恩（Schein）指出，有三種形式的尊重，即社會性尊重、選擇性尊重、臨場性尊重【4-6】，如圖4-2所示，茲說明如下：

1. **基本性尊重**（basic humility）：基本性尊重是一種社會性尊重，指現有社會中業已認可的尊卑地位。例如，尊重長輩、尊重皇室血統、尊重專業人士、尊重師尊身分等。

2. **臨場性尊重**（here-and-now humility）：臨場性尊重是對於有成就、有權力、有地位人士的尊重。泰半出現在我們和某種有名望的人同台

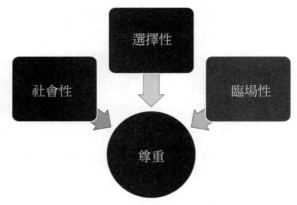

圖4-2　三種形式的尊重

接觸時，故稱爲臨場性尊重。例如，在特並場合中，面對總統、董事長、院長、部長、主任等人時。

3. **選擇性尊重**（optional humility）：選擇性尊重是當事人選擇降卑自己，願意尊重那些身分地位顯然不及他的人。是因爲當事人承認需要對方，若能透過對方的支援，便能獲得達成目標所需的技術或知識。這時當事人可以選擇尊重對方，建立關係，以協力完成任務。也可以選擇不要對方，寧可讓任務失敗也在所不惜。由於此時當事人需要調整內心的尊卑感受，故又稱調整性尊重（adjusted humility）。例如：外科醫師尊重其手術醫療團隊；廠務經理尊重其現場工程師團隊；球隊教練尊重其球隊成員；主任尊重其業務工作團隊等。

必須指出的是，尊重式提問係根植於對他人的關心，加上一點好奇心。這是一種渴望建立優質人際關係，想要促成美好人際溝通的態度。尊重式提問是一種謙虛的態度，是透過提問人的示弱，喚起對方的助人本能。這更是一種內心的語言，無法虛僞喬裝，對方定然會感受得到的【4-7】。

二、尊重式提問

尊重式提問爲尊重他人的提問方式，能夠有效建立人際關係。松田充弘指出，尊重式提問包括狹義的尊重式提問與廣義的過程式提問兩種【4-

8】，如圖4-3所示，茲說明如下：

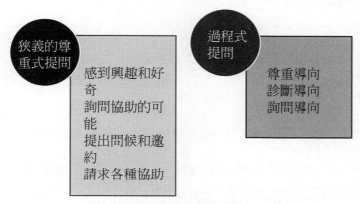

圖4-3 尊重式提問的類型

（一）狹義的尊重式提問

狹義的尊重式提問的初衷就是表達關心，表示我對你這個人，和你身上所發生的事情是在乎的。而此時的尊重式提問的關心層面有五項，即感到興趣和好奇、詢問協助的可能、提出問候和邀約、請求各種協助、蒐集更多的資訊。茲說明如下：

1.感到興趣和好奇

關心的開端則是感興趣和好奇心，這時的興趣是從感到新鮮感和好奇心來入手，如此開啟對話則不會給對方形成壓力，也不會損及對方的自尊心，是為尊重式提問常見的起手式。常見的提問例如：

「怎麼回事？」
「現在發生什麼事了？」
「你怎麼了？」
「你怎麼會來這裡的？」
「你現在在想什麼事情？」
「這期間還有發生別的事情嗎？」

當然，這時提問人更可以鼓勵對方多說一些，繼續說下去，並用聆聽來表達你的關心。這時可提問例如：

「請繼續說下去？」
「比方說？」
「所以呢？」

2. 詢問協助的可能

關心的第二步是尋求協助的可能性，並以具體的行動給予對方支持，並在兼顧對方面子的情形下給予適時幫助。有用的提問例如：

「你需要幫忙嗎？」
「我能夠怎麼幫你呢？」
「你現在需要我做些什麼嗎？」
「你要我做些什麼努力？」
「我能夠為你做些什麼呢？」

3. 問候與邀約

關心的落實是提出問候或邀約的行動，提供具體的邀請方案，供對方選擇。例如：

「怎麼樣啊，最近好嗎？」
「嗨！我是澤義，請問你的大名是？」
「中午我們一起用餐好嗎，十二點見！」
「後天我們一起去爬山好嗎，也找老李和小張一起去，何如？」
「請到我家來，六點半可以嗎？」
「我昨天去爬山，那你呢？」

4. 請求各種協助

關心的互助層面即是請求對方的各種協助，這是誠意邀請對方一起參與的舉動。例如：

「我這樣做，對嗎？」

「下一步是不是應該這樣做，對嗎？」

「如果我做錯了，要告訴我？」

「你能多指教一點嗎？你覺得哪裡還需要改進？」

5. 蒐集更多的資訊

關心更包括尋求搜集其他資訊的可能性，以提高決策的正確性。例如：

「你一開始怎麼會想要加入這個組織（教會）？」

「你現在想要去哪裡？」

「昨天這裡到底發生了什麼事了？」

「那你當時做了些什麼事？」

「小張已經說過了，我們是不是應該再聽他詳細說說他的理由？」

（二）過程式提問

過程導向式提問可視為廣義的尊重式提問，亦奉行你尊我卑的態度，惟其尊重的色彩較不強烈。此時即拉回對話的本身，試圖使溝通對話能夠延續下去。其包括三個子項目：

1. 尊重導向

此時依然表示尊重與關心對方，對於他人維持一定程度的興趣與好奇心，例如：

「怎麼回事？現在怎麼了嗎？」

「我是不是問太多了？」

「我冒犯到你了嗎？我們之間沒事吧？」

「這個問題會不會太私人了？」

2. 診斷（引導）導向

此時係試圖引導對方，朝向診斷問題本身的方向發展，以發現真相，例如：

「你覺得我們之間，現在到底發生什麼問題？」

「我現在該請問你什麼呢？」

「你爲什麼會用這麼特別的方式，告訴我你的感受？」

3. 詢問導向式提問

此時係逐漸向對方提出質疑，盼望能更積極的探求真相，例如：

「你生氣了嗎？我是不是惹你生氣了？」

「我的問題是不是刺激到你了？」

「你是不是很不高興，我說錯話了嗎？」

「我剛才想告訴你我的感受，看你的表情好像很生氣？」

三、提問的澄清功能

提問還有另個具體功能，即是「澄清（clarify）」，意指提問人透過提問動作，可以消除心中的「應該」假設，進而可澄清事實真相，消除可能的誤會，避免無謂的衝突。申言之，澄清動作可澄清「我應該說過！」「你應該知道！」「你應該明白我的看法！」「你應該了解公司的規定！」的情形，不致因誤會而發生衝突，甚至造成損失。

為達成提問的澄清功能，提問人需要藉由提問問題，逐步澄清。此時克拉克（Claeke-Epstein）指出，消除「應該」的三個步驟即是確認、聚

焦、強化三者【4-9】。茲說明如下：

（一）確認（confirm）

確認指確認式提問，即請對方再次確認現在狀況，藉此可使對方察覺他自己的需要。例如，劉主任可以確認式提問：

「陳先生，這份提案你週三以前可以完成嗎？」這時陳先生便可回答：

「我想應該沒有問題。」來確認盲點。

（二）聚焦（focus）

聚焦指聚焦式提問，即提醒對方注意此事，藉此可找出此事對方需關心的焦點，並思考對策，以消除對方對此事的不安感覺。例如，此時劉主任接著以聚焦式提問：

「陳先生，這份提案是不是發生了什麼狀況，所以沒有辦法在週三以前完成呢？」這時陳先生便可以回答：

「因爲突然發生一些意外狀況，所以需要更多的時間。」來聚焦此一問題。

（三）強化（reinforce）

強化指強化意識式提問，即提高對方對此事的看重程度，並提升對方的信心，藉此可提出對策，並提高事情成功的機率。例如，劉主任持續以強化意識式提問：

「那就麻煩陳先生您多費心了，也請林先生協助你，還有什麼其他原因使你沒有辦法在週三前完成呢？」這時陳先生便可以回答：

「只要多費點心思，再加上林先生的協助，所以現在沒有問題了，請您放心。」來強化對方的意識。

【幸福詩篇】金縷衣

勸君莫惜金縷衣，勸君惜取少年時；

花開堪折直需折，莫待無花空折枝。

——杜秋娘

　　杜秋娘的〈金縷衣〉詩中指出時間珍貴，青春年少不再返回，千萬不要浪費大好時光在不具意義的事物中。此詩即正呼應「少年不努力，老大徒傷悲」的名言。

　　杜秋娘出生在今日的江蘇鎮江，她擅長寫詩填詞並作曲，又兼歌舞藝妓，在江南地域享有令譽。杜秋娘和唐朝白居易同時代，她憑藉著天生麗質和聰穎好學的心志，雖出身卑微，但卻不向命運低頭，數度開創奇蹟，從多元目標來建立美滿人生。她服侍鎮海節度使李錡，以及唐憲宗、穆宗、敬宗、文宗等四位皇帝，並被冊封爲「秋妃」，晚年平安回鄉隱居直到終老。

4.3　尊重溝通得生命樹

　　在快樂溝通中，除前節的尊重式提問外，更有「尊重式溝通」，係重新校準雙方溝通時的心態，打破我尊你卑、我強你弱的本位思想，而是做到眞正的尊重對方，如此便能徹底排除溝通的人爲障礙，做到眞實溝通。也就是從內心尊重對方的「所是（Being）」，因爲對方是活生生的一個人（human being），是某位父母親的兒（女），是上帝所創造的個人；而不是尊重對方的「所做（Doing）」，即爲對方過往的歷史事蹟（history; personal doing），即工作職稱（功名）與社會地位（成就）。如此的尊重溝通，便可獲得生命樹，直通對方的內心。

　　本節進入溝通內容的正題，有效溝通需要透過從「心」開始溝通，運用仁慈話語，形成「尊重式溝通（respected communication）」。

　　具體言之，溝通硬目標在展現尊重式溝通，表現在尊重話語上。在此時，我們需挺身而出，面對問題本身；不可退縮牆角，天眞期待衝突會自動落幕或消散無蹤。

　　尊重式溝通不僅是消極上不攻擊別人，更代表積極進入對方內心，眞實和他人深度接觸，代表我們和對方間，建立相互關係的實際形式。尊重

式溝通係透過真正的聽與說，培養相互尊重，可使雙方心意相通，互助合作，共創雙贏人生。

　　基本上，尊重式溝通包括兩個層次，即理性溝通澄清與感性溝通澄清。包括陳述事實及說出感受兩者，分別代表理性與感性層面【4-10】。本節分別說明：

一、陳述事實

1. 陳述事實的意義

　　陳述事實（present the truth）是指直接說明當時發生的實際狀況，而不加上個人主觀評價。其中包括三個層次的陳述事實，如圖4-4所示，茲說明如下：

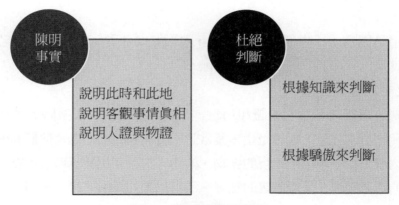

圖4-4　陳述事實不判斷

(1) 說明此時和此地

　　陳述事實首先需要說明：「此時和此地」（now and here），具體呈現此時和此地現場所發生的實際狀況，說出當時有哪些人並做出什麼樣的事情，以及當時當地所看見的實際情況。在這時，需要好像自己親臨現場一樣，走遍現場的每個角落仔細察看；好像是用錄影機錄影一樣，忠實的呈現出所看到、所聽到，甚至聞到、觸摸到的每一件事物。例如，這樣的說明此時和此地：

「客廳中有兩個男人，斜躺倒臥在沙發上，手中都拿著漢堡和小薯條，另外還有兩罐打開的可樂放在小茶几上，加上正開著的大螢幕電視。」

(2)說明客觀事情真相

陳述事實必須說明客觀事情的真相，而不可以添加個人主觀的意見或是判斷。例如，這樣的說明客觀事情真相：

「這個小房間的書桌上，有三瓶還沒有喝完的礦泉水，散落四處的五張餅乾包裝紙，還有捲成一團的骯髒衣服，」（這是當事人眼中所見的客觀真相）。

而不是這樣的判斷說話：

「房間的主人非常懶惰，很邋遢，很骯髒！」（這是個人主觀的評斷）。

這是因為：「你們說的話，是，就說是；不是，就說不是；若再多說，就是出於那邪惡之子」【4-11】。

(3)說明人證和物證

陳述事實需要說明人證和物證，這好像是警察在辦案時，需要保留人證和物證的完整。人證是指事發當時所有在場的人，以及他們的所見所聞。物證是指在現場所出現的動物、植物、物品和相關資料。重點是要盡可能的還原現場，呈現真實的樣貌，不可以加油添醋的自作主張、自行猜測。還有，若有任何旁證也需要加以呈現，不可以任意忽略，例如相關的簡報資料、企業文件、附屬文案、聯絡Line、臉書內容、手機簡訊等。

2.杜絕個人判斷

陳明事實的相反就是主觀判斷，主觀判斷是在以下兩方面做出個人的判斷，茲說明於後：

(1)根據知識來判斷

首先，主觀判斷經常是根據當事人的知識做出判斷。這是因為在人類天性中，很喜歡根據自己的知識聰明來評斷別人，因為這樣的判斷他人就代表是你不懂而我才懂，是你不知道而我卻知道，是你不如我來得聰明，這充分表示出心理上的自大。

例如，志剛是國立大學畢業生，今到某企業上班，部門中隔壁有一位羅姓同事，他畢業於私立的技術學院。於是志剛一向輕看他。

某一天羅姓同事辦妥一件大案子，被主任大肆誇獎。這時志剛就酸說：「這件事沒有什麼了不起，不過是一個案子，幹嘛這樣大肆張揚！」

後來，羅姓同事犯了一個小錯誤，在數量計算上出錯，讓公司平白損失三千元。這時志剛就說：「看看看！沒知識，沒學問，辦事就不牢靠，錯誤百出喔！總之，只有技術學院畢業的人就是不靠譜！」

志剛說的這段話不僅流於個人主觀判斷，並且言過於實，還以偏概全。

(2) 根據驕傲來判斷

更有進者，主觀判斷更是會根據個人的驕傲做出判斷。這時就是代表你的地位低而我的地位比你高，你是錯誤的而我是對的，是你不如我來得有權有勢，這是一種心理上的驕傲。

例如，在陳教授的教學生涯中，曾經碰到有個研究生，他常常拖延要交的論文進度報告，沒有準時交出報告。因此，陳教授對他的個人印象並不好。有一天，陳教授和學生們約見的時間來到，其他同學都如期交出進度報告，就只有這位同學沒有繳交作業。

這個時候，陳教授腦海中浮現一句話：「你真是一個偷懶、糟糕的學生，你真的不可救藥」，陳教授正準備說出這一句話，又馬上吞了回去。直覺到這一句話是在別人身上貼上標籤：「偷懶、糟糕、不可救藥」，這是來自陳教授個人「評斷」的話語，會貶損到對方的人格和自尊，並無助於使對方日後能夠如期繳交報告。

事實上，陳教授應該這樣說：「某某某，到今天，你已經是第三次沒有準時繳交作業，你的論文進度嚴重落後，這一定會影響到你舉行畢業論文口試的時間，甚至你沒有辦法在這個學期如期畢業。」這是陳教授表述「事實」的話語，會清楚的說明當前的事實和處境。

又有一次，有一位學生交的報告內容不佳，實在令人搖頭，陳教授也馬上有一句話浮上心頭：「真是有夠笨蛋，是一個大白痴，連這個也不會。」這也是一句「評斷」的話語，即「笨蛋、白痴」，這會打擊到他人

自尊心。事實上，陳教授應該這樣說：「這一題這樣寫是錯誤的表現方式，另外一題這樣寫是欠缺考量。」這樣說話才是描述「事實」的真相。

單純陳述事實而不添加個人的判斷是需要練習的。因為人類的始祖亞當和夏娃在伊甸園，被蛇引誘吃下分別善惡樹的果子之後，就變得能夠分辨善惡【4-12】。而分辨善惡最為明顯的記號就是評斷誰是誰非，評斷別人的好壞和優劣；而一個人在評斷他人時，很容易會和對方的自尊心和價值觀有所碰撞，甚至牴觸，因而引起對方的錯愕、氣憤、忿怒、羞愧感受，進而反擊回來【4-13】。因此，所羅門王說：「溫良的舌是生命樹，有智慧的必然得人」。所謂溫良的舌是指單純陳述事實而不加上個人主觀判斷言語，這是「生命樹」的果子；而個人主觀的判斷言語，則是「善惡樹」的果子。因此，陳述事實是只說出所看見的真實事物，而不要加入個人主觀的判斷。理由是：「什麼都不要論斷，只等上帝的公義來到，上帝要照出暗中的隱情，顯明人心中的意念。」就是提醒我們只需要單純陳述事實，而不加上判斷，在生命樹的基礎上和對方相互對話，在說話中結出生命的果子【4-14】。

二、說出感受

本小節繼續說明邀請對方說出心中的感受部分，如圖4-5所示。

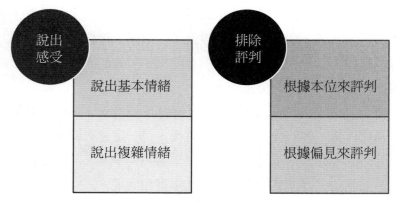

圖4-5　說出感受不評判

1. 說出感受的意義

說出感受（tell the feeling）是指進入我們的內心，勇敢說出自己內心的眞正感覺。這時是說出兩個層面的情緒感受，茲說明如下：

(1) 說出基本情緒

基本情緒（basic emotions）是人類天生就有的，人類擁有十幾種基本情緒，這種情緒通常包括生理因素，全體人類都共同擁有。常見的基本情緒包括「喜悅、憤怒、哀傷、厭惡、恐懼、驚訝等」。基本情緒通常會經由外界環境所啟動，再透過人體的感受器官傳達到人體。例如，由於看見、聽見、聞到事物，進而生成喜悅，這又稱古典情緒（classic emotions）。古典情緒是指人類的情緒感受，即傳統的七情六慾，就是喜歡、驚訝；生氣、憤怒；悲哀、憂心、煩惱、擔憂；快樂、歡呼；憐愛、偏愛；厭惡、憎惡、嫌棄、害怕、恐懼；想要、慾望等各種情緒感受。

說出感受的焦點是必須說出個人的眞實情緒，而不可加入自己的任何評斷或是意見。一般而言，情緒感受是一項眞實事件，它並不存在所謂的「對或錯」的價值判斷【4-15】。例如，說出基本情緒：

「當我來到你房間的書桌旁邊，看見書本攤在地面上，堆成三堆，你沒有把它整理乾淨，我心中覺得非常的生氣」（說出個人的內心感受）。

而不是說出個人評價：

「你的房間實在是太骯髒、太混亂了，好像是豬窩一樣，這樣你一定讀不好書，沒有辦法考上國立大學」（這是個人主觀的評斷）。

(2) 說出複雜情緒

複雜情緒（complicated emotions）則是在基本情緒的基礎上，由於不同文化層面對於基本情緒有不同的認知，或是在特定的社會條件或是道德因素下的產物，故稱做複雜情緒。常見的複雜情緒包括「害羞、窘迫、羞愧、內疚、驕傲、難過、挫折等」。例如，說出複雜情緒：

「孩子，當我看到你數學期中考試考三十分的考卷，我覺得非常內疚；這是我不夠努力，沒有把你教好，我感到很難過。」

「孩子，當我看到你考上這一次的公務員普考，你的努力已經被人

看見，你的辛苦用功已經得到好的收成。我覺得非常開心，也感到非常驕傲，你不愧是我們家的大寶。」

2. 排除個人批評

相同的，說出感受的相反就是個人批評（指責），個人指責和批評是在兩個方面進行個人主觀評判，茲說明於後：

(1) 根據本位來批評

首先，本位思想是依據個人主觀的立場來批評。因爲在人類的天性中，自然的會用自己的角度來評價判斷對方，因爲如此評價對方就代表我的眼光優而你的眼光差，我的角度高而你的角度低，我的眼光和角度比你的眼光和角度更好，這就是一種自私自大。

(2) 根據偏見來批評

更有甚者，主觀判斷或批評會依據以偏概全或以全概偏的偏見來判斷。就如「以偏概全」的月量效果（halo effect），或是「以全概偏」的刻板印象（sterotype image），這是代表你要照我的意思來批評或判斷，你要照我的意思來行動，這是一種你比我小而我比你大的觀點，這也是一種心理上的傲慢。

在個人說出感受時，需要觀照自己的內心，用心體會自己內在的情感波動，並直接表達出個人的情緒感受。這時需要明辨「感受」和「批評」的不同。一般而言，情緒感受是「我覺得（I feel）」，這是單純的中性語句，沒有任何的個人評價色彩；至於批評則是「我認爲（I consider）」，這已經不再是中性語句，而是明顯呈現出個人主觀的評價色彩。例如，這樣說：

「做爲一名舞者，這樣的跳舞，我覺得有點失落！」可以誠實說出自己感覺。

「我認爲我跳的舞曲不夠感人！」則是說出個人主觀的評斷。此外，「我覺得我們已經被別人誤會！」這是一種既是擔心又是焦急的實質感受；而「我認爲我們已經被別人忽略！」則是一種個人主觀的評斷或評價意見。

同樣的，「感受」是屬於生命樹的範疇，是個人真實情緒的表達。至於「批評指責」則是屬於「善惡樹」的範圍，是對於某一件事情的是非、善惡和對錯，所做出的價值判斷。

莎士比亞說：「愛情不是花叢下的甜言蜜語，不是桃花源中的通關密語，不是輕細的眼淚刻痕，更不是死硬的強詞奪理，愛情是建立在共同的說話基礎之上的。」這告訴我們，說話忠於事實真相並且落實當事人的實際感受，是雙方建立長時間情感的穩固基石。富蘭克林也說：「在各種習慣中，最難被克服的就是驕傲。雖然你盡力的隱藏它、克制它、消滅它，但最後在不知不覺當中，它仍舊會顯露出來。」人因為心中的驕傲，很容易就會進行主觀的價值評斷，並且隨意隱藏事實的真相，這樣做就會導致無法忠實呈現心中的真實感受。

美慧的孩子已經讀大學，經常忙於看電視或上網，以致影響到美慧的睡眠。有一天，孩子很晚不上床睡覺。美慧不禁怒火中燒，便大聲喊著說：「趕快睡覺，不然你會爆肝。」話才剛說出口，美慧就後悔了。

因為這樣的一句話，不僅孩子有聽沒有到，也引起他更大的電腦敲擊聲（表示反感），產生反效果。因為這一句話：「你會爆肝！」完全是美慧的「批評指責」，這好像是對別人說「不要抽菸，不然你會得肺癌。」完全一樣。效果適得其反，對方反而將菸抽得更大一口，還大力對你吐一口菸。

事實上，美慧應該說出她的真實「感受」，即說：「孩子，你這麼晚還沒有睡，媽媽會很擔心你的身體，何況你明天上午還要早起上課，媽媽很擔心你的睡眠時間不夠。」這樣的說話，可以直達孩子的內心，相信也比較能夠打動對方，效果也會比直接命令孩子來得好。

另外，對於抽菸的孩子，美慧可以這樣的說出她的內心真實感受：「孩子，看到你抽菸，媽媽心裡很難過，也很擔心你的肺部會受傷。」

此外，要做到說出尊重話語，用心傾聽是必經之路。此時，我們需聽出對方最近發生的事情，並且過濾對方的個人評斷。進而體會對方的真實感受和需要，同時過濾出對方的個人想法，及連帶產生的各種指責聲浪。據以接住對方提出的幫助請求，及不被對方命令式口吻所激怒。切記，

「回答柔和，使怒消退；言語暴戾，觸動怒氣【4-16】」。總之，只有透過尊重溝通，方能孕育眞正的溝通，此正是建立美好人際關係的鎖鑰。

4.4 交流溝通多姿多采

這時若想在溝通交流上，形成順暢溝通，產生溝通交流多姿多采的快樂，恩里貝能（Eric Berne）的PAC交流分析（PAC transactional analysis, TA）【4-17】便非常合用。

PAC交流分析很像是兩個人打桌球、打羽球，或是打網球的情形。在說話時是一來一往的說，且是有來有往的回應，呈現出有規律的輪流發言，同時有規律性的輪流傾聽。這時就需要合適的對話規則，有如道路交通規則般的要求用路人遵守，才能夠確保溝通對話時的通暢，產生溝通交流的快樂。PAC交流分析即就像是溝通高速公路上的交通規則，車輛駕駛人需透過適當運作來達成有效率的溝通對話，同時避免溝通撞車，因而成為雙方溝通對話的必要規則。

一、三種交流角色

一個人表達自己意見時，按照說話語氣口吻的壓制性高低，可以分成三種位階，分別代表父母（parent, P）、成人（adult, A）、兒童（child, C）的三種身分，即為「PAC」交流分析。至於PAC的說話角色，就是指透過父母、成人、孩童的三種對話角色扮演，所形成九種的對話交叉組合。這是指二人在對話過程中，所表現出的下達命令、扭捏作態、倚老賣老、理性對話、天眞無邪等不同的對話方式，進而逐漸超越字句本身的意思，進行深層對話。PAC交流分析模式具有三種對話交流身分，如圖4-6所示。茲說明如下：

1. 父母的身分

「父母」（P）的身分角色，是一個人使用長者或權威人士的優越感身分，用高姿態的位階，來和對方說話。這時個人在說話時，是根據個人主觀印象，站在高處的位置，來向對方說話，表現出獨斷獨行和強勢掌控

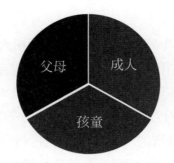

圖4-6　PAC三種交流角色

的氣勢。至於父母身分的說話方式，更可分成三種子表達形式，茲說明於後：

(1) 父母對父母（P對P）：這時是表現出父母對父母般的老成持重。例如，「現代的年輕人都不懂事，都很沒有禮貌」。

(2) 父母對成人（P對A）：這時是表現出父母對成人般的倚老賣老。例如，「小老弟啊，聽我的勸，我走過的橋，比你走過的路還要來得多」。

(3) 父母對兒童（P對C）：這時是表現出父母對兒童般的命令權威。例如，「不准再玩耍，快點念書，馬上就去」。

2. 成人的身分

　　「成人」（A）的身分角色，是一個人使用理性溝通的方式表述意見，用平輩的位置，來和對方對話，表現出說理論證的架式。至於成人身分的說話方式，更可分成三種子表達形式，茲說明於後：

(1) 成人對父母（A對P）：這時是表現出成人對父母般的恭敬尊重。例如，「請你退開，不要管我這件事情，好不好」。

(2) 成人對成人（A對A）：這時是表現出成人對成人般的理性思辯。例如，「根據最新統計資料顯示，臺灣每三對的新婚夫婦，就會有一對夫婦是以離婚收場，值得關切」。

(3) 成人對兒童（A對C）：這時是表現出成人對兒童般的命令下達。例如，「現在給我馬上回家，因為時間已經到了，你再也沒有理由留下來」。

3. 兒童的身分

　　「兒童」（C）的身分角色，是一個人使用天眞無邪的溝通方式表述自己意見。說話位置是用低姿態的位階，來和對方對話。至於兒童身分的說話方式，可分成三種子表達形式，茲說明於後：

(1) 兒童對父母（C對P）：這時是表現出兒童對父母般的撒嬌耍賴。例如，「你一定要讓我買這一件衣服，拜託、拜託你，好不好嗎」？

(2) 兒童對成人（C對A）：這時是表現出兒童對成人般的投機取巧。例如，「媽媽說我可以晚點回家，只要我有先打電話回家報備就可以」。

(3) 兒童對兒童（C對C）：這時是表現出兒童對兒童般的天眞無邪。例如，「讓我們繼續玩，繼續玩，就是愛玩啊，耶耶耶」！

　　這時溝通是使用上述三種角色，和他人進行溝通交流，這就是「交流分析」，又可分成互補式交流和交錯式交流兩種子形式，以下首先說明互補式交流如下：

二、互補式交流形式

　　基本上，發訊者和收訊者之間的對話，就像是在打乒乓球一樣，在雙方話語的一來一往之間，掌握的恰到好處，就會像是雙人芭蕾舞般的美麗，這就是溝通力巧妙的地方。

　　互補式交流（complementary transaction）是指個人的意見表述方向，和對方的意見回應方向之間。這時刺激和反應的流動路線，是呈現出「平行式」的互補形式。這時雙方的交流動線保持暢通，並沒有出現相互衝突和衝撞交錯的情形，是相對優質的溝通互動方式，如圖4-7所示。茲列舉四種常見的互補式交流形式如下【4-18】：

1.「P對C」與「C對P」

　　若一方以父母對兒童（P對C）的權威命令型態來說話，另一方則回應以兒童對父母（C對P）般的順命服從姿態，便會形成PC對CP的互補式對話交流。這時由於一方用長者的位階自居，另一方則順應以孩童的位階來回應，就會形成互補順暢式的交流溝通形式。如以下的對話：

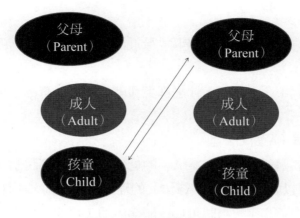

圖4-7　PAC互補式交流

P對C發訊：「這件事情沒有完成，你該當何罪？」

C對P回訊：「是的，小的罪該萬死，甘願受罰。」

P對C發訊：「還不快點給我拿著包包。」

C對P回訊：「老佛爺吉祥，喳，奴才接旨！」

P對C發訊：「這是你的責任，你忘記了嗎？」

C對P回訊：「是的，老婆大人，小的這就去辦。」

P對C發訊：「你什麼都會丟，你到底什麼東西不會弄丟！」

C對P回訊：「老婆大人，我丟掉過很多東西，但是我絕對不會把妳弄丟的。」

2.「A 對 A」與「A 對 A」

　　若一方用成人對成人（A對A）的理性分析的型態來說話，另一方則回應以成人對成人（A對A）的理智應對形式，同樣也會形成AA對AA的互補式對話交流。如以下的對話：

　　A對A發訊：「我相信你能夠完成這件任務。」

　　A對A回訊：「是的，如果沒有意外的話，我一定可以準時做完它。」

　　A對A發訊：「我想，現在我們必須先坐下來，好好的談談。」

　　A對A回訊：「對啊，只有心平氣和把話好好說清楚，才能夠真正的

解決問題。」

A對A發訊：「根據報紙報導，最近油價電價都上漲，老百姓的日子更加難過。」

A對A回訊：「沒有錯，什麼都上漲就是薪水沒有漲，也難怪老百姓這些日子都怨聲載道。」

3.「C對A」與「A對C」型

若一方用兒童對成人（C對A）的低位階的型態來說話（撒嬌）時，另一方則回應以成人對兒童（A對C）的理智照管型式，同樣也形成CA對AC的互補式對話交流，這時可形成順暢溝通，這種類型交流經常發生在好朋友、夫妻、閨蜜間的溝通。如以下的對話：

C對A發訊：「幫幫忙，我快不行了，只有你能夠幫助我！」

A對C回訊：「沒有問題，這一件事情就包在我的身上，你得救了。」

C對A發訊：「人家不管啦，我就是要它，我就是喜歡這個東西嘛！」

A對C回訊：「好了，寶貝，看在你這麼喜歡的份上，買給你就是了。」

4.「A對P」與「P對A」型

若某一方用成人對父母（A對P）的理智語調發言時，另一方則回應以父母對成人（P對A）的監督性防範和控制型式，這時就會形成AP對PA的互補式交流對話，同樣會形成順暢交流，這種類型在同事、上下級、夫妻間，都經常會發生。如以下情形：

A對P發訊：「來，幫我看一下地圖，我想我快要迷路了！」

P對A回訊：「沒有問題，這裡我很熟，我們不會迷路的，不過，我還是先看一下衛星導航定位。」

A對P發訊：「這件事情，可能需要先請示主任的意見？」

P對A回訊：「我想也是，這事不能草率決定，我們一起到主任辦公室走一趟。」

這時，因為前述發言說話和回應反應的對話交流路徑，是呈現出相互

平行的交流狀態，並沒有產生相互交叉和彼此交錯的情形，因此會產生順暢式交流溝通結果，達成互相分享的快樂。這就像是「一句話說得合宜，就如金蘋果在銀網子裡【4-19】。」這種情況實在是無比甜美的。

5. 美好對話的交流經驗

發訊者和收訊者雙方間的溝通對話交流，實在值得你我用心經營，來達成美好的交流體驗，形成效率化溝通以及身心舒爽的快樂效果。例如以下的對話：

工作忙碌一整天，覺得超級疲累，在家門口前的巷子口，志明看到妻子春嬌便說道：

「我好累，整個人快癱掉，我的腳好痠好痠，我快走不動了，」志明不自覺的向春嬌撒嬌。

「好可憐哦，看你累成這個樣子，來，我扶你一把，回到家裡，先給你捶捶背，馬殺雞一下，」春嬌用成人對小孩方式的話語，張開雙手回應志明的需要。

「待會兒我要抹那個精油，」志明還是像孩子向母親般的說話，要東要西……。

「那有什麼問題，馬上給您伺候，」春嬌用父母溫柔回答孩子般的來回應，由於溝通順暢，加上精油按摩，這使志明很快就感到十分的舒爽。

就在志明感到休息許久，抹完精油，也洗完熱水澡，躺在沙發上閉目養神過後，元氣恢復過來，春嬌這時才將身子靠過來說：

「老公，老公，你知道明天是什麼日子嗎？」春嬌像小孩子一樣，開始對志明撒嬌。

「嗯，先別說，讓我來猜一猜。哦，明天是你重新上班的週年紀念日，這真是值得大大的慶祝一番，」志明用一種像國王一樣的口氣，宣布這個結果。

「那我們要怎麼樣來慶祝呢？」春嬌仍然孩子氣說話。

「我們先一起在好口味餐廳吃午餐，然後，我們一起去土城玩，看油桐花，好不好？」志明好整以暇的慢慢說出計畫，一如慈祥父母哄孩子般

的溫柔語氣說話。

「好耶，讓我們一起去好口味餐廳吃午飯吧，」春嬌興高采烈的回應著。

「太棒了！」志明也高興的附和著。因著志明與春嬌之間相互溝通的順暢，遂得以享受美好的快樂人生時光。

三、交錯式交流形式

本節繼續說明PAC分析中的交錯式交流部分。

交錯式交流（crossed transaction）是一方的意見表達方向，和對方的意見回應方向之間，就是發言說話和回話反應間的交流路線，發生相互「交叉」的交錯型式，以致發生交流中斷的對話衝突或交錯糾結情形，如圖4-8所示。換句話說，發訊者和收訊者中間的對話一旦形成交錯交流，自然容易失去控制，產生好像是高速公路爆發車禍般，車群連環碰撞，哀鴻遍野。這是相對劣質的溝通交流互動情形，應該盡量避免。茲舉以下三種常見對話形式來說明【4-20】：

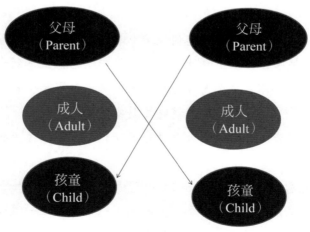

圖4-8　PAC交錯式交流

1.「P對C」與「P對C」型

　　若一方用父母對兒童（P對C）高位階的姿態，以命令式溝通的型態來發言時，另一方則回應以父母對兒童（P對C）高位階的指責式口吻，這時雙方就會形成PC對PC的相互交錯式對話交流。由於一方採取命令式口吻而另一方並不服氣，同樣也採用相同的口氣回敬對方。基於雙方都是用高位階的掌控式意見表述，這時就會相互衝撞，使得溝通交流的對話過程發生撞擊而中斷，這種溝通的情況經常會出現在上級對下級、父母對子女間、丈夫對妻子間，如以下的對話：

　　P對C發訊：「快點給我去洗澡，你沒有看到我現在要洗衣服嗎？」

　　P對C回訊：「你沒有看到我現在正在讀書嗎，我現在沒有空洗澡。」

　　P對C發訊：「電視機的聲音開得太大聲了，現在馬上給我關小聲一點。」

　　P對C回訊：「要你管，電視機我愛開多大聲就開多大聲。」

2.「A對A」與「P對C」型

　　若一方用成人對成人（A對A）理性分析的型態發言時，另一方卻回應以父母對兒童（P對C）的武斷式口吻，這時就會形成AA對PC的交錯式交流對話，同樣會導致溝通的中斷，然後雙方很可能就會言語開罵，相互傷害。這在上下級、同事、夫妻、兄弟姐妹中經常會發生。如以下的對話：

　　A對A發訊：「我告訴你，家裡現在的開銷很大，你能不能就少花一點錢，不要買這支手機。」

　　P對C回訊：「你不可以管我，我就是一定要買這一支手機。」

　　A對A發訊：「請你去倒垃圾，因為家裡待一會兒有客人要來，家裡面有垃圾的味道，很沒有禮貌。」

　　P對C回訊：「叫弟弟去啦，我現在很忙，沒有空倒垃圾。」

3.「A對A」與「C對P」型

　　若一方用成人對成人（A對A）理性分析的語氣發言時，另一方卻回應用兒童對父母（C對P）低位階的感情撒嬌式口吻來應對，這時也會造

成AA對CP的交錯式交流，導致溝通中斷，這在上下級、同事間、父母子女間、夫妻間經常會發生。如以下的對話：

A對A發訊：「我告訴你，家裡現在的開銷很大，你能不能就少花一點錢，不要買這一支手機。」

C對P回訊：「人家不管啦，人家就是喜歡，喜歡這一款的手機。」

A對A發訊：「現在，爸爸躺在醫院，需要有人照顧，我看，我們輪流照顧爸爸，好不好？」

C對P回訊：「不要叫我，這不關我的事，我不會做這件事的。」

這時，由於說話表述和回應反應的對話交流路徑，是呈現出相互交叉式的狀態，而不是平行式順暢狀態，因此會產生意見錯亂般的溝通混淆，導致溝通阻擾，甚至溝通中斷、惡意謾罵的苦果，產生不快樂的對話。

4.「P對P」與「P對P」型

此外需要留意的是，在互補式交流中，另外還有雙方都用父母對父母的PP對PP溝通方式，雖然這時並沒有交錯溝通的矛盾和危險。但是，由於雙方都採用獨斷式的語氣，容易擦槍走火，一發不可收拾，形成壓制反制的惡性循環。如以下的情形：

P對P發訊：「你把衣服洗一下，家裡現在很亂。」

P對P回訊：「你沒有看到我很忙，你找別人做吧。」

5.「C對C」與「C對C」型

同樣的，CC對CC的雙方都是用兒童對兒童的溝通交流方式，也可能會造成場面一團混亂的結果，形成低效率的無政府狀態，需要特別留意。如以下的情形：

C對C發訊：「不管，不管了，我今天就是不想要做晚飯。」

C對C回訊：「不做就不做，那就完蛋了，大家都沒有晚飯吃了。」

總之，在交流對話方面，個人對生活的感受，某一層面會表現在對他人交流對話的品質上，這是促成有效溝通的踏板，也是做自己人生CEO的敲門磚，因而形成個人的有效溝通力。簡言之，個人欲和他人建立關係、強化關係和維護關係時，需要展現溝通力，避免由於交流對話方式的不協調，發生衝撞衝突，甚至破壞關係，這實在是不智之舉。

【本章注釋】

4-1　敬請參閱陳淑婷譯（民103），《對話力：化衝突為合作的神奇力量》（二版）（丹尼爾‧楊格洛維奇著），臺北市：朝邦文教基金會出版。

4-2　「生死在舌頭的權下，喜愛它的必吃它所結的果子。」出自《所羅門王箴言》第18章第21節。

4-3　「汙穢的言語一句不可出口，只要隨事說造就人的好話，叫聽見的人得益處。」出自《所羅門王箴言》第4章第29節。「淫詞、妄語和戲笑的話都不相宜，總要說感謝的話，說造就人的話。」則出自《所羅門王箴言》第5章第4節。

4-4　敬請參閱鄭嘉斌譯（民100），《這樣說話，你我都是大贏家》，馬歇爾‧盧森堡著，臺北市：光啟文化出版。

4-5　「在未聽完就先回答的，就是他的愚昧和羞辱」，原文出自《所羅門王箴言》第18章第13節。

4-6　有關尊重的三種型式，係由夏恩（Schein）所提出，敬請參閱徐仕美、鄭煥昇譯（民103），《最打動人心的溝通課》（艾德‧夏恩著），臺北市：天下文化出版。以及陳澤義（民104），《溝通管理》，臺北市：五南圖書出版。

4-7　透過提問的示弱，以喚起對方的助人本能。此點呼應提問並非為著滿足一己的私欲，而是為著要幫助對方的初衷，這乃是提問的本質。

4-8　有關尊重式提問的關心層面，敬請參閱徐仕美、鄭煥昇譯（民103），《最打動人心的溝通課》（艾德‧夏恩著），臺北市：天下文化出版。

4-9　有關提問的澄清功能，係由克拉克（Chris Claeke-Epstein）所提出，敬請參閱馮克芸譯（民98），《會問問題才能帶人》（查理斯‧克拉克著），臺北市：大塊出版。

4-10　有關陳述事實、說出感受、表明需要以及提出請求的內容，敬請參閱阮胤華譯（民98），《愛的語言──非暴力溝通》（馬歇爾‧盧森堡著），臺北市：光啟文化出版。

4-11　「你們的話，是，就說是；不是，就說不是；若再多說，就是出於那惡者」，原文出自《聖經‧馬太福音》第5章第37節。

4-12　有關人類始祖亞當和夏娃被蛇（撒旦）引誘，吃下分別善惡果子的事件過程，請參見《聖經‧創世紀》第3章第1節至第7節。

4-13　當雙方的價值觀發生碰撞時，如何能以換位思考的方式，站在對方的立場思考，絕對是成熟人格中的一種關鍵特質。

4-14　敬請參閱徐成德譯（民100），《復活的力量》，羅雲‧威廉斯著，臺北市：校園書房出版。

4-15　情緒感受是參雜各種感覺、思想和行為後，綜合生成的複雜心理和生理狀態，也是針對一連串主觀認知經驗的統稱。詳情敬請參閱Robbins, S.P. (2013), Organization Behavior, the fifthteen edition, Prentice-Hall, Inc.

4-16　「回答柔和，使怒消退；言語暴戾，觸動怒氣」，原文出自《所羅門王箴言》第15章第1節。

4-17　有關恩里貝能（Eric Berne）的PAC交流分析說明，敬請參閱Eric Berne (1950), Game People Play (PAC)。以及邱美華、陳愛娟、杜惠英（民100），《生涯與職能發展學習手冊》，臺北市：麗文文化出版。

4-18　互補式交流係指發訊者的意見表達方向，和收訊者的意見回應方向之間，即刺激和反應的互動路徑，呈現出「平行式」的互補形式。

4-19　「一句話說得合宜，就如金蘋果在銀網子裡」，原文出自《所羅門王箴言》第25章第11節。

4-20　交錯式交流指發訊者的意見表達方向，和收訊者的意見回應方向間，即刺激和反應的互動路徑，呈現相互「交叉」的交錯型態。

第五章　釜底抽薪追求快樂

【幸福宣言】：過往感恩宣言

在我今生的生命中，一切就是這樣幸福、快樂和美滿。

我的生命天天被更新。

我生命中的每一分每一秒都是新鮮的、重要的。

我每天要運用感恩肯定的思考方式，來開創自己心中盼望的一切事物。

今天是新的一天，我也是全新的我。

我用感恩的方式來思考、說話和行動，

別人也回報以溫柔的方式對我。

我的新生活反映我的新思維。

對外播下感恩的種子讓我感到十分快樂、喜悅，

因為我深深知道，這些感恩的種子必然會成為我的新體驗。

在上帝安排的生命中，每天都是美好、奇妙的。

5.1 內心深處的吶喊

也許你的四面周圍盡都是黑暗、疾病和災禍，

被層層灰暗的大迷霧所包圍，

或許你的內心盡是充滿著苦楚、傷痛、悲哀和哭泣，

被種種負面的低氣壓所籠罩。

你的內心深處正在吶喊著……

但是這些並不表示這世界上沒有上帝，

和上帝所賜下的陽光、微風、春雨和溫暖。

　　找一些路人來問，問他在生活中最想要追求的是什麼，我們會聽到很多人都說：「快樂、幸福、美滿」，雖然用字不一定相同，但是「快樂」卻是大家都想要得到的，特別是家庭快樂、婚姻幸福、生活美滿，這是幸福快樂生活的核心。我們都是一心追尋快樂生活的世人，只是我們往往沒有用對方法，導致快樂並不如我們所想像的經常發生【5-1】。

　　在臺灣的年輕人普遍低薪，在民國112年初，大學生的平均月薪起薪僅31,000元，至於工作5年後的平均月薪則為38,500元，至於全臺灣人民的主要工作收入的月薪亦未超過48,000元，可說是全臺灣普遍低薪。使得許多人多兼差賺錢，無形中增加更多的工時，加上物價水準日漸高漲，都會地區房價高不可攀。因此，在經濟環境上，實在是找不出令人快樂的理由。

　　加上在當前的後現代社會中，充斥眾多資訊與混亂的價值體系，許多人渾然不知要追求的是什麼。失落自己故事的人，渴求對世界、對自己的認知架構。無家可歸的人，尋求愛情歸屬的慰藉。科技人在工作中迷惘浮沉，在娛樂刺激之餘，正忙著找尋可資寄託的意義。曾對倫理道德說不的年輕人，回過頭來尋求可資依循的行為典範。在校學生企盼能受人關注，希望有機會參與關心這個社會。更普遍的是，遍布全世界的人際疏離感，人們只能低頭埋首在電子機具的滑動中，已經找不到可以對周圍的人好好分享你內心的生命。甚至是在核心關係圈中，面對自己的家人和配偶，往往是言語乏味，甚至已形同陌路。

　　「孤單」無時無刻寫在人的臉上。人的內心渴望能夠找到有人和他深刻對話、用心陪伴傾聽、甚至安靜認真思考自己的生命。人渴望追尋快樂幸福的人生。

一、生活中四處可見的危機

　　然而，人的內心總是存在一股源源不斷的需求或渴望，這些需求如同火焰般地在心中燃燒，催促人使用各種途徑來滿足這些需求。你也期許這能成為一股心底的力量，來完成你的夢想，或許是詩詞歌賦、工藝文明、或是科技製品等。

　　若是因為外在環境與內在渴求相互衝突、難以協調，便容易使用錯誤的目標或不正確的手段，試圖減緩或壓抑內心的渴求，逐漸偏離原始的關懷，反形成物質追求的狂熱，以及功名利祿的追求。正應著「有一條路人以為正，至終成為死亡之路」【5-2】，終於導致許多生活中的危機（crisis），生活一團混亂，呈現以下數種危機：

1. 工作上有心無力：和主管關係十分緊張，甚至出現惡言相向；和同事關係十分冷淡，呈現壁壘分明的對立；必須要經常加班，但工作總是做不完、做一天算一天前途霧茫茫等。

2. 家庭關係出現問題：和家人關係十分冷淡，甚至已經無話可說、和家人經常爆發激烈爭吵，甚至出現暴力相向、和配偶分居或離婚、寧可自動加班工作也不願意下班回家等【5-3】。

3. 身體健康情形亮起紅燈：工作時經常有心無力、缺乏足夠體力應付工作需要、經常生病掛病號（如頭痛、腸胃痛、發燒、心悸等）、健康檢查報告紅字連篇、甚至已經發現罹患數種慢性疾病，或已經檢出腫瘤，或是罹患癌症等。

4. 生活中遇見的痛苦經驗：包括如戰爭、疾病、受傷、車禍、火災、風災、地震、親人身故、父母離異、家庭暴力、被解僱、被退學、失戀、失學、不公平的對待等。

　　信不信，這些都是因為「不快樂的人」所導致的。正如同：困苦人的日子都是愁苦；不能心中歡暢，無法常享豐筵。

　　例如，阿珠小姐向她的同事小璇訴苦說她最近過得不太好，首先是她的先生大華工作並不順利，老闆臉色很不好看，使他必須加班到很晚才能回家，家裡少個人幫忙；兩個還沒上小學的孩子最近又接連感冒生病，一個才剛好一點，又傳染給另外一個，使她忙得團團轉，甚至整個晚上都沒有辦法睡個好覺。加上婆婆昨天好像對她不諒解，怪她沒有把孩子的身體照顧好，更氣的是先生竟然跟婆婆一個鼻孔出氣。這使得阿珠整個人快要崩潰，覺得心力交瘁，身體好累、好沒力。今天在工作時，就因為恍神而出錯，被主管叫去臭罵一頓。阿珠對小璇說：「我好愁苦，覺得自己很苦

命，不知道是不是上輩子欠了誰的債，要我這輩子來還債。」說著說著，阿珠不禁悲從中來，大哭一場，後來阿珠咬一咬牙說：「我很不快樂，那我周圍的人都別想要快樂，大家等著瞧吧。」然後起身離去，留下在旁搖頭嘆息的小璇。

二、內心深處的吶喊和問號

這個時候，有人拚命工作試圖忘記，有人暴飲暴食衣帶漸寬，有人充耳不聞只貪圖小確幸，有人藉菸酒或毒品來麻痺自己，有人到大小廟宇求神問卜，有人求助星座命相和靈媒啟示，有人獨自躲在角落哭泣等，種種脫序行為都是試圖抓住那根漂流在水上的浮木……。

在這個時候，從人心底會發出一些有聲或無聲的吶喊，或是提出一些問號或問題，代表人內心的吶喊和詢問（quest）如下：

1. 驚呼嘆息：首先，人會震驚在當時的情境，家庭失去溫暖，工作乏善可陳。人會說：完蛋了，一切都玩完了？事情為什麼會變成這樣？這是世界末日嗎，天要塌下來啦？

2. 怨天尤人：在這個時候，怨天尤人的責怪周遭他人、怪罪天地是人經常會有的吶喊。例如：人們會說，為什麼老天要這樣對待我？我怎麼會有這樣的家人？這樣是不公平的！都是你們把事情搞成這樣！

3. 默然不語：然後人就像隻戰敗的公雞，垂頭喪氣，表現出一切無言，意志消沉。面對慘不忍睹的家庭和配偶，心中總是無言加上嘆息。甚至是藉酒澆愁，但愁更加愁，苦更加苦。正如同：心中的苦楚，自己知道；心中的鬱悶，外人無關。

4. 百思不解：在一連串搖頭嘆息之後，人會安靜下來，但卻是百思不解。我把我的家庭搞得一團亂了，我的生活失去重心。心裡說，實在是看不懂？這是什麼意思呢？

5. 尋求指引：在某些時候，人會尋求指示和幫助。此時會說，現在該怎麼辦？我不會做了，請告訴我，現在該怎麼做？請指引我一條明路？

　　例如，筆者在28歲那年，交往五年多的女友離我而去，家中大哥被爸爸趕出家門，筆者每天拚命加班甚至睡在公司裡，身體暴瘦且體重減輕，每天失眠要吃安眠藥，生活空虛心中滿是問號。筆者求問紫微斗數與星座算命，幾近瘋狂；我問天，天無言，我問海，海也無聲無息。筆者甚至開始有輕生的意念，內心充滿著無助。

5.2　重新面對被拒絕

　　其實，當遇到危機時，特別是脫序的家庭生活，悲鳴的家居歲月。不能只是抱怨或光是坐在原地，就期待暴風雨會自動消失，而是需要學習和它跳舞。快樂的人就是能夠「欣賞」生活中危機的人，甚至是風雨飄搖中的家庭生活。若要跨越危機的欄杆，人需要動一下腦筋，透過另一雙眼睛和角度來看事情。心想，無論當下的情況有多糟，或我們多不願意去做，都需要將它轉換成有趣的事情，然後快樂的面對。既然笑也要做，哭也要做，我們為什麼不選擇開開心心的去做呢？生活的快樂是由我們自己發現的，我們是否快樂永遠由我們自己來決定。這也就是不要效法這個世界，只要心意更新而變化。你的快樂心情便不再受外在世界所左右【5-4】。

　　事實上，當下我們所處的情境與危機，是非常緊急且事態嚴重，甚至吸引我們大半的目光，我們應分辨出徵候和問題兩者，千萬不要將「徵候（symptom）」表象誤判為真正「問題（problem）」的病灶，也就是在診斷問題「病情」時，需要仔細分辨出其中的因果關係，來找出問題的癥結點。

　　例如：一個人若是工作效率低落並且經常遲到，基本上這只是一個徵候表象，而問題的根本原因可能是他升遷受阻，主管賞罰不公，或是工作的財務激勵誘因不足，這些因素都需要用心探索並詳細診斷。

　　現在，問題的表象是，當事人經常被可見的，被拒絕的言語暴力傷

害。言語暴力是某些人使用傷害人的話語來說話，來拒絕對方。這就像是口裡射出毒箭來傷害對方，從而在對方的內心留下被拒絕、留下傷害。言語暴力，不需要動手動腳，也不會留下肉眼可以見到的傷痕，卻是在對方心中留下很難恢復的陰影。而經常接受言語暴力的人，內心早已是千瘡百孔，整個人瀕臨崩潰，個人自信和自尊心受傷害到了極點。

一、發生被拒絕的言語暴力事件

發生被拒絕的言語暴力事件，以下述三種情形為最多，茲說明於後：

1. **在家庭中發生**：在家庭中發生言語暴力和拒絕，是最常發生的情況。例如，父母親分居、離婚或死亡，此時小孩就會認為是自己不好，才會使父母分開。另在隔代教養上，小孩交給祖父母來養育，這就會使小孩睡覺前失去叫媽媽的機會，小孩會有很大的失落感。另外是父母的負面宣告批評，父母宣告小孩沒有用，沒有價值，這絕對是使小孩離家出走的一大原因。而若是父母偏愛某一個小孩，這就會使得這個小孩被其他小孩嫉妒和排擠，失去建立同儕友誼的機會。至於家庭不和睦或家庭氣氛惡劣時，這更會使小孩認為，自己並不屬於這個家。

2. **在學校中發生**：在學校中發生言語暴力和拒絕，也是經常發生的情況。例如，在學校被其他同學暴力欺負或霸凌戲弄，這明顯會使這個小孩內心恐懼，不容易建立同儕友誼。另在考試成績差的時候，被老師在其他學生面前管教或嘲弄，這會使得小孩在同學前抬不起頭，因為丟臉而放棄學習。或是在學校遭遇到一些難堪的事情，如被人誣告，指控偷竊或是違背信用等，而並不給當事人辯護的機會，這會使得孩子受到錯誤的指責或責罰，因此孩子的情緒被壓抑，導致口語表達笨拙，甚至放棄自己的未來。

3. **在工作中發生**：在工作中發生言語暴力和拒絕，也是會發生的情況。例如，被主管上司無緣無故的欺負，從而使員工內心恐懼，不再敢表達自己的意見。或是被同事們排擠，無論是表現好被妒忌，或是不合作被排擠，這些會使員工心生怨恨，不再敢正確的面對同事。或者，因為離家工作導致生活適應困難，經常生病而且工作效率較差，這些

會使員工退縮躲避。此外在戀愛感情的問題上，處理技巧較差而經常吵架，或是雙方發生對對方不忠的事件因而導致分手，當事人便會覺得自己不好、沒有用、不是男人等。

至於言語暴力是破壞幸福的元凶！言語暴力包括以下的幾種形式：

1. 在家庭中，媽媽對孩子使用言語暴力，常出現的對話包括：

(1) 媽媽強勢指責

「作業沒有寫好，就不准給我去睡覺。」

「你不收玩具，我就拿去丟垃圾桶，送給別家的孩子。」

「你要是不好好吃飯，就不讓你看電視。」

「你不吃是嗎，明天就都不可以吃飯。」

「你不走是嗎，你就自己留在這裡吧。」

「你怎麼這麼笨，你讓我很失望。」

「你笨死了，以後你還有什麼出息。」

「你很沒用耶，考這種成績，你笨死了，你沒有救了。」

「你這個夭壽死孩子！」

「你不聽話，我打你一巴掌。」

(2) 媽媽情緒勒索

「你再這樣，媽媽就不喜歡你了。」

「你數學考這種分數，媽媽不再喜歡你了。」

「我這樣說，還不是為你好！」

「你考這麼差，真是丟臉，媽媽沒辦法再愛你了。」

「你給我閉嘴，你讓我很失望，你不是我的孩子。」

「你沒有資格講話啦，我怎麼會生出你這種小孩。」

「你就是脾氣不好，才沒有朋友。才沒有男朋友。」

(3) 媽媽愛比較

「你看看你的表哥、表姐，成績和才藝都這麼好，你為什麼就不行。」

「這麼簡單的題目，連隔壁的小章都會做，那你為什麼就不會做。」

2. 在家庭中，強勢的丈夫對妻子使用言語暴力，常出現的對話包括：

(1) 丈夫強勢指責

「一個女人連家都搞不好，這還算是女人嗎？」

「妳乾脆辭職算了，反正薪水都這麼低。」

「你在家裡都在做些什麼，家裡老是這麼髒，這麼亂。」

「妳是個好吃懶做的女人，孩子今天會變壞，都是妳沒有教好！」

「別人的太太都是這麼能幹，妳卻是笨手笨腳。」

「都是妳的父母沒有把妳教好。」

臭罵三字經，五字經！

(2) 丈夫的冷回應

「我對這些沒有興趣，我不喜歡跟妳聊女人的一些543。」

「妳很無聊，妳總是無理取鬧！」

「妳聽我的就對了，妳不要講話。」

「女人懂什麼，沒有見過什麼世面。」

(3) 諷刺對方或威脅對方或沒有安全感

「妳很厲害，你最厲害呀，妳最愛講話，妳去教會當牧師好了。」

「你沒有用，你去死好啦，我去死好了。」

「妳勾引男人最會了，妳跟他有一腿！」

3. 在家庭中，妻子對丈夫使用言語暴力，常出現的對話包括：

(1) 妻子強勢指責

「你這麼沒有用，一間房子也買不起。」

「我當初就是瞎了眼才會嫁給你。」

「你是牛，牛牽到北京也是牛。」

「你什麼事都做不好，你還有什麼用，乾脆去死算了啦！」

(2) 妻子在孩子面前數落丈夫

「你爸爸沒有用，你千萬不要學他，不要像他一樣。」

「你爸爸沒出息，以後你千萬不要嫁這種丈夫。」

4. 在工作中，職場霸凌使用言語暴力，常出現的對話包括：

「你如果不知道要說什麼，就給我閉嘴。」

「你有帶腦袋出門嗎！」

「你都來公司這麼久了，怎麼這個也不知道，你是新來的嗎。」

「你就是不聽話，不努力，一點用處都沒有。」

「你要知道是誰在付給你薪水。」

「你根本不配領這一份薪水。」

「你有什麼資格去帶領員工。」

「你說的和做的都不一樣。」

「我懶得理你，懶得跟你說話。」冷眼冷語的不屑、數落和嘆息。

「我怎麼會用你呀，你真的太爛了！」

主管說：「你把這件事情搞砸，你是故意要讓我難堪，故意要整我的，是嗎？」

同事說：「不知道老闆為什麼要用你，你確定你有工作經驗嗎？」

二、言語暴力和拒絕的結果

至於問題的根本原因是，當事人的自信心和自尊心已經受到傷害。申言之，這時候被對方言語暴力傷害的人，內心已經經歷了五個發展歷程，茲說明如下：

1. 言語反射：言語反射是聽話者使用對方所說的話語，來觀照自己，反射到自己的身上。此時是因為對方不斷的使用話語誤導你，你就會覺得問題都是出在自己的身上。特別是那些自律性較高的人，會因為不當的負面言語，會自我反射到自己身上，認為是自己不好，對方才會這樣說他。

2. 言語認同：言語認同是聽話者將對方所說的話語，完全吸收並認同到自己的身上。慢慢的，你就真的相信對方所說的話，真的以為自己是很笨、很沒有用、很沒有價值。因為對方的言語暴力是攻擊你的自我和能力，你就會開始相信自己這個人有問題，或是自己的能力很差。

3. 言語內化：言語內化是聽話者將對方所說的話語，內化成自己身體的一部分。由於對方的言語暴力是攻擊你的天性和能力，你就會完全接受自己真的有問題，自己的能力真的很差。你變得沒有自信，成為一

個低自尊的人，做任何事情時，內心都充滿恐懼與害怕。

4. **行為改變**：這時你可能會發現，自己變得不敢嘗試新的事物，自己的生活和原先所規劃的漸行漸遠，常常是不如事前預期。在屢屢遭受挫折的情況下，因而失去笑容，失去快樂。

5. **成為傷痕人士**：事實上，你已經失去若干能力，你現在已經成為一個傷痕人士，但是你自己卻不自覺。

而不管是處在哪一個歷程階段，當事人的言行即已經透露出負面的人格，這包括：

1. **負面態度**：負面態度是對周圍的人、事、物，都是抱著否定的負面偏向。例如，「我討厭這個壞天氣、我討厭你這個爛人、我不喜歡這件事情」，對很多事情的態度都是負面的。

2. **負面解讀**：負面解讀是對周圍的人、事、物，都是用否定、負面的認知，來做解釋。例如，「我的運氣就是這麼差、好運向來不站在我這一邊、我一向就不會有貴人相助」，對很多事情的認知都是負面的。

3. **負面思想**：負面思想是對周圍的人、事、物，都是用否定、負面的思維，來進行思想。例如，「這個世界向來對我不公平、我就是沒有這個命、我完蛋了、我沒有希望了」，對很多事情的想法都是負面的。

4. **負面信念**：負面信念是對周圍的人、事、物，都是用否定、負面的信念，來做最後的宣判。例如，「我是一個爛人、我不好、我很沒用、我太笨了」，對很多事情的宣告都是負面的。

信不信，問題的真正癥結點在於當事人已經建立起負面的自我信念、自我思想、自我解讀、自我態度，乃至於所帶出的負面行動上。事實上，當事人是否快樂，永遠都是由自己來決定。也就是一個人快樂和幸福與否，都是自己選擇的結果。若是一昧的怪罪他人、怪罪公司、怪罪制度或是整個大環境，那絕對是搞錯方向，陷入陀螺轉動，陷入破唱片自轉，無法跳開轄制，全然徒勞無功。

例如，28歲的筆者，那時女友求去、家中失和、朋友遠離、頭痛失眠等，都是表面上的疾病徵候；事實上，那時真正的問題原因是，筆者心中

「我沒有用，我糟透了，我搞砸這一切」的內在信念。那時筆者總是將自己是否快樂，依附在女朋友的心情是否愉快之上，而認為自己不好，無法取悅女朋友，是自己沒有福分。甚至將自己現在的悲慘際遇，完全歸罪於女朋友的離去或父母親的逼迫之上，而認定自己活該倒楣。或是筆者將父親和大哥的感情失和，甚至是趕出家門情形，歸給在自己「不乖、不聽話」上，因而發生錯誤的罪咎感和自我凌遲的現象。

三、重新面對被拒絕

　　勇敢的面對被別人拒絕的傷痛吧！

　　在你人生中，會發生被他人言語暴力與拒絕的事情，特別是周圍最親近的父母、配偶、兄姊、上司等的言語拒絕，這會明顯影響你的自我信念，而卻渾然不知。而這個被言語暴力和拒絕的傷痛，它像是一隻禿鷹，天天在啃食你的內心，它不僅使你喪失快樂，也壓榨你的生命自信、你的活力泉源，使你成為一個枯乾的皮囊，在世界中遊蕩，逐漸聲啞力竭。

　　「拒絕（reject）」的本意是被宣告無用。他人用言語暴力拒絕你，就是他認定你沒有價值和用處，對你並不滿意，因此不想接受你或是擁有你。因此，丟掉或拋棄你。例如，父母拒絕孩子，父母看見孩子數學和英文的考試成績差，就說出：「你很沒用，你很沒有出息，你丟我們家的臉，你不配當我們家的孩子。」又如，男生沒有穩定的工作，女生就拒絕男生，不願意和他繼續交往。例如，畢業生到一家公司面試，主考官叫他回家等候通知，結果就沒有消息，公司拒絕這名應徵者。

　　而當你被別人言語暴力和拒絕的當下，有兩件事情會發生：

1. **覺得自己不好**：在被他人拒絕的時候，當事人經常會覺得是自己不好，是我不重要，產生一種受傷逃離現場的痛苦情緒。因而他下一步就會拒絕自己、否定自己，形成負面痛苦和負面情緒。當事人會胡思亂想去回想自己是哪一點做得不好，所以對方才會拒絕。當事人甚至會編造一個劇本，來解說自己有缺點或失誤的細節，並且用慢動作重播，繪聲繪影的播放，並且重複播放這一個事件。因此，就自然會擴

大這一個言語暴力或拒絕事件的情緒傷害，形成所謂的「惡意反芻（malicious rumination）」，這是點燃憂鬱症／精神疾病的火藥。此時，當事人需要「叫停」，並且對自己說：「這個念頭是正確的嗎，這會不會太誇大了」，先停損並止血。

2. **展開自我防衛**：此時，當事人的自我防衛機制會啟動，目的是保護當事人的自尊。自我防衛包括三類：

(1) **立刻停止痛苦**：當事人經常會想要逃走，逃離這個環境，因為太痛了，這是當事人停止痛苦最簡單，最常使用的方法。此外，當事人也會採行激烈的自我傷害，或反擊對方、打倒對方的舉動，來阻斷當事人所受到的痛苦情結。例如，當小孩被父母拒絕時，會離家出走。當妻子被丈夫拒絕時，會提出離婚。當員工被老闆拒絕時，會辭職離去。

(2) **認可接受痛苦**：當事人會同意、接受現狀，來減輕痛苦，試圖和現狀共存。這時當事人會想：「也許，我就是這個命吧」，來轉換他所受到的痛苦折磨。例如，古代的妻子被丈夫拒絕時，多半會認命，不吭聲抵抗，自嘆自怨，命苦福薄。

(3) **轉移奮鬥焦點**：當事人會轉換到其他戰場，將他的精力耗費在其他的領域上，進行轉移和補償。例如，丈夫在家中被妻子言語暴力拒絕時，經常會沒日沒夜的拼命工作，轉換奮鬥焦點。

但是，以上三種方法基本上皆無法停止、解開當事人的痛苦。這樣的一種負面痛苦和負面情緒，一定會繼續影響當事人的生活作息，影響當事人為人處世的優先次序，影響當事人能否自然的快樂。不幸的是，一般的結果是當事人沒有辦法和其他人建立一個深入且緊密的親屬關係，甚至是經常發生阻斷與別人之間的正常人際關係，使當事人掉入孤立、孤獨、孤絕的「三孤」人際孤島中，一生孤單終老。

此時，當事人必須本著上帝的大愛，相信自己的生命是美好的創造，是有價值的個體，是值得被愛的人。這樣，當事人就有足夠的信念，能夠從言語暴力的被拒絕深淵中，獲得解救和醫治。當事人必須堅定相信，上帝愛每一個人，上帝完全接納每一個人，然後勇敢的原諒和饒恕對方。此

時，當事人可以使用法寶，那就是三個饒恕、兩個祝福和一個宣告。茲說明於後：

1. 三個饒恕

(1) **饒恕傷害自己的人**：首先當事人要做的事，是去饒恕對方，原諒寬恕傷害自己的人。這是因為對方他所做的事情，連他自己都不知道。而在當事人願意原諒寬恕對方的時候，同一時間也就是鬆綁了自己，使當事人的心頭重擔一同放下了。至於饒恕原諒的方法，請參閱2.3節中的「REACH」方法，此不贅述。

(2) **饒恕自己的負面情緒**：再來是當事人要先放下、放掉內心的壞情緒，特別是自己覺得自己很不好的那一種感覺。再來是宣告，這些都跟自己無關，它在自己的心中已經是無名分、無地位、無紀念。在當事人願意饒恕自己負面情緒，原諒寬恕負面情緒的時候，同一時間也是使當事人的知覺和記憶，重新獲得新生的時候。在這個時候，當事人便不用再喝痛苦情緒的髒水，而是用清新空氣的清香來替代。

(3) **饒恕自己的報復意念**：第三是當事人要放掉、放棄內心的報復念頭、報仇行動。特別是想要詛咒對方的言語，這必須要全然的砍斷和棄絕。若是當事人能夠做到這些，就會使當事人脫掉舊人，成為一個新造的人，他會有全新的力量做新的事情。

2. 兩個祝福

(1) **祝福曾經傷害自己的人**：當事人要祝福傷害自己的人，堅定的宣告要用祝福替代詛咒，堅定的宣告所有的罪惡都已經被赦免了。若是當事人能夠做到這些，就會使當事人無罪一身輕，並且開始迎接全新福氣的祝福。

(2) **祝福自己這個人**：當事人要祝福自己，堅定的宣告祝福給你自己。因為你自己是上帝創造的，而上帝是祝福的上帝，上帝樂意賜下祝福。所以就請你為自己祝福，並領受這一份祝福吧。

3. 一個宣告

宣告自己的新生：當事人要自我宣告，宣告自己的新生。例如宣告我是自由的，宣告我是最棒的，宣告我是最好的。宣告往事種種譬如昨

日死，以後種種譬如今日生。宣告我是新造的人，舊事已過，都變成新的了。

【習作練習】

　　請試著在生活中的一個安靜角落中停下，看看天空白雲、地上青草地和熙攘人群，然後思索回答你的生活困境和人生信念，寫下自己的答案。

【幸福詩篇】江南逢李龜年

　　　　岐王宅裡尋常見，崔九堂前幾度聞。

　　　　正是江南好風景，落花時節又逢君。

　　　　　　　　　　　　　　　　　　　　——杜甫

　　李龜年為唐朝開元、天寶年間的著名樂師，擅長唱歌、四句詩。此篇〈江南逢李龜年〉，從岐王宅裡、崔九堂前的幾度「聞」歌，到落花江南的重「逢」時空，在其中「聞」和「逢」之間牽引連結出四十年間的時代滄桑和人生驛動。雖然，全段詩中並無片語隻字提到時局和身世，然而透過詩人杜甫的追念感懷，讀者卻能夠感受到唐朝安史之亂帶來庶民生活的危機和文化繁榮的浩劫，以及它對當代世人造成的重大災難和心靈創傷。你可以說「國運盛衰和治亂交替，正對照人間悲歡離合的笑顏與悲悽」。

5.3　信念帶出行動

　　信念是「思維」的起源，經由思維會帶出你的具體「認知」（解讀），進而產生明顯的「態度」（偏好），進而產生具體的「行動」。信念是決定一個人人生態度和快樂與否的最核心因素，因此先談信念。

一、信念

　　「信念」（belief）是一個人對於這個世界的看法或先見，信念就是一個人相信的標的，是需要去面對的原點。例如：相信邪不勝正，相信人間有愛，相信存在一個機會洋溢的社會，相信上帝就是愛，這些都是好的信念。

　　信念是一個人基本價值體系的外顯。信念內涵是指對自己的看法和對自我生活方式的期許，包括對自己本身的意義意志，也就是「自我形象」；信念亦包括對周遭他人的看法，含括對周遭他人的生命關照，特別是與配偶、家人和朋友之間，也就是「生活觀點」；信念更包括對世界的看法，即對這個世界存在虛實，也就是「世界觀點」。說明如下：

1. 自我形象

　　自我形象（self-image）是指你我對自己的看法，乃至於對自我生活方式的期許，也就是對自己本身意義的認定。自我形象可以說是你我內在意志的外顯，意志決心會使自己的生活具有意義，因為你自己的內心如何思量，你的為人就會這樣【5-5】。你我需要從自己個性才幹中看見自己的能力，看見自己的獨特性，並且認同自己的價值，關心過一個幸福快樂的家庭生活，與配偶、家人樂享天倫，並且能夠為經營家庭生活訂定目標。因此，正向的自我形象非常重要，這是自我認同和自我安全感的出發點。

　　例如，你我需要練習以下的自我觀點，要相信：

　　相信我是上帝最完美的創造。

　　相信我是最好的，是最棒的。

　　相信我是獨特的，是獨一無二的。

　　相信擁有信心、盼望、愛心的自我觀點，便能夠接受上帝所創造的獨特自己。

　　相信天生我材必有所用。

　　相信只要活下來，我是有用的，必然會有希望。

　　相信生不帶來，死不帶去、有衣有食，就應當知足。

相信我們若能與自己和好，就能擁有喜樂、滿足的生命。

2. 生活觀點

生活觀點（life viewpoint）是你我對於四周他人的看法，以及對於四周他人生活的影響力或控制能力。生活觀點可以是自己內在控制力的外顯。控制力影響使個人有能力尋求生活的意義和目標使命。在生命觀點上，我們需要與上帝和好。我們需要從自己生活經歷中看見自己的影響力，看見自己的收穫，並且認同自己的生活，特別是家庭與婚姻生活。因此，正向的生命觀點乃十分重要，這是生活經歷和影響他人的起始點。

例如，我們需要練習以下的生活觀點，要相信：

相信知足常樂、能忍自安，我能夠擁有滿足、感恩的生活。

相信愛裡沒有懼怕，愛既然完全，我就能夠把懼怕除掉【5-6】。

相信上帝是力量的源頭，上帝會在旁邊保護幫助我，我就不用害怕。

相信在自己的周圍是安全的，周圍的人都是充滿善意的好人。

相信生命中擁有勇氣、鬥志，我可以積極面對挑戰，開創生涯。

相信在信的人，凡事都能【5-7】，上帝會在旁邊幫助我，施行公平正義。

相信邪不勝正，公平正義必定能夠伸張。

相信你我若能與上帝和好，就能在上帝眼中，享受那自由自在的永遠生命。

3. 世界觀點

世界觀點（world viewpoint）是我們對於整個世界的看法，以及對於這個世界存在虛實的認知。世界觀點可以是自己存在虛實的外顯。存在虛實使我們想到生命本質時，能夠找著自己活下去的理由。正確世界觀點乃十分關鍵，這是對這個世界運作上的正確認知。在世界觀點上，你我需要與他人和好，特別是如何經營家庭和婚姻生活。我們需要從自己所處世界中看見自己的定位，看見自己的有限，並且認識自己的能耐。因此，正向的世界觀點乃十分關鍵，這是生命探索和生命意義的起始點。

世界上每個人都各有特色和值得欣賞之處，每個人的相貌、言談、舉止、風格皆是獨特的，每個人都有其特定的專長和才幹。基於每個人都是

不同的個體，在社會中位居不同的位置。例如，有人銷售餐點，有人接聽電話，有人擔任祕書，有人駕駛車船，有人查帳審計，有人醫療疾病等。是以社會才會有所進步，個人若是看不見自己所處的位置，是因為對自己的信念，缺少合理、客觀的認識。

例如，我們需要練習以下的世界觀點，要相信：

相信（臺灣）這是一個充滿機會的社會，不是一個剝削吃人的社會。

相信這個世界（臺灣）是和諧、互助、共存、共榮的。

相信自己能夠和他人接軌，以通往世界。

相信自己若是能夠和四周他人和諧相處，就能擁有平安的日子。

相信一枝草一點露，天無絕人之路。

相信忍耐到底的人，必然會得救，明天會更好。

相信上帝是愛、相信人間有愛【5-8】。

二、思維

思維（think）就是「想法」，是一個人正在想些什麼意念，是一個人一切思想的根本。

同樣的，思維有光明面與黑暗面的分別，也就是兩個人對相同的事物，會有光明的角度或黑暗的角度進行思考。快樂的人會有光明潔白的思維，而不快樂的人則充滿著灰暗黑色的思維。也就是當一個人的心中都想著善良、公平、正義、慈愛、信實，則心中自然呈現出光明潔白的思維。相反地，當一個人的心中都想著邪惡、欺壓、情慾、無情、受虐，則心中自然呈現出黑暗的思維。

例如，當一個人對於未來充滿信心時，他的思維自然會充滿著創新、勇於嘗試的勇氣，進而產生突破困難的鬥志。而當一個人對於未來失去信心時，他的思維必然會失去創新和嘗試的勇氣，落入恐懼害怕的思維中。

就從今天開始，開始去控制你的思維吧！讓你自己充滿希望，過得快樂吧！你要先去拒絕那些讓你不快樂的思維進到你的心裡，不要讓上班前的塞車、等紅綠燈、排隊打卡、同事的八卦，來掌控你的情緒，要從上頭領受光明、積極和樂觀的想法，就讓今天開始，你的思維可以有所不同。

若是將一茶匙的茉莉花茶倒進一大杯髒水中，結果還是一大杯髒水；若是將一茶匙髒水倒進一大杯茉莉花茶中，結果還是一大杯髒水，這就是「茶與髒水定律」。你的思維中總是會有一些壞思維，你需要及時清理乾淨，才能阻止它快速散播傳染。否則而一些壞的思維很快的就能把一個高效率的你，變成軟趴趴的人。

三、認知

認知（cognizant）就是「看法」或「解讀」，是一個人理解到外界的事物內涵，是你透過心智思考後，對於內外在環境變化的初步解讀和判斷。

認知有正面與負面之分，也就是兩個人對相同的事物，會有正向或負向的不同解讀。樂觀的人會有正面的認知，而悲觀的人則會有負面的認知。例如，桌上有半杯水，樂觀的人會歡呼說，太棒了，桌子上「還有」半杯水，這樣我就不會口渴了；至於悲觀的人會沮喪說，完蛋了，桌子上「只有」半杯水，這樣我就會渴死了。又如，公車十五分鐘後到，樂觀的人會開心說，太棒了，公車「只要」十五分鐘就會來，這樣我就不會太趕了；至於悲觀的人會沮喪說，這是差勁，公車「還要」十五分鐘才會來，這樣我就會無聊了。

基本上，若是一個人的心中有光明的思想，面對外界環境的改變，自然容易解讀成正面的認知，這就是樂觀解讀或認知；相反的，若是一個人的心中有灰暗的思想，面對外界環境的改變，就容易用解讀成負面的認知，這就是悲觀解讀或認知。

四、態度

態度（attitude）就是「看法」，是一個人對於特定人、事、物，抱持正面偏愛或反面厭惡的偏好與否之評斷。態度是一個人面對某一人事物，經過一段時間經驗後的整體感受，是進行學習後的結果。態度更是一個人對於特定人、事、物偏好的穩定狀態，除非當事人決定要改變他的態度，否則態度是呈現出不容易改變的安定狀態。

態度有其光譜，依偏好程度由最積極的內化、認同、順從、默許、

逃避，到最消極的反抗。即表現出完全的內化、了解的認同，是反對的抗拒、中性的順從、被動的默許、消極的逃避，還是激烈的反對，這其中的偏愛或厭惡十分的明顯。

態度是一種選擇，面對我們的日常生活，你要選擇內化或認同的生活態度，還是反抗或逃避的生活態度，完全在於你自己。前者會帶給你滿足和快樂，後者則會使你不滿足和痛苦。

五、行動

行動（action）就是「做法」，或「行為」，是一個人心中意願的外在具體落實，代表著一個人對於某一件外面環境條件的真實反應，行動代表著當事人心中意志的實現。

就從現在起，我們可以有新的行動，可以拒絕被昨天的失敗所困住；可以不要讓別人來影響你的想法、看法、態度，乃至於做法；我們可以把每一天都看做是一個做新事的機會，也可以把每一天都看做是一個行動的契機；事實上，這是可以做得到的，現在就是去做的時刻！你要深信那加給你力量的上帝，你凡事都能夠做。快樂行動、幸福行動，就在你我的彈指之間。

六、小結

最後，重複的行動會帶出一個人的「習慣」（custom），而習慣一旦養成，則會成為一個人的「個性」（personality），最後，個性決定決定一個人的「命運」（dynasty），命運則是一個人最後是否幸福的結局。

基本上，信念是個人「思維」的起始點，從認知心理學的角度，透過重複思想從而會引導出明確「意願」，進而形成實際的外顯「行動」。因此，由外顯行動向內推想，可以知道原來自己的深層信念是這樣。

事實上，每個人都有自我價值和值得欣賞之處，放眼臺灣2,300萬人，每個人的外貌、說話、風格都是獨特的，每個人都有特別的專長和才能。例如，有人負責賣餐點，有人接聽電話，有人擔任祕書，有人駕駛公車，有人做會計查帳，有人是醫師等。由於你我都是不同的個體，在社會上有不同的位置，所以這個社會才會如此的進步。人若是看不到每個人自

己的位置，那是因爲對自己的信念缺少一個合理客觀的認識。

固然在當前的後現代社會中，四處充斥抗拒上位權柄、拒絕規條準則，甚至阻絕各種法則標準、拆毀各項參照點與意義指引的情況。這使得世人在理解生命上，不再有任何原則和立場可供依循。在此異常混亂的時空背景下，我們實在需要一套正向理性的參考模式與信念架構，在上帝眞理的大光中，引導我們勇敢追求快樂、希望與幸福的人生，這是本節的要旨。

5.4 持守快樂的信念

最後，就是要持守快樂的信念，深信快樂的信念永遠不會離開你。

一、回頭檢查自己內心的想法

事實上，內心相信什麼事，它通常都會成爲眞實。這是著名的「吸引力法則（law of attraction）」【5-9】。若是內心相信自己沒有人愛，不會有人愛，那就眞的沒有人愛，注定一生孤苦伶仃，沒有家庭的溫暖和親友的扶持。若是內心相信自己福無雙至、禍不單行，那就眞的會發生好事不長久，而壞事接連來。若是相信自己命中漏財、不會有財運，那就眞的無法好好存錢，甚至會有債務危機。若是相信自己天生來受苦的，家人體質較差，那就眞的健康欠佳，疾病傷痛不斷。

同樣的，若是相信自己很笨、什麼都不會，那就眞的總是學不會，甚至一事無成。若是相信都是自己的錯、都是自己不好，那就眞的會錯誤不斷，老是道歉向人說對不起。若是相信自己不重要、什麼都不需要，那就眞的在人群中是可有可無，像個隱形人一樣。

事實上，這是因爲人自己內心的想法（認知），使得對某些事情產生某種特定的看法（態度），進而產生一些特定的做法（行爲）所致。

因而，人現在面對的許多大大小小問題，很可能多半是內心想法思維下的結果產物。人需要更深地問自己：「我心中浮現的哪些想法，造成自己現在發生的問題？」

因爲人過去的想法信念，業已造成現在的自己；而現在的想法信念，正一步步在形塑未來的自己。

簡言之，若是人內心相信自己一定可以快樂幸福，那就眞的會經歷到充滿快樂、希望的幸福氣氛，進而享有歡樂、美善的家居生活。因爲喜樂的心乃是良藥；憂傷的靈使骨枯乾。心中喜樂，人面帶笑容；心裡憂愁，靈必被損傷啊【5-10】。

是的，在上帝的光中，人做得到的，我相信你一定可以快樂幸福的過一生，擁有幸福快樂的婚姻生活。這是不是一個全新的想法呢！

事實上，「我因信，所以我如此說話」，這絕對是快樂與否的祕訣【5-11】。

二、這些都是以前就有的信念

相不相信，前面一段中所提到的：沒有人愛我、我不會有人愛、我福無雙至、我禍不單行、我命中漏財、我不會有財運、我天生來受苦的，我家人體質較差等自我信念或內在誓言，這些信念式的想法，事實上，這些都已經或多或少是你以前小時候就已經生成存在的信念。

因此，是不是可以先停下來問一問自己，「這句話是誰說的？」「這句話是對的嗎？」「現在的我還是這樣的嗎？」甚至是「若是我現在放下這個想法，我能不能夠過得更好？」先去和自己對話。

只有先喊「停，停，停」，停止讓這種想法繼續蔓延，才能夠擁有全新的人生。

例如，29歲筆者相信上帝後，曾求助天主教的心理諮商輔導，在心理師的引導下，我重新整理自己，陸續發現在我心中的「我沒有用」、「我是爛人」、「我手無縛雞之力，什麼事都不能做」、「我是百無一用的書生」等深層自我信念。心理師要筆者問自己：「這些話是誰對你說的？你想這一句話對不對呢？」並且要筆者開始和這些自我信念對話。筆者突然發現，這些都是我最愛的父母親和大哥大姊對我說過的話，那時候筆者年紀還小，就對這些話照單全收，慢慢的成爲我的自我信念，根深柢固的伴

我成長，甚至成爲筆者人格的一部分。我還記得心理師溫柔的對我說：「現在你要面對這些自我信念，說些什麼呢？」這就成爲我如今享有快樂人生的第一個轉捩點。

三、每一個現在都是全新起跑點

若是要擁有快樂的人生、快樂的家居生活，先要擁有快樂的想法；要擁幸福的人生、幸福的婚姻，就先要擁有幸福的想法。同樣的，要擁有希望的人生，就先要擁有樂觀希望的想法。要擁有美滿的人生，美滿的婚姻生活，內心先要擁有美滿富足的想法。且讓上帝所賜的正面想法充滿你的內心吧！

因爲，一旦我們選擇相信什麼，就會得到什麼。人的所思所想，以及所說出去的每一個話語和思想，都必然會反射彈回到自己的身上。

只要人願意相信，願意開始改變，那生命中的每一個現在，都會是全新的起跑點【5-12】。

四、我們可以選擇自己想要的信念

事實上，生命中最有力量的時間點，就是現在。因爲在上帝的光照中，只有人自己才能夠決定自己心中的想法。因此，在人自己的內心世界中，自己才是主宰者，具備改變的力量。因此，你只要在上帝的光中，相信自己可以擁有快樂，你就必然會擁有快樂。

茲以圖5-1列示相信自己可以擁有快樂的四項要點。

有一個令人深思的小故事：

在某個拍賣會場，一把破舊的豎琴躺在不起眼的角落，它的外表是這麼的平凡，琴身還有些黃斑，看起來應該不會值幾個錢。

拍賣現場的司儀大喊：「豎琴一把，請大家出個價錢吧！」

「500元」，有一位年輕女子揮了揮手，簡短的說。

「700元」、「800元」，臺下的反應稀稀落落。

「800元一次」、「800元兩次」，司儀喊著：「還有沒有人要出

| 1.回頭檢查自己內心的想法 | 2.這些都是以前就已有的信念 |
| 3.每一個現在都是全新起跑點 | 4.人可以選擇自己想要的信念 |

圖5-1　相信自己可以擁有快樂的四項要點

價？」

　　就在這個時候，有一位長髮飄逸的女子緩步走上臺，向司儀示意她想要觀看一下豎琴，司儀就隨手將這把豎琴遞給這位女子。

　　女子先調一下琴的音準，撫弄一下琴身，就坐下來彈琴。隨著女子手指的滑移，全場竟然飄揚出清脆悅耳的琴聲，音色優雅，音質清脆，真是無懈可擊，完全讓人想不到這是一把破舊有著黃斑的老豎琴。

　　原來，這位女子是位演奏名家，她彈奏完此曲，對臺下所有觀眾說：「現在，請大家出個漂亮價格吧。」

　　「8,000元」、「10,000元」、「15,000元」、「30,000元」，大家接連舉手出價。最後，豎琴以5萬元賣出。

　　我們每一個人都是上帝大能的作品，或許因為他人的輕看、自我的貶抑，以及各樣的挫折苦難，不免會使我們感到自己沒有什麼價值，從而看什麼事盡是灰暗，導致自己整天都不快樂。但是，只要我們願意將自己交在上帝的大能手中，上帝看一切事物都是美好的，在上帝的眼光中，我們一定會散發出美麗的力量，綻放出獨特的生命色彩。

【習作練習】

　　現在就用50個字，寫下自己的信念，寫下自己的人生哲學吧！是的，

就是在這個時候，唯有自己，在上帝的光照中，才可以選擇自己想要的信念，改變就是要從現在開始。讓我們開始吧！

【古今中外】笑口常開的彭蒙惠

膾炙人口歷久不衰的「空中英語教室」—— 救世傳播協會英語廣播節目，在臺灣播放已跨越半個世紀，其中的「彭老師」彭蒙惠女士是核心人物，她是大家喜愛、備受尊敬的人。

彭蒙惠出生在美國華盛頓州西雅圖，是基督教宣教士及教育家。1951年來到臺灣花蓮，1960年創辦救世傳播協會（Overseas Radio & Television Inc., ORTV），隨後創辦《空中英語文摘》（即後來的《空中英語教室》），同時發行《大家說英語》，從事英語教學雜誌和廣播英語教學，並藉由不同媒體講授英語和《聖經》。

今日她雖已經92高齡，卻仍然像個快樂孩童，對於「空中英語教室」和臺灣這塊土地，她依然胸懷熱情心腸和正向態度，她用她正字標記的平安喜樂、歡喜感恩的生命態度，如光照耀臺灣這塊土地。

她的好朋友葉薇心女士說：「彭老師就是腳底上多穿上一雙溜冰鞋的人，她是天天散播快樂和希望，並且永遠不會停下來。」

彭蒙惠老師在人前和人後都表裡如一，她內心是喜樂滿滿、熱情滿滿、努力工作，並且能吹奏一手震撼人心的小喇叭！

【本章注釋】

5-1　本書中不免會接觸到「天」或「神」的概念，在這裡，基督教或天主教意指上帝，回教意指阿拉，佛教意指佛或菩薩，道教意指神明或玉皇大帝，非任何特屬宗教或New Age思潮等則以上天稱之，由於眾說紛紜，莫衷一是，本書為簡化起見，在後面各章的敘述中，皆以「上帝」一詞替代之，並不再附注說明。係因全球基督教或天主教的信仰人口最多，以及作者個人的宗教信仰所致。作者並無獨尊基督教而歧視排斥其他宗教的意思，特此聲明。

5-2　「有一條路，人以為正，至終成為死亡之路」，原文出自《所羅門王箴言》14章12節。

5-3　家庭關係是一切人際關係的核心，詳細內容請參閱趙燦華譯（民94），《關係DNA》（史邁利‧蓋瑞著），美國加州：麥種協會出版。

5-4　「不要效法這個世界，只要心意更新而變化，叫你們察驗何為上帝的善良、純全、可喜悅的旨意」，原文出自《聖經‧羅馬書》12章2節。

5-5　「愛裡沒有懼怕，愛既完全，就把懼怕除去」，原文出自《聖經‧約翰壹書》4章18節。

5-6　「你若能信，在信的人，凡事都能」，原文出自《聖經‧馬可福音》9章23節。

5-7　有關自我形象、生命觀點與世界觀點，亦請參閱吳妍儀譯（民96），《我們為什麼要活著？——尋找生命意義的11堂哲學必修課》（茱莉亞‧貝吉尼著），臺北市：麥田出版。

5-8　吸引力法則係由阿特金森（Atkinson）於1906年在《思維波動或思維世界的吸引力法則》一書中所提出。指類似思想的人會相互吸引，同時又尋找吸引其他人的過程，是為一種互相吸引的歷程，不僅是某個思想對另個思想的單向影響而已。

5-9　「喜樂的心乃是良藥；憂傷的靈使骨枯乾」，原文出自《所羅門王箴言》第17章第22節。而「心中喜樂，人面帶笑容，心裡憂愁，靈被損傷」，原文出自《所羅門王箴言》15章13節。

5-10　建立全新的起跑點，打破慣性思維的論點，請參閱郭亞維（民89），《哈佛校訓給大學生的啟示》，臺北市：文京閣出版。以及陳恩惠、吳蔓玲譯（民95），《態度：你的致勝關鍵》（約翰‧麥斯威爾著），美國加州：基石文化出版。

學習快樂「小小測驗」，單一選擇題：

1. 對一個擁有美術天份，但沒有語言天賦，會守時卻很不愛乾淨的小華而言，下面哪一個行為可以產生「短暫的」快樂情緒：

   (a) 努力投考專業美術學校，成為一位畫家。

   (b) 在下班之餘，拿出畫筆畫幾張有趣的圖畫。

   (c) 在週末週日，努力學習語言，以擴大自己的國際視野，同時找機會出國深造。

   (d) 上班時間，隨時把自己的桌子收拾得很乾淨。

   (e) 只要有機會，就花錢請同學或同事吃吃美食。

2. 為什麼你要快樂，快樂有很多好處。下面哪一個「不是」快樂的功能：

   (a) 快樂的人通常會是一個有生產力的人。

   (b) 快樂的人，通常會拿到更多的資源和機會。

   (c) 快樂的事，通常會帶來更多的快樂。

   (d) 當你不快樂，就多看一些脫口秀和搞笑節目，會讓你快樂。

   (e) 快樂的人，通常會比較容易成功。

3. 當你想要原諒或寬恕一個人，你可以使用接近的「REACH」法則。在這個時候，第一步你要做的事情是什麼：

   (a) 承諾。　　(b) 同理。　　　(c) 維持。　　　(d) 施恩。　　　(e) 回憶。

4. 當你想要做好對現在歡笑，你可以使用「HAP」法則。其中的A：「做好鑑賞」，乃是重中之重。下面哪一步是鑑賞的最後一個步驟：

   (a) 純化感受。　　　　　　　(b) 自我恭賀。

   (c) 建構記憶。　　　　　　　(d) 與他人分享。

   (e) 強化觀察力。

5. 在你想要改變時，你心中已經搭建好的「自我概念」，是你的自我改變的抗拒。例如，你會對你自己說：

   (a) 我是個懶散的人，我不會改變的。

   (b) 我先上個洗手間。

   (c) 這樣做是沒有什麼用的。

(d) 你們完全不了解這件事情。

(e) 你們不要管我。

6. 肯定是發問可以幫助雙方了解事情的真相。下面哪一個提問可以「協助認知」：

(a) 你那個時候的心情是什麼？

(b) 當時究竟發生了什麼事？

(c) 你打算怎麼做？

(d) 為什麼你要這樣做？

(e) 我能夠怎麼幫你呢？

7. 當爸媽這樣對你說，不要再玩手機了，快點唸書，馬上就去。這個時候，你可以使用「互補式交流」來回答，也就是回答：

(a) 現在的爸媽都不了解我，說話很沒有禮貌。

(b) 讓我們繼續玩，繼續玩，這裡很好玩啊。

(c) 你沒有看到我在用手機查資料來讀書嗎，LKK跟不上時代。

(d) 要你管，手機我要玩多久就玩多久。

(e) 皇上皇后吉祥，喳，小的接旨。

8. 當一方說出，請你把餐桌上的平板和筆電收一下，因為我叫了外賣回來，恐怕會弄髒它。下面哪一種回答，是不會引起吵架的「互補式交流」？

(a) 你沒有看到我正在忙著做專案賺錢嗎！外賣放別的地方吧。

(b) 你不可以管我，我就是要在這裡做專案。

(c) 叫弟弟收啦，我現在忙著賺錢，沒有空收拾。

(d) 我現在忙死了，沒有空收拾餐桌，能不能先將外賣放在廚房。

(e) 讓我們繼續賺錢，繼續賺錢，耶耶耶！

9. 造成不快樂的根本原因，你心中想著：「我不好，我是一個笨蛋，我沒有用」。這是一種負面的：

(a) 認知。　　(b) 態度。　　(c) 行動。　　(d) 思維。　　(e) 信念。

10. 當我對自己說：「我喜歡自己的眼睛和耳朵，我喜歡我自己」。這是一種：

(a) 尊重式語句。　　　　　(b) 肯定句語句。

(c) 正面式語句。　　　　　(d) 建構式語句。

(e) 主動的語句。

11. 快樂的字根，「hap」，告訴我們，快樂的追求需要：

(a) 「跳躍」出現實的外在環境。

(b) 學習轉念，以創造「內心的改善」時刻。

(c) 在工作、家庭、健康、社會等層面，都「延伸沾染」，獲得美好的生活喜悅。

(d) 對現在「擁有」的一切，都看作十分「美好」。

(e) 強調「所是」，而不是「所有」。

12. 當你經常遭到別人言語暴力或被拒絕，使你產生負面自我形象的「信念」時，你最需要做的事情是：

(a) 真正原諒饒恕他人。　　　(b) 拼命工作忘掉煩惱。

(c) 離開現場避免受傷。　　　(d) 努力做好快樂溝通。

(e) 練習建立快樂習慣。

學習快樂「小小測驗」答案：

題次	1	2	3	4	5	6
答案	b	d	e	b	a	b
題次	7	8	9	10	11	12
答案	e	d	e	c	b	a

第貳篇 練習希望明天更好

若說快樂是一個人對過往人事物的感謝和對現在景況的歡愉情緒表現，那希望則可以說是一個人對於未來人事物的滿懷信心，深信將來必定會發生美好的成果。因此，希望就是一個人展望未來的態度總結。

　　希望包括兩個面向，就是情感上的樂觀期盼，以及理智上深感值得的等待事情發生。因此值得現在付出努力來等候日後的美好收成，這是一種樂觀心態的等待。因此希望是充滿著無限的生機。

　　作者有一個深層信念，深信世人皆擁有潛在的能力和能被開發的智慧，只不過我們在華人文化深層底蘊中，以及生命成長的環境中，接受過多不幸經歷的撞擊，生成許多迷惘和不快樂。從而在看自己和看事物時，產生專注在「我沒有」的負面偏誤情形，進而失去定向。最終使自己的思想變為負面，個性變為扭曲，並且失落正向潛能。

　　雖然，自從小嬰孩呱呱落地後，人生命的本相會使人學習到無助。然而，若能對未來樂觀解讀則是擁抱希望的起步，這時即需運作個人的解讀風格，透過時間面、空間面、人際面等三個層面來正確解讀生活中的特定事件，期能從外在事件和個人解讀中看見希望，從事件和個人價值的關聯中來釐清希望，甚至是從事件和個人信念中來擁抱希望，特別是在家庭生活中結出美好的幸福果實。

第六章　事件、解讀、價值和信念

【幸福宣言】：未來樂觀宣言

在我今生的生命中，一切就是這樣幸福、快樂和美滿。

我不再選擇相信原來的缺乏和限制。

現在，我決定開始用上帝的眼光來看待自己──

我是快樂、希望而美滿的。

我生命的真相是：我生來就是快樂、希望而美滿的，

今天是如此，未來更會是如此。

現在，我選擇帶著這一份樂觀的態度，來度過自己的人生。

我會在對的地點、對的時間，做對的事。

在上帝安排我的生命中，每天都是美好、奇妙的。

　　人生需要面對三大問題，身分感、價值感、安全感。說明如下：

1. 身分感：身分感是接受「我是誰」，確認自己的存在。身分感是勇敢接受我是爸爸的兒子，我是媽媽的女兒這個身分。當一個人被父母親拒絕時，就容易懷疑自己的身分，進而說出「我不是男人」、「我沒有」等自我詛咒的話。

2. 價值感：價值感是接受「我很好」、「我很有用」，確認自己的能力和功用。價值感是堅定相信我是上帝美好的創造，叫我第一名，也相信天生我材必有所用。當一個人被配偶、男女朋友、老闆或主管拒絕時，就容易懷疑自己的價值，進而說出「我不好」、「我完蛋了」、「我沒有用」等自我詛咒的話。

3. 安全感：安全感是接受「我不害怕」、「我很安全」，確認自己的平安和安穩。安全感是堅定接受我是被愛的，也相信我是被保護的。當一個人失去所倚靠的事物時，容易失去安全感，進而說出「我要死了」、「我沒救了」等自我詛咒的話。

　　基本上，身分感和價值感是屬於第一篇：「練習快樂」的範疇；而價值感和安全感則是屬於第二篇：「練習希望」的範圍。以下加以說明：

6.1 事件串接的人生

> 不管你願不願意，你我都要面對這個事實，
> 人生是苦楚的，人生都是在冒險，
> 面對無數的事件、許多對於事件的反應。
> 例如，我要和對方建立家庭，走一輩子，
> 我要和對方有生命的交流，以及生活的對話。
> 面對生活中的大大小小事情，以及許多的決定。
> 而不管是貧與富，不論是健康或疾病，都要攜手一生，
> 這就是幸福人生的真義，而在家庭中的顯示。

　　人生，是由許多的「今年」來組成，更是由數萬個「今天」來組成，更確切的說，則是由無數個「事件」（event）串接組成。而這件事件的鋪陳推移，便構成人生的萬花筒歲月。

　　若是接連出現使你快樂、高興的事件，自然會使你對未來充滿著希望；但當生命中發生令你不愉快、不舒服的事件時，特別是最親密的配偶，家人爭吵時，你要帶著何種力量繼續生活呢？甚至是當更多的不舒服，甚至是痛苦的事件來臨，使得情況似乎是失控了，如收入不敷支出、親子關係緊張、健康亮起紅燈、配偶離去、房屋被查封等，這時你要怎樣面對？而這時又有什麼力量支撐著你走下去呢？

　　在此時，使你對未來依然懷抱希望的力量是什麼呢？甚至是當你發現自己是一位失敗的父親（員工或老闆）時，或是當你知道你的配偶不再愛你，你的子女不再理你，在這個時候，你是否對未來依然懷抱希望呢？

　　在無數個事件推移當中，你若能存在希望，你必定可以確信，你在絕望中必然會有盼望、你在受苦難時必然會有安慰、你在困惑中必然會有答案、你在失落中必然會有平安。而這一切必然和你對生命的認知解讀，你

對人生的價值判斷，以及你對自己的生命信念息息相關，也自然會試圖由
終極的人生信仰中尋找解答。

　　例如，筆者在碰到一些事情不如我意的時候，例如，助理沒有照我的
意思或在時間內辦完所交代的事情時；或是有不速之客突然插進來，打亂
我的行程步調時，以前我會很不高興，並且不給對方好臉色。現在我則是
學會先和自己對話：
　　「這不過是一件小事情，我何必爲它生氣抓狂呢！」
　　「這些都是小事，如今也沒有什麼大不了的事情！」

　　這樣一來，我的生活壓力自然大幅減輕，每天哼起小調歌唱的次數自
然就增多了。

6.2　無情事件有情解讀

　　我們四周每天都有許多事情陸續發生，這些事情即構成你我眼中所
謂的「事件」。你如何看待、說明這些事件的意義內涵，就是所謂的「解
讀」（explain）。通常事件本身和解讀不一定是相同的，這是因爲針對周
圍的「客觀事件」，我們會進行「主觀解讀」的緣故【6-1】。

　　事實上，你是否快樂，是否對未來有信心，全在於你是否懂得使用合
理且客觀的角度，來看待你周遭所發生的各種事件，特別是家庭生活中的
特定事件。也就是你能否對無情事件，做出有情解讀，這是你能否預見希
望的關鍵。「當你看見一處公園的時候，你可以選擇看燦爛花朵，也可以
選擇看路邊雜草。」這是你可以自由選擇的！當你只集中在灰暗、不順心
的事件時，你的心情自然不會開朗；但是，當你專注在光明、美好的事物
時，你的內心自然是撥雲見日。你不妨讓自己的想法開闊些，除了看見事
件需要改進處，同時要去看見事件美好豐碩的一面。

　　當然，若是你能夠從個別事件中，做出正確、合宜的解讀，自然可以
就事論事，避免過度掉入負面情緒的泥淖；同時也不會前後牽連，墜入事

件連環爆的迷霧中，以至於分不清楚彼此；更不會以偏概全地傷及無辜，或以全概偏的流於武斷。準此，你的生活品質必會明顯提升，進而預見明日的希望。這其中有四個重要的意涵，如圖6-1所示，茲說明如下：

1.每個人對某一特定事件的解讀通常是不相同的

2.各個事件之間是不相干而互相獨立的

3.以偏概全或以全概偏皆是錯誤的

4.需要停下來重新解讀

圖6-1　事件和解讀的四個重要意涵

一、每個人對某一特定事件的解讀通常是不相同的

　　基於上帝所創造的每一個人都是獨特的，因此每個人對於某一特定事件的解讀，通常是不同的。因為每個人對某特定事件事情的歸因、看法和結果都不會完全相同。

　　例如，我的朋友美秋和秀春同樣面對公職考試落榜，美秋解讀成自己在考試當天沒有睡好，因此導致失常，從而預備重考，再接再厲。至於秀春則解讀成自己考運不佳，沒有當公務員的命，不適合參加這類考試，於是宣告放棄。

　　【習作練習】現在請練習對以下數個事件或協議，提出你的解讀：

　　(a) 你怎樣解讀「911恐怖攻擊事件」？

　　(b) 你怎樣解讀「臺灣食品大廠混油調油事件」？

(c) 你怎樣解讀「2008年全球金融海嘯風暴」？

(d) 你怎樣解讀「臺海兩岸服務貿易協議點燃的太陽花學運事件」？

二、各個事件之間是不相干而且互相獨立的

　　要知道，這個時候，上帝所允許發生的每一件事情都是相互獨立的，因為各個事件都是許多人做出決定後的產物，它們彼此間是不相干的。此時，你要如何看待各個個別事件，不要相互牽連，不會將某一事件和另一事件相互串接在一起，這是一種重要的生命智慧。這時你亦需要分清楚什麼是客觀事實，而什麼又是個人的主觀解讀。

　　例如，今天淑春在工作時被老闆罵了一頓，說業績太差；搭公車回家時被司機凶了一頓，說下車為什麼沒有事先按鈴；回家後被先生說了一頓，說孩子功課太差。基本上，這三件事情是風馬牛不相及的，不可以牽強附會，胡亂聯想當中的因果關係。

　　例如：有一天是下雨天，筆者在上班途中被公車濺溼了褲子；到學校剛走出電梯就被同學撞翻了書本，學生還匆匆忙忙趕去上課；中午吃飯時，餐廳老闆少找錯錢，少給我10元；回家時在公車上要打電話給妻子時，才發現手機沒帶在身上。下班到家時，又一下子找不到鑰匙以致折騰了許久才進家門。這五件事情雖然都令我不舒服，但我學習到其實這五件事情是相互獨立的，而不可牽強附會，認定我今天活該倒楣，甚至斷定我今天命宮犯煞，所以壞事連連，需要求神拜佛、作法事消災解厄，這些都是無稽之談。

三、以偏概全或以全概偏都是錯誤的

　　此時，你怎樣看待「在某特定事件（如大雄因故被解僱失業），發生在你身上時，在這段期間內卻無人主動關心你」這樣的事？此時，失業在家是客觀事實，無人關心也是實情，然若是依此判定，這個世界冷漠無情，或是你（大雄）做人失敗，則絕對是主觀解讀，它不一定是真實的。

人們會將某些事件的結果，將某些人物命名，從而以偏概全來稱呼某人，此即渲染擴大，特稱為「月暈效果（halo effect）」【6-2】。

例如，上例的大雄失業在家無人慰問的事件，大雄可能會以偏概全的界定全世界的人都是冷血無情，若是這樣，大雄便是犯了以偏概全的月暈效果。

另外，人們亦會因對於某個人的固有印象，從而認定該人會以全概偏的來處理某件事，此即死板僵化，特稱為「刻板印象（stereotype）」【6-3】。又如，若大雄的上司是位黑人，而強行解僱當事人（大雄）。從而大雄便會認定因為黑人向來傲慢，性情粗暴，因此大雄被主管以暴力強行解僱，此時大雄便落入以全概偏的陷阱中。

例如，在上面的例子中，若筆者被同學撞翻了書本，學生還匆匆忙忙趕去上課，若我因此就認定臺北大學學生沒有禮貌，甚至是所有大學生都不尊師重道，那我就已經落入以偏概全的窠臼中。

四、需要停下來重新解讀

事實上，你我都必須要知道，每一件發生在你我身上的所謂「不好的事件」，都可以重新被解讀成為「美好的事情」，這絕對是一段探索尋訪寶貝的過程。眼睛是人身上的燈，人的眼睛若明亮，全身就光明；人的眼睛若昏花，全身就黑暗【6-4】。我要鼓勵你在上帝的愛中，練習、尋找並發現每一件事件背後的「寶貝」，然後將它凝固、放大，並貼進你的相機鏡頭中。

因為任何的事情皆有其正反兩個面向，這就有如你看見有一杯水被別人打翻，剩下半杯水，這通常並非是件好事。此時，你當然可以有權說，「糟糕！只剩下半杯水」，然後擺著苦瓜臉；相反地，你也可以轉念說，「感恩喔！還有半杯水」，然後換成大笑臉，而這些當然是你可以自己作

主決定的。

這其中的理由是，沒有任何人能夠使你快樂，而「你若下定決心要有多少分的快樂，你就能夠擁有多少分的快樂」，林肯先生如是說。並且，你的個人主觀解讀，經常會產生後續的連帶行動，和伴隨來的渲染情緒。從而，你怎樣解讀某一個事件便十分重要，這構成你擁抱希望的第一個踏腳石。

繼續上例，你若認為某人莫不關心某一個事件，結果你便不再和他聯絡，甚至怪罪他，生他的氣，甚至是氣得半死。然而事實真相是，每個人對於同樣一件事情的感受反應可能大不相同；或許你認為這是一件大事，但是他極可能認定這是一件小事，而無庸大驚小怪。

另外，基於解讀通常會帶出後續回應，並衍生結果，然此亦可能並非事實。同上例，事實上對方可能是在私底下為你奔走求助，或是為你祈禱上帝，只是你並不知情罷了。

因此，你在進行主觀解讀的同時，你需要詳細驗證，需要垂詢相關人士，以資確認事實真相。若是未經驗證並遽下斷言，便容易滋生誤會，容易導致錯誤，此皆是你擁抱希望的敲門磚。

例如，筆者經常是在某些不經意的時候，心思意念會突然間飄向莫名的遠方，突然間心中彷彿是悲從中來，就會開始去思想並牽連引動自己的苦情。思想自己先前有些決定應該是做得不夠美善，才會造成必須離開已經從事志工服務十多年的地方，也連帶失去一些好朋友，失去財務投資上的上好機會，同時身體也似乎變差等。

就在這個時候，我那智慧的妻子看到我的眼神閃爍不定，很不對勁，便會對我說：「停！停！停！停止胡思亂想，要抬頭挺胸看前面，不要頭低低的看地上。」

「要活在當下，Now and Here，要去體會你現在擁有什麼。」妻子繼續說道。

我便會去思想，現在的我，挽著我親愛的妻子，兩人散步在臺大校園裡。這個時候，皎潔明月當空，涼爽清風拂面，我們正漫步其間。加上

椰林大道的雄壯氣勢，滿園杜鵑花的花香撲鼻，此情此景真是令人心曠神怡，這豈不是人間至福。

「來，現在開始去想你擁有什麼，」妻子再次說。

「我擁有美麗溫柔又賢慧的妻子，兩個讀臺大和政大的男孩，父母雙親又都健康且長壽，擔任國立臺北大學教授，又接行政主管一職，身體健康，每天準時就寢，躺臥床鋪睡得香甜，又住在臺灣大學附近綠蔭圍繞的大樓裡，我擁有上帝和祂最美的祝福。」

經過這樣的反思，我的心情好轉起來了，也抬頭挺胸，昂首邁開大步走著，面帶著開心滿足的笑容，緩緩的說道：

「我真的好棒，太厲害了，我真的、真的、真的很不錯，我真是一位幸福人士，我實在是太優秀，太棒了！」

就是透過這樣的重新解讀，使我的心思意念不再悲觀、憂愁，而是停留在喜樂與滿足的主旋律上，這就是釐清事件與解讀的絕佳妙用。

【幸福詩篇】登鸛鵲樓

> 白日依山盡，黃河入海流。
> 欲窮千里目，更上一層樓。
>
> ——王之渙

唐詩人王之渙「慷慨有大略，倜儻有異才」，少年精通文章，並長於作詩，多引作歌詞，經常與王昌齡、高適等詩人彼此唱和，傳唱多時。

〈登鸛鵲樓〉是一首登高望遠詩。短短二十個字，將登樓的事件解讀成人生登高，其中景色描寫的氣勢磅礡，雄偉無垠，展望宇宙之浩瀚，寄語希望之壯闊。詩中上下兩聯皆用對仗，對得十分自然巧妙，天衣無縫，擁抱希望。「欲窮千里目，更上一層樓，」更被視為追求理想的座右銘，流傳千古。

6.3 事件結果無關價值

尤有甚者，你需要確信個別事件的發展情形，誠然和你的個人價值高低無關，也就是事件結果無關價值。此舉可以將你從事件的漩渦中釋放出來，特別是在諸事不順之際，更需要如此的斷言。此外，你若能用更高的角度來檢視個別的事件，甚至是用長期的眼光來評斷個別的事件，必然可以降低個人失落和失望的感受，並重拾希望的燈火。最後，你更可以為個別事件立定界線，釐清其責任歸屬。以上種種舉措，皆能埋下更多明日希望的種子。這其中包括六項意涵，如圖6-2所示，要述於後。

圖6-2 事件和價值的六項意涵

一、事件與價值無關

在進行客觀事件的個人主觀解讀時，有些人會將某一事件的發展結局好壞，和自己的生命價值畫上等號。也就是若結果表現未臻理想，如考試未獲錄取，或是求職面試未成時，便自己斷定自己沒用，自己無能，也因此產生較低的自尊，甚至發生自殺或自殘等較為激烈的行為。

基本上，我們需要認清一件事實，即「一個事件或事情的成功與否，

和當事個人的價值是毫無相關的」，千萬不要落入社會判斷理論（social judgement theory）的陷阱【6-5】。因為這有如吃下分別善惡樹上的果子，吃的日子必定死，落入自我評判一樣【6-6】。例如，志明被女朋友拒絕，並不等於志明這個人沒有價值；春嬌上週找工作沒有被錄取，也和春嬌的個人價值毫無關聯；美惠這次公職考試未能題名金榜，更和美惠這個人有沒有價值無關；建國工作上的銷售業績不振，也和建國這個人有沒有用不相關。

因為這就是有如將風馬牛不相及的兩件事情，硬要湊在一塊般的不合情理，這就是構成擁抱希望的關鍵門檻。

　　例如：筆者向來害羞內向，在28歲時和交往五年多的女朋友分手，後來女方甚至在不久後就結婚了，新郎卻不是我。我深受此一打擊後整天胡思亂想，怪罪自己，垂頭喪氣，鬱鬱寡歡，甚至有輕生的念頭。幸好我後來相信上帝，蒙上帝保守，並沒有發生自殺身亡的憾事。後來，我在教會朋友的幫助下，勇敢面對，先認定這段失戀和我這個人的價值無關，並不是我這個人不好，這個人沒有用，只是我們之間不合適而已。同時正面去哀悼、接受這段已逝的戀情，認定它無法挽回。之後，我重新接受相親安排，重新戀愛。一年後我結婚了。現在，我成天眉開眼笑，二十多年的婚姻生活充滿幸福。

二、諸事不順時不貶低自我價值

　　當然，在遭遇一連串不如意的事情時，當事人心中自然會很難過，此時需要照顧的是自己那一份難過、受挫的心情感受。此時只要單純地停留在此處即已足夠，毋庸論斷、否定自己的個人價值。因為，事件的發展順逆固然和個人的能力高低有關，但是卻和個人的生命價值無關。因為人生不如意者，十之有八九，事情通常不一定會朝著你想要的方向來發展。

　　例如，突然冒出另外一個工作機會，突然出現另外一個追求者，突然出現一大筆訂單生意，突然出現一個競爭對手，或考試結果竟然從缺無人

獲得錄取，這些都是意想不到的結果。

　　況且，事件的發展方向經常並非能由我們掌控。因爲外在社會的運作實在是太龐大、太複雜、也太混亂，並不存在有絕對肯定的運作模式可供依循。例如，工作能否平安順遂、主管是否賞識提拔、配偶是否感情專一等，這些通常並非能由個人單方面定奪，我們也僅能夠盡人事而聽天命，並且爲對方祈禱，將此事交給上帝掌管。所謂的「謀事在人，成事在天」，就是這個道理。

　　例如：我在28歲時，被交往多年的女友甩掉、擔任約聘工作前途茫茫、想要換工作卻被老師勸阻、投考博士公費留學未獲錄取（經查分雖然我在能源學門類科分數最高，但錄取卻是從缺）、家中紛擾（大哥被父親趕出家門）等諸事不順，這使我覺得自己很沒有用，甚至萌生輕生之念。現在回想起來，實在是年幼無知。事實上這些事情的發生，就算是接連發生，都和我的個人價值完全沒有關係。說明如下：

　　首先，女友另有追求者（同事），甚至另有歸宿，那是她的事情，這是她個人的選擇，並不是我這個人不好，這是她的價值。

　　再來，約聘工作沒有安定感，後來也獲得正式職缺的機會，這是公司的人事運作，很明顯和我的個人價值無關。我不可把這兩件事情搞在一塊。

　　三者，老師勸阻我換工作，那時我的老師可以選擇勸阻或不勸阻，我也可以選擇聽或不聽，這基本上是個人決策的問題，而不是我這個人好不好的問題。也就是事件與價值無關。

　　四者，公費留學結果公布從缺未獲錄取，這更是政府部門經費調度運用的選擇，其中可能是某些學門和其他學門互相比較權衡，某些學門被替代掉了，這是開會後的決議，更和我這個人好不好的價值認定無關。

　　最後，大哥和家父的衝撞，這是他們兩個人之間的事，絕不是我這個人乖不乖，我這個人好不好所能改變的，故不是我的價值問題。因此，在重新釐清事件背後的問題後，一切便豁然開朗，掩蓋的事情就都顯露出來了。

三、要以更高的觀點來檢視事件的價值

此時，我們需要以更高的觀點來檢視事件的價值，這是衝突管理（conflict management）之「訴諸更高目標」原則的應用【6-7】。因此，你我的個人價值內涵，更可以選擇由上帝的眼光來定奪；因為上帝是愛，上帝必照祂榮耀的豐富，使你們一切所需用的都充足【6-8】。而不是選擇交由世界上某個人或某件事來決定。這是你個人的選擇，更構成擁抱希望的基本要件。例如，若春嬌的配偶志明爆發感情出軌事件，春嬌則需要有這樣的自我認知，這段感情並非由春嬌失去，也非已經被春嬌所搞砸，實在是對方（志明）另有其他的原因，有以致之。

因此，你的個人價值，務請不要根據別人的反應，恣意交由別人來斷定。此即將自己的人生命運，隨便交給陌生的第三者來決定，一樣的不合理。因此，你在努力做完某一件事情（如完成專案報告、努力讀書上課、用心交友相親），或許旁人並不欣賞你，或結果未臻理想。此時你只要盡心盡力，自認問心無愧，那就已經完成任務。此時，你需要界定並認同你這一份不可奪取的價值，並堅定接受此一結果。即如你面對上司交辦的某個專案，只要你自認已經盡力完成，並勇於負責，但最後的結果卻未臻理想。此時你僅能將此交給上帝，因為這個重擔並非你個人可以承擔。

例如，在《聖經》中耶穌被釘在十字架上，耶穌說：「完成了」，然後就此斷氣。這從世人的眼光來看，耶穌是玩完了，但是若從上帝的眼光看，耶穌卻是為全人類的罪孽流血，死在十字架上，已經「完成了」救贖全人類的事工。

又如：筆者在獲得交大博士學位後，留在中華經濟研究院工作兩年，來完成我先前在中華帶職帶薪進修博士學位的承諾。工作滿兩年，我興起想去大學教書的念頭，也透過學校的指導教授，幫我推薦獲得元智大學的教職。但此時，我在中經院的主管卻兩度阻止我離職，他說：「你離職是合理且合法，然不合情，請為當初愛護你、留任你的長官多待一年，因為他今年已經65歲，再一年便會屆齡退休，你忍心讓他心淌血來批可你的離職書嗎？」這時我面臨一項抉擇，我想起《聖經》中說：要順從肉身的主

人（工作主管），好像順服上帝一般。

在經過天人交戰的掙扎後，我決定順服上司，好像順服上帝一樣，我放下我的夢想，等待上帝的時間。奇妙的，過了一個月後，一位美國史丹佛的余序江教授來訪，我的主管便安排余教授擔任我論文發表的評論人，在我發表完論文後，我的主管向余教授探詢我在史丹佛工作的可能性。余教授笑著說，他正好有個研究計畫想要尋找亞洲地區的博士級研究人員，熟悉亞洲地區事務的人來辦理此事。後來我便有機會到美國史丹佛大學做博士後研究。那一年，因著史丹佛余教授給的那份薪水，和中經院的留職留薪，我們一家四口得以一起赴美，間接使我的妻子和兩個小孩有機會體驗美國語言和文化。

由於這件事，我學習到要用更高的觀點來檢視某特定事件的價值。也就是先前我答應留在中經院工作，沒有轉到元智大學任教，從世人看，看似「關上一扇門」；但若從更高的角度看，卻是「開了另外一扇窗」。這使我有機會擴展視野，有機會得到美國史丹佛教授的個別指導，這大大提升我日後從事學術研究和論文寫作的實力。而這一切，更是上帝的巧妙安排，祂站在更高的位置來安排我的人生，上帝的做法實在信實，我只能單單感謝上帝。

四、要重新思考在長期時間下的事件價值

你真的需要安靜思想，在你周遭發生的此一特定事件，在五年後、五個月後、五天後的影響程度，來劃分清楚此一事件對你人生目標的重要性程度【6-9】。例如，這一次招商不力，要想五年後有何影響；這一次競標失敗，要想五個月後有何影響；這一次相親未果，要想五天後有何影響。

因為在時間的歷史長河下，自然會逐漸沖淡某一特定事件對你的影響程度。你需要依循「5、5、5」的原則，來正確的解讀面對某些特定事件，合宜地界定事情的價值，這是人生的重要智慧。

　　例如：在筆者28歲那年，交往五年多的女友離我而去，另結新歡，當時的我覺得心如刀割，痛不欲生，但我若能轉念，面對這一個劈腿事件，想想在五個月後，甚至是五年後對我的影響，可能只是雲淡風輕，無足輕重，我便因此能重獲新生。同樣的，面對公費留學未獲錄取的事實，我也需要學習用長期間的眼光來看待它，認定在五年之後，這也算不了什麼，這樣我便可以坦然，而不會鑽進牛角尖，困在裡面而走不出來，這樣的人生才會有希望。

五、重新立定界線

　　換句話說，你亟需重新立定界線，劃分清楚這一件事到底是「自己的事情」，還是「別人的事情」。並清楚劃分這一件事，究竟是屬於「自己的責任」，抑或是「別人的責任」。同時，劃分清楚這件事情，究竟是自己「應該要做」的事情，還是某人「想要去做」的事情【6-10】。例如，某校開設職涯規劃課程的事情，是甲單位或乙單位需要負責的工作。

　　再者，面對事件「成果」，基本上，你需認清，若需要有成果，是需要付出一定「代價」的。

　　例如，若欲投考公職且要獲錄取，絕對需要耗費許多光陰閉門苦讀。此時的「代價」是需要選擇擔負的，此時更需思想如何做才是最佳的方法，是要自己潛心讀書，還是赴補習班上課？是否需要和其周遭他人共同合作？至於是否能有成果，也需要看周遭主觀、客觀條件是否成熟而定，如此判定方稱公允。

　　例如，待在花蓮的大環境和待在大臺北地區上課即有顯著差異，客觀條件大不相同，因此不宜存有錯誤的期待，若是你硬要把待在花蓮看成待在大臺北地區來投考公職，你就容易發生不切實際的錯誤期待。

　　又如，有一天，筆者自己也不知道是怎麼回事，整個人就是覺得很不對勁，覺得渾身無精打采，病懨懨的。妻子見到我如此狼狽的景況，便探過頭來問道：

「怎麼樣了，看你氣色很不好哩，整個人不太快樂。」

「是啊！」「今天實在是糟糕透了！」我回應。

「來！說說看，到底發生了什麼事情，」妻子關心的問著，

「豈有此理，自己沒有做好，還推託責任，」我生氣的說，

「你覺得很不公平啊！對於這樣一件事情，你很生氣，」妻子同理的說。

「對啊，真是令我生氣，」我同時大力的摔出一個枕頭，心裡頓時覺得好爽。

「再說，看你的眼睛，好像還擔心一些事情，」妻子繼續接著問道，試著同理我的內心。

「喔，妳也看出來了，事實上，我好擔心這件事情被我搞砸了；我害怕我做不好，我不好，」這時我的話語帶著陣陣的顫抖。

「不！不！不！這一件事情跟你完全沒有關係。你仔細想一想，這一件事情根本不是你的事，而是別人的事情。不需要你來負責任，而是應該由別人來負責，」妻子的話語清楚而有力，使我茅塞頓開。

「真的，這不關我的事，我也不用為它負責任，是我管過頭了」，我語氣輕鬆，快樂的說。

「對啊，你只是扮演著幫忙的角色，事實上，應該負起責任的人是小張，而不是你啊！」現在這麼一說，我終於聽懂了，

「唔，唔，」我用力的點了一點頭，

「對了，再提醒你一下，你也不要再罵你自己了。」

「事實上，這一件事情做得好與不好，跟你一點關係都沒有，你要把你自己和這一件事情，好好清楚切割乾淨。」

好像如五雷轟頂一般，我突然覺得耳聰目明起來，全身重擔整個消除，原來，是我給自己加上許多無謂的重擔了。

這個時候，我整個人輕輕鬆鬆，全身舒爽，我更自由自在的唱首詩歌，來讚美上帝的奇妙大能。

六、你已經做出最好的決定

　　事實上，對於過去所發生的每一件事情，你必須要對自己說：「事實上，我已經在當時的情形下，考慮各種狀況後，做出了最好的決定」。這就是每一個事件對你自己的公平價值，也就是讓事件自己來說話。例如，某次面試失敗，就要對自己說：「我已經盡力」；某次操作基金失利，就要對自己說：「我已經做出最好的決定」；某次失戀，就要對自己說：「我已經盡我最大力量」；某次公職考試落榜，就要對自己說：「我已經努力過了」。因此，千萬不要追悔過去，懊悔過去，而是要忘掉過去，努力現在，向著明天的標竿直跑。並且透過以上的反思程序【6-11】，必然能夠脫離連環事件的迷障，找到真我的出路，並站在上帝面前，將自我推薦給自己的良心。

　　例如：從史丹佛回國後，再過四年，筆者終究還是離開中華經濟研究院，轉到銘傳大學任教。面對這個轉變，有時筆者會後悔，認為當時沒有選擇去元智大學，現在只能選擇去銘傳大學。我記得那時教會的輔導員對我說：「澤義，不要向後看，要向前看。事實上就換工作這樣一件事情，你在當時已經做了最好的決定。而且上帝也祝福你這個決定，不是嗎！」更重要的是，我對明天懷抱希望，現在的我如願轉到國立臺北大學任教，而我相信這一切都因為上帝掌管明天。

6.4　信念影響事件發展

　　最後，信念會影響事件發展，也就是你可以將個別事件的發展和你的個人信念加以串聯，來擁抱你的人生希望。也就是你若能建立合宜的正向信念思維，當有助於運用周遭的個別事件，朝向正面來發展，如此便能擁抱明日希望。茲說明如下：

一、事件與信念輝映

　　事實上，面對世事多變的周遭環境，你需要合理解讀發生在你周遭的每個「事件」，然後採取正面的態度來回應，方能經歷擁抱希望，擁抱幸福的喜悅。此時，內心擁有「正向信念思維」的安全閥機制，深信必會有救，運用基本信念思維來反擊失敗情結，便顯得十分重要，這是擁抱希望的黃金階梯。

　　「信念（belief）」是個人內心真正相信的事情，是你內心需要面對的原始點，更是你對自己生命、生活、成長上的最終期許【6-12】。例如，你是否相信邪不勝正，你是否相信人間有愛，你是否相信存在一個機會洋溢的社會，你是否相信上帝是愛等。

　　申言之，「一件事件或事情的後續發展好壞，明顯會和你個人的信念息息相關」，你的個人信念會導引你解讀特定事件的意義，並釐清事件和你個人價值中間的差距。這時，擁有正向的信念思維便十分關鍵。

　　你內心需要面對的信念應包括三個層面，分別是你對於自己的看法，也就是你的自我形象；你對於周遭他人的看法，也就是你的生命觀點；你對於這個世界的看法，也就是你的世界觀點。在自我觀點或是自我形象上，你需要與自己和好；在生命觀點上，你需要與上帝和好；而在世界觀點上，你需要與周遭他人和好，這些皆是你的基本信念。

　　例如：筆者考上交大博士班後，申請在中華經濟研究院留職留薪進修，申請的公文從7月10日到8月中旬，三度被所長退回，理由皆是：「這裡是『經濟』研究院，並不允許留職留薪進修『管理』博士班。」這是合理的。我也想接受這個結果，然而我的主管（組長）卻鼓勵我不要放棄，繼續再申請。這提醒我觀照我的信念，我相信上帝是愛，上帝會照顧我的生計。因此我相信上帝開的道路不會只有開一半的，因為我需要錢來讀書和養家活口。我便循此滿懷希望的向上帝禱告，我相信未來必然會更好的。

　　後來，在8月25日我生日當天，蔣碩傑院長破例召見我，並且在簡單

對話後，他老人家長考達兩分鐘，然後他抬起頭來，微笑著對我說：「我要嘛什麼都不給，要嘛就要給你最好的，我決定了。」他破例給我攻讀博士期間留職留薪，並外加博士後留職留薪一年的最佳待遇。這結果使我欣喜若狂，也學習到從事件和個人信念中擁抱希望的必要性，並且上帝樂於從中促成此事，使事件往正向發展，竟然帶給我超過我所求所想的生日禮物。

二、六個正向基本信念

　　具體言之，為建立正向的個人態度思維，需要擁有「真、善、美」和「信、望、愛」的六個基本信念，即真誠、善良、美感、信心、希望、愛心、知足、勇氣的正向人生信念，如圖6-3所示。因為個人的內心如何思量，其為人即會怎樣，茲說明如下：

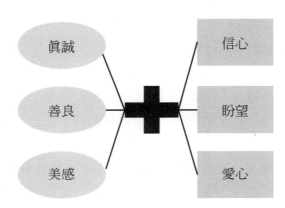

圖6-3　六大正向人生信念

1. 真：真指真誠，真誠是執著追求真理的初心，真心真情去待人接物，深信精誠所至，金石為開。此時即會激發出勇氣並形成追求真理的意志力，從而認真探索內心心靈世界。
2. 善：善指善良，善良是相信人心存有善念，並追溯至生命的源頭，基於對物質世界具備高度洞察力，便會產生奮鬥向上的能量，積極面對，終底於成。

3. 美：美指美感，美感是欣賞上帝所創造的美好世界，相信一花草一樹木皆蘊含藝術美感，值得細加玩味。此時即湧現生不帶來，死不帶去的人生智慧；深信有衣、有食，就當知足【6-13】；也深信知足常樂，從而能緊握能忍自安的生命本源。

4. 信：信指信心，信心是縱使外界環境日益險阻且變化莫名，依然相信美好的事情未來必定會成就。深信在信的人，凡事都能【6-14】。上帝必會介入保守，施行公平正義。

5. 望：望指盼望，盼望是無論外界情況如何發展，對於未來發展的答案都是「是的」。亦即深信忍耐到底的人，必然得救；深信明天會更好；深信一枝草一點露，天無絕人之路，人只要活著就存在希望。

6. 愛：愛指愛心，愛心是無論周遭他人怎樣冷漠無情，對於人性的期許皆是愛在人間。此時即深信上帝是愛，在愛裡沒有懼怕，愛更是永不止息。

　　綜言之，在後現代的社會中，普遍充斥著拒絕上位權柄、拒絕原則規條、甚至是各種形式的意義與標準，使得你在理解生命的這件事情上，不再有任何參照點和指引準則，以致缺乏該有的原則和立場。在此一時空背景下，你需要一套合乎理性的參考架構和思維方式，來引導你可以在上帝真理的光中，追求人生的快樂、希望和幸福，這也是本章的核心要旨。

【習作練習】

　　個人信念練習：

　　本次練習是提出你的個人信念，現在請你先暫時離開人群，找一個安靜的角落，找個地方可以讓你的心思沉靜半個小時，拿起紙筆，將你的人生信念書寫下來。把你的生命基礎，值得為它而活的生命信念寫下來，而非你的理想甚至是夢想。試著重新理清你自己的思緒，讓信念成為你的人生導師，為你擁抱希望做好妥善的準備。

【古今中外】麥當勞的創業祕辛

　　麥當勞（McDonalds）兄弟即麥克（Mike）和迪克（Dike）二人，在美國加州開設麥當勞漢堡速食店，由於漢堡口味風味獨特，深受顧客喜愛，以致顧客高朋滿座，漢堡趕製不及。麥克和迪克遂向位於芝加哥的供應商雷克勞克（Ray Clark）採購53臺麵粉攪拌機，準備回應此一龐大需求。

　　此時克勞克靈光一閃，對未來滿懷希望，他深信連結和合作的價值，克勞克向麥當勞兄弟提出欲購買「麥當勞速食店」商標專利權，並倡議藉由合作「加盟」途徑，開展麥當勞分店。後來麥當勞分店便有如雨後春筍般四處開設，克勞克從而逐步握有麥當勞兄弟的股權。

　　克勞克運用巨額資金，憑著熱烈的希望火焰，透過專業分工和標準化的作業流程，建立完善的管理作業系統，布設獨特的麥當勞速食業王國，建立卓越的結果品質，廣布全球的麥當勞分店遂成為成功的見證。

　　機會經常會在智者面前出現，麥克和迪克兄弟的能力足能成功經營一家速食店，然而克勞克則能立足在更高格局，透過專業分工，建立五百多家的麥當勞加盟店體系，且結果品質甚佳。麥克和迪克在偶然間將此一機會交給克勞克，遂促成麥當勞成為世界著名的速食店王國。

【本章注釋】

6-1　有關事件認知與解讀的基本觀念，請參閱Robbins, S.P. (2006), *Organization Behavior*, the eleventh edition, Prentice-Hall, Inc.

6-2　月暈效果（halo effect）係由美國心理學家桑代克（Edward Lee Thorndike）於1920年所提出。又稱「光環效應」、「暈輪效應」，指人們對他人的認知判斷係先依據特定印象，然後再推論出其他品質的情形。屬於「以偏概全」的現象。

6-3　刻板印象（stereotype），亦稱印刻作用。指人們對於某一特定類型的人、事、

物，皆會存在某種概括性的整體觀點。而這些刻板印象大多是負面且是先入為主的，屬於「以全概偏」的現象。

6-4　「眼睛是人身上的燈，人的眼睛若瞭亮，全身就光明；人的眼睛若昏花，全身就黑暗」。原文出自《聖經‧路加福音》11章34節。

6-5　有關事件與個人價值無關，相關的理論是公平理論，公平理論（equity theory）係由美國心理學家亞當斯（John S. Adams）在1965年所提出，又稱社會判斷理論（social judgement theory）。個體會將自己的景況和他人互相比較，藉此判斷自己的情況是否公平，而在進行判斷的同時，若是界線不夠清楚，便容易將事件的結果和個人的價值畫上等號，從而將事件等同於價值，這是最大的錯誤。詳細內容請參閱趙燦華譯（民94），《關係DNA》（史邁利‧蓋瑞著），美國加州：麥種協會出版。

6-6　「有生命樹和分別善惡的樹」。「園中各樣樹上的果子，你可以隨意吃」。「只是分別善惡樹上的果子，你不可吃，因為你吃的日子必定死」。原文出自《聖經‧創世記》2章9節和16至17節。

6-7　有關衝突管理的訴諸更高目標原則，基本上，係指建立超然目標，即雙方面對共同性威脅時，尋求建立一套更具超然地位的共同目標，進而尋找具有創意的解決方案，來凝聚雙方共識，轉移既有相互衝突的爭執點。詳細內容請參閱Coughlan, A.T., Anderson, E., Stern, L.W. and El-Ansary, A.I. (2001), *Marketing Channels*, New Jersey: Prentice-Hall.以及Mohr, J. and Nevin, J.R. (1990), Communication strategies in marketing channels: A theoretical perspective, *Journal of Marketing*, 54(Oct.), 36-51.

6-8　「我的上帝必照他榮耀的豐富，在基督耶穌裡，使你們一切所需用的都充足」，原文出自《聖經‧腓立比書》4章19節。另「你要囑咐那些今世富足的人，不要自高，也不要倚靠無定的錢財；只要倚靠那厚賜百物給我們享受的上帝」，原文出自《聖經‧提摩太前書》6章17節。

6-9　有關「5、5、5原則」，詳細內容請參閱姜雪影譯（民98），《10、10、10：改變你生命的決策工具》（蘇西‧威爾許著），臺北市：天下遠見出版。

6-10　有關重新立定界線，詳細內容請參閱葛幼君譯（民95），《從NO到GO：界線愈清楚，自由愈無限》（大衛‧麥肯納著），臺北市：啟示出版。以及趙燦華譯（民94），《關係DNA》（史邁利‧蓋瑞著），美國加州：麥種傳道會出版。

6-11　有關反思的意涵，請參閱洪翠薇譯（2009），《大學生了沒：聰明的讀書技巧》（Stella Cottrell著），臺北市：寂天文化出版。以及曾子曰：「吾日三省吾身；為人謀而不忠乎？與朋友交而不信乎？傳不習乎？」《論語‧學而篇第四

卷》相關文本的記載。

6-12 有關信念的詳細內容，敬請參閱Allen, J. (2009), *The Wisdom of James Allen*, London: LISWEN Publishing，或魏郁如、王潔、陳佳慧譯（民98），《我的人生思考》（詹姆士‧艾倫著），臺北市：立村文化出版。

6-13 「只要有衣有食就當知足」，原文出自《聖經‧提摩太前書》6章8節。

6-14 耶穌對他說：「你若能信，在信的人，凡事都能。」原文出自《聖經‧馬可福音》9章23節。另「亞基帕王啊，我故此沒有違背那從天上來的異象」，原文出自《聖經‧使徒行傳》26章19節。

第七章　不可救藥的樂觀者

【幸福宣言】：知覺品質

在我今生的生命中，一切就是這樣幸福、快樂和美滿。

現在我安靜且客觀地選擇，並檢視自己舊有的思想模式，並且願意改變。

我虛心受教，我可以學習，我願意改變。

我選擇用輕鬆的心情來做好這件事情。

我發現必須釋放的東西時，我會把它當做發現寶藏一樣。

我看見並感受到自己每分每秒都在改變，並且呈現好的知覺品質水平。

負面思想再也影響不了我。

上帝賜給我成為正面思想的力量，我選擇自由。

在上帝安排給我的生命中，每天都是美好、奇妙的。

7.1 從悲觀中脫困

悲觀的人抱怨風向不順，總是對不順的事情問「Why」，落在情緒困境的窠臼中。

務實的人調整風帆航向，總是對不順的事情問「How」，尋找可以解決問題的方法。

樂觀的人期待風向改變，總是對不順的事情問「When、Where」，發現可以改變的時間和地點。

一、一件最早學會的事情

「學習到無助」，就是學習到的無助感受。要知道，人的生命一開始是完全無助的，初生的嬰孩事實上只能哭泣和吸奶，是以生命的本相就是

學習到無助。然而，隨著年歲漸長，嬰孩逐漸脫離無助的情形，而開始學習到個人的自主控制。例如，揮手、踢腳、哭鬧、站立、走開、說話等。後來，在心靈和身體發展條件的支撐下，嬰孩會逐漸走出無助感，並且讓個人自主控制的能力逐漸成長。

賽利格曼指出，學習到無助（learned helplessness）是從心底中生成之「我做什麼都沒有用」的思想【7-1】，是這個不自覺冒出來的悲觀性想法，會阻止自我採取進一步有意義的行動。

學習到的無助感是一種從「無論自己怎樣努力都沒有用」的想法，所產生出來的自我放棄行動。而最嚴重的學習到無助就是自殺的行為，此為個人自主控制的理論。

更進一步，由自己口中所說出的悲觀性預言，即成為一種「內在誓言（internal vow）」般的框住自己【7-2】。例如，「相信壞運永遠不會過去」、「相信自己根本做不到」、「相信自己做什麼努力都沒有用」、「相信自己會生病」、「相信自己是個窮光蛋」、「相信自己完蛋了」，而這些內在誓言自己通常會積極去促使它來實現。

例如，在筆者28歲那時，記得我常說的話竟然是這樣：「我還有5年的天羅地網宮要度過呀！」「我做不到的，我永遠達不到的！」「這樣做是沒有用的！」現在想起來都還覺得有點毛骨悚然。

二、不同解讀會影響情緒和後續反應

事實上，同樣的一件事情，你可以有不同的解讀眼光。同樣的一件事情，重點是在看見之後，你怎樣去解釋，這會決定你怎樣做反應。有兩種解釋：

1. 你可以選擇一直看事情的正面，然後說，這事情可以做，我們能夠做成，從而做成樂觀的信心。

2. 你也可以選擇一直看事情的負面，然後說，這不可能，這個事情太難了，做成悲觀的心情。

　　例如，有兩群商人到非洲考察，他們都看見非洲人全部打赤腳，沒有穿鞋子。這兩群人：

1. 其中一群人看見：非洲人都「沒有人穿鞋子」，於是說：這裡沒有市場，我們回去吧。

2. 另外一群人則看見：非洲人都「沒有鞋子穿」，於是說：這裡市場太大了，我們要趕快進入搶占商機。

　　又如，摩西派出12個探子去偵查迦南地。這十二個探子都同樣看見這裡的農作物肥美，葡萄巨大，需要人用樹枝來扛抬它；他們也都看見這裡的人民高大、雄壯，不容易對付，這裡的城牆堅固，不容易攻打。結果這兩群探子：

1. 有10個探子：他們10個人都把眼光聚焦在當地人民的強盛上。於是他們說：我們不能攻取這塊地，因為這裡的人民太過於高大和強盛。

2. 另有兩位探子：就是約書亞和迦勒，他們二人的眼光注意在迦南地的肥美農作物上。於是約書亞和迦勒說：我們上去攻取這塊土地吧，我們能夠得勝。

　　因此，我們可以發現，在同樣的情況下，因為個人不同的看見，會造成不同的解讀，從而產生樂觀、悲觀的預期，最後產生攻擊、退卻的不同反應。

　　再如，約瑟連續面對被兄弟出賣、被主人妻誣告、被監獄朋友忘記。

1. 約瑟被兄弟出賣：約瑟大可怨天怨地、恨惡別人。但是他選擇正面思考和回應，在主人家盡心工作，最後得到主人的賞賜，升任約瑟為管家。

2. 約瑟在被主人妻誣告後，被關進監獄：約瑟大可以憂愁喪志、一肚子氣，但是他選擇正向思考，他在監獄中服務他人，後來深得典獄長的喜愛，派約瑟管理犯人。

3. 約瑟在被監獄朋友出獄後忘記：約瑟沒有鬱鬱寡歡、心情不好，而是等候機會。直到兩年後監獄朋友才想起他，約瑟才有機會走出監牢，為法老解夢，最後成為埃及的宰相。

　　問題的關鍵是，你是不是容許讓負面的情緒一直來綁架你，形成對

未來悲觀的負面人格。你是不是一直專注在負面的事件中，而不是跳脫環境，用更高的高度來解讀同樣的事件，而提出正確的解決方案。

例如，你是這樣想的嗎：我什麼事也沒有做，為什麼兄弟會這樣出賣我，我怨、我恨；我自認為很努力了，為什麼老闆會這樣欺負我，我氣、我不爽；我千拜託萬拜託，為什麼我的朋友還是忘記我，我怪別人、我怪這個世界。若是這樣下去，你就會被負面情緒綁架了，你就一直會活在挫折、失敗、我做不到的負面情緒枷鎖中，成為悲觀的人。

還是你要這樣想：雖然我的兄弟出賣我了，現在我該怎麼做下一步。雖然我的老闆怪罪我了，現在我該如何彌補。雖然我的朋友忘記我了，我該怎樣自立自強，規劃我的下一步。若是你會這樣想，你就會朝著樂觀的方向邁進。

析言之，所有的人事物都有兩個方面，有好的一面，也有壞的一面。你我如果能夠學習欣賞，懂得取捨，對每一件事情都能夠做出正面的解讀，而不是負面解讀，進而被衍生的負面情緒所困住，產生惡性循環的負面行為。你就會發現你的四周滿眼盡是美善，而煩惱則無處可尋。總之，你需要做好今天你需要做的事情，而把明天交給上帝，相信上帝祂有最好的安排。這樣你就會活在上帝同在的完美與滿足裡面，而有著「沙龍（shalom）」的平安。

三、學習到破除無助

學習到無助的根源即是「經驗」。當事人從他過去的經驗中，學習到他不管怎樣努力都沒有用處，他的行動無法為他帶來他想要得到的東西，他就感覺到非常挫折和失望。這個過去的經驗若是被「放大」解釋，便會使他學習到，即使是在未來和全新的不同環境中，他的行為也是沒有功效的。再由於現代人自我意識概念的推波助瀾，更強化這種學習到無助思想的擴展，因為他這時已經相信自己所有的努力，皆無法改變現狀。因此，學習到無助便是造成日後屈服和失敗的核心因素。例如，破敗離異的婚姻和充滿憤怒的家庭。

事實上，無助是學習得來的，你通常會這樣地對自己說話：「你可以

學習成為被動（甚至是無助）的人，假如被動對你比較有利的話」。或者是「你可以變成被動，假如你完全放棄努力的話。」

事實上，當你感到無助的時候，所有的事情都會變成煩惱。面對未來不確定的事，你就會用無助感和煩惱來包圍。在這個時候，你需要先啟動三個步驟，來面對壞事情：

1. 預設最低點

預設最低點就是，先想好未來這件事情最壞、最糟糕發展的可能情況。然後再想，如果這件事情發生了，應該怎樣去處理和面對。

2. 設定機率值

設定機率值就是，在想這件事情如果這樣的發生，它發生的機會有多高。基本上，會發生最壞、最糟糕的情況的機會，通常很低，也就是很少有機率，會發生這種最壞的情況。

3. 穩健的確認

穩健的確認就是，再仔細想，如果這種最壞的情況發生的機率這麼低，就算發生了，我已經做好準備來面對，因此可以勇敢的面對。那我便不需要對未來，太過於擔心和恐懼。

當然，若是你能夠事前學習到某種有效的行為，便能夠透過此種特定學習來預防發生無助感受，使你能夠對無助產生免疫（immunization），進而逐步脫離習得無助的漩渦。從而凡是真實的、可敬的、公義的、清潔的、可愛的、有美名的，若有什麼德行，若有什麼稱讚，這些事你們都要思念【7-3】。

7.2 對未來胸懷樂觀

一、由學習無助到悲觀的人

持續的學習無助，便是導致悲觀的起源。而所謂的悲觀的人和樂觀的人，其實這是看待自己生命的兩種思想方式。

悲觀的人是相信身邊所發生的各種不好的事情，特別是配偶和家人間

的脫序行為，都是由於他自己的過錯所引起，是他自己這個人不好。這樣不好的事情會毀掉他所有的一切，並且會持續很久一段時間。

　　樂觀的人是相信身邊所發生的壞事情，包括他的婚姻、家庭和產業，都有它自己的原因，而不一定是他自己的錯，有可能是環境、是周遭他人或是壞運氣的產物。同時，這樣的不好事情並不會毀掉他所有的一切，只是暫時性的情形。這兩種思考習慣會帶來完全不同的後果，故對未來樂觀絕對是擁抱希望的第一步。

　　例如，在筆者小時候，爸爸和媽媽經常吵架，甚至爸爸賭氣不回家，離開我們。對孩童的我來說，我很生氣，但是因為我的內心還是愛著爸媽，因此我不能夠對他們生氣。所以我便將這股怒氣「轉」到自己的身上，因為我認為，我總可以對自己生氣吧！並且找個理由來合理化，我就認為因為我自己不乖，我不好，我做錯事情，才會惹爸媽生氣，所以爸媽才會吵架、分開。而這樣的想法便成為我在年輕時，對生命感到悲觀，成為我心中的一種毀滅性力量。

二、對未來胸懷樂觀

　　與學習無助相反的，就是對未來樂觀看待，這是擁抱希望的第一步，擁抱希望的主要意涵有二，第一是對好事情能夠做出長久性和全面性的解讀，這時需要找出好事情的長久性和全面性原因。第二要對不好事情能夠做出一時性和局部性的解讀，這時需要找出不好事情的一時性和局部性的解釋。

　　至於對未來樂觀進而擁抱希望的三個主要功用，第一要使身體更加健康。第二要提高自己獲得成就的可能性。第三要擺脫憂鬱症的纏磨，也就是擺脫自己在挫敗時所常用的學習無助「負面思考」模式。

　　例如，在臺北大學校園裡，筆者有三位學生待在教室課桌前，手托著頭面對天花板，表情好像有些擔憂。我便說：「你們為什麼看起來不開

心，看起來悶悶不樂呢？」

「哦，我擔心我的將來，將來很不確定而且沒有把握，就好像胸口被一塊大石頭壓住一樣。」有位學生說。

「擔心什麼，只要好好用功讀書，培養自己實力，只要預備妥當，一旦機會來到，你一定可以展翅高飛的。」我接著說。

「可是，我很擔心臺灣整個大環境不好，臺灣很多企業都移到中國去，到那個時候畢業不就等於失業。」學生繼續說。

「放一百個心，明天總有無限的可能，況且未來並不是現在的延續，正如現在並不是過去的延續一樣。何況，只要把自己預備好，全世界都會是你們的舞臺。」我開心的說道。

是的，為什麼要悲觀呢？悲觀只是讓我們留在原地向後看，悲觀甚至不能使我們前進一小步。唯有對未來樂觀才能使我們擁抱希望，向前看，向前邁進。

三、做個樂觀反應的自由人

我們人類最大的自由之一，就是可以決定在面對事情時，你要如何做出反應。這時有兩種反應：

1. 無助的反應

當然，你可以決定專注在這一件事情的負面，然後做出學習到無助的反應：謾罵、放棄、自毀。這是悲觀反應的三重奏。

悲觀反應是表現出學習到無助，對自己要做的事情謾罵、放棄、自毀，表現出悲觀無望；反芻則是重複告訴自己，情況有多麼糟糕，而沉溺在沮喪無望的情緒中，使沮喪無望的情緒升級成為憂鬱症。憂鬱症（melancholia）就是「悲觀+反芻」，這是一種長期的負面意識形態【7-4】。

根據反芻理論，悲觀加上反芻就會形成憂鬱症。悲觀是憂鬱症生長的肥沃土壤，特別是當環境不友善（如經常反芻）時，更容易快速生長。沮喪無助是思想失常，反芻則是火上加油，因為去分析它會加重它的威力。

唯有去行動而不去想它，方能打破它的魔咒。

2. 樂觀的反應

　　或者，你可以決定專注在這一件事情的正面，然後做出學習到樂觀的反應：勇敢面對、流下眼淚、尋求幫助。這是樂觀反應的三重奏。

(1) 勇敢面對：勇敢面對是當面對困難時，勇敢面對自己內心的害怕。要相信「你是被愛的」、「愛裡沒有害怕」、「愛既完全，就會把害怕除去」。「愛和希望」是雙生子，有愛的地方就會有希望，然後美好的解決方案便會在心中冉冉升起。

(2) 流下眼淚：接受流淚是好的，流下男兒淚更是天賜的珍貴禮物。要相信「眼淚是你的力量，而不是你的弱點」。

(3) 尋求幫助：尋求幫助就是去求助，它不是一味地放棄，而是「拒絕放棄」的表現。要相信「救命」這兩個字，是人間最有勇氣的一句話。

　　事實上，當你發現外面的困難超過你能夠控制的時候，你就要把注意力放在眼前你所愛的事物上面。生活雖然是很艱難，但是要記得：「你是被愛的」，這會讓你再一次看見希望。因為「愛」和「希望」是雙胞胎，愛會生出希望，希望會灌溉愛的土壤。

　　當你想要放棄的時候，要記住：「有些時候你在大腦會欺騙你，它讓你覺得自己不夠好，一切都是沒有希望」。讓你我學習樂觀的反應，察覺到自己是被愛著的。最重要的是，「你自己是給這個世界，帶來了一個獨一無二的禮物」。當你遇到困難的時候，記得要保持樂觀、友善、永不放棄，相信未來總會有好的結果。也就是要對未來胸懷樂觀。

四、用生成信心的樂觀來對抗學習無助

　　「信心是對所盼望的事情有把握，對看不見的事情能肯定，有確據【7-5】」。當面對不確定的未來之時，我們的眼目乃至於內心，容易受外界環境的發展所左右，以至於被風吹動搖盪，全然沒有定見。在此時此刻，需要運用信心的力量，就像無邊海洋中的燈塔，船舶航行中的定錨，能夠為自己的思維方式立定界線，拒絕恐懼的牽絆，而是抓穩纜繩，站穩腳步，對抗先天與後天的習得無助感受。

這時有三個基本定律：

1. 信心是要有把握

信心是對所盼望的事情有把握。有把握就是找到可以「立足之點」，也可以說就有如房地產的「所有權狀」。也因著你有這個立足點，或是你有這一張所有權狀，你便可以對這間房地主張你擁有的權利。也就是說，你的心中對所盼望的事情，有了這樣確切的篤定感受，這是一份具有十足安全感的信心。換言之，雖然外面的環境沒有發生任何改變，甚至沒有任何可能的跡象，但是你的內心卻這樣想著：「這件事情已經成就了」，這就是生成的信心與樂觀。

2. 信心是要能肯定

信心是對看不見的事情能肯定。能肯定就是找到如同事情已經成就的「確定之感」，也可以說就有如學校頒發的「畢業證書」。也因著你擁有這一張畢業證書，你便可以前往求職或投考公職與更高學位，主張你擁有的學術地位。因著「事情會照你所相信的來成就」，所以在能肯定的信心之路上，你正走在對的道路上，如此一來凡事就都有可能發生。

3. 信心是要能相信和宣告

信心是照著你所信的給你成就，並且信心是照著你所說的話語來做成。而你的信心更必須要用你的口來宣告出來，因為信心必然需要與行動相互配合。而當你用你的口來宣告信心，你的信心能量便開始啟動和運作。因此，只要你感覺到有這樣的信心，就要馬上用你的口將它宣告出來，在你的生命中釋放屬於上帝的信心能量。信心是所說的話語和所相信的事情的結合。

這時在人際互動上的具體做法有三：

1. 深入認識了解對方

當你能夠經由認識了解，藉由與對方進行密集互動，了解認識對方的本質，同時覺得對方也了解與關愛自己。然後繼續經由坦誠溝通，得以創造彼此之間的連結，便能開始產生信任的感受。例如，信仰上帝的人，則是將上帝視為生成信心的對象，力求對上帝的深入認識，與聖靈的密集互動，以建立對上帝的信心。

2. 相信對方的才能

當你看見對方出色的能力實績，能夠相信對方的才能，找出控制的分水嶺，便能重拾自主權，為彼此的習慣模式、時間精力、個人弱點劃定界線，此時信任感便自然產生了。例如，信仰上帝的人，則是透過看見上帝的神蹟奇事，相信上帝的全備能力，自然因為上帝祂值得信靠，而生成綿延不絕的信心。

3. 展現信用與品格歷程

當你知道對方有著明顯的意願與你互動，進而協助你我達成目標，在採取適切行動以注入正向能量，展現信用與品格歷程，以及具備的品格美德，我方對對方的信任感便會油然而生。例如，信仰上帝的人，則是知道上帝也樂意與他互動，上帝主動啟示祂的意旨，展現信用，藉以建立對上帝的信心。

【幸福詩篇】楓橋夜泊

> 月落烏啼霜滿天，江楓漁火對愁眠。
> 姑蘇城外寒山寺，夜半鐘聲到客船。

——張繼

〈楓橋夜泊〉是傳唱千古的名詩，詩中主角是一位飄泊他鄉異地的遊子，描繪夜時所見景物和情懷。作者搭船在外旅行，尚未到達目的地終站，某日船隻泊靠在河畔的一座小碼頭。

此為解讀夜泊楓橋的景象與感受的詩，詩中將江邊月夜的幽靜環境和內心愁苦互相輝映。首句記取看見（月落）、聽聞（烏啼）、感受（霜滿天）；二句解讀楓橋鄰近的景致和愁苦的心思；三、四句客船聽聞古剎鐘聲。普通的橋，普通的樹，普通的水，普通的寺，普通的鐘，透過詩人的詮釋和解讀，就形成了一幅雋永幽靜的江南水鄉夜景圖畫，成為傳唱古今的詩作。

7.3 表現你的解讀風格

在這個時候，你需要表現出你的解讀風格，來呼應你是不可救藥的樂觀者。

一、解讀風格的本質

1. 解讀風格

解讀風格（explanatory style）是會對自己說出「這件事為什麼會這樣子發生」的這種習慣性解讀方式【7-6】。

樂觀性的解讀風格可以阻止習得的無助感發芽長大。而悲觀性的解讀風格會擴大習得的無助感，成為它成長的溫床。

當你遇到失敗挫折時，例如，失去工作、配偶背棄、子女離去等，你對你自己的解釋方式（解讀）內容，會直接決定你會變得多麼無助，或是變得多麼具有活力。因著良言如同蜂房，使心覺甘甜，使骨得醫治【7-7】。因為你的解讀業已反映出你的內心中的一個單字，即「YES」還是「NO」。其實你若能以換位思考的角度，跳出此一漩渦【7-8】，這就有如你做一個智慧人，能夠知道事情的解釋，這份智慧能使你的臉發光，並使你臉上的暴戾之氣得以改變。而得智慧，得聰明的，你便為有福。

2. 對壞事情的解釋

藉由海德（Fritz Heider）的歸因理論【7-9】，可以用來回答為什麼有人是高成就感，有人卻不是。因為人們對於成功或失敗原因的看法或想法，會直接決定他是高成就感或是低成就感。

事實上，人們對於惡劣環境的解釋內容，會決定哪些人會變得比較無助，哪些人又會起來抗拒挫折，並提出有效解決之道，從而可有效治療沮喪。而你對壞事和厄運的解讀習慣和解讀風格，基本上是你自孩提時代即已養成的一種習慣，是你心中早已習慣的思考方式。

二、解讀風格和自我形象

你的解讀風格更是直接由你的自我形象而來，也就是你如何看待你自己，在這個社會中的身分地位（如教授或業務員）所衍生出來的。你是

看自己很值得尊敬，很有地位；還是看自己是一文不值，毫無希望。例如，大雄看自己是個人生勝利組，建雄看自己是個成功人士，美慧則認為自己是個「魯蛇（loser）」。這個看法會直接影響你是個樂觀者，還是個悲觀者。這也與「因為他心怎樣思量，他為人就是怎樣」，相互呼應【7-10】。

例如，前些日子，大學教授轉任內閣而博士內閣卻治國無方，大學教授的國科會研究經費報帳不實事件，以及部分大學教授涉入聲色場所事件，被媒體炒得沸沸揚揚，筆者就被媒體的各項意見說法所困惑，覺得自己的教授光環不再，甚至認為自己在社會上抬不起頭。這個時候，教會輔導員的一句話：「若沒有經過你的許可，沒有別人能夠隨便就貶損你，你要為你的自我形象負起完全責任。」此話如雷貫耳的點醒筆者。於是我學到了，無論媒體或別人對我說些什麼，我有權利決定要不要接受它，同意它，甚至是讓我成為別人所說的那個樣子。當然，別人仍然會說些中聽的話使我心情愉快，別人也會說些不中聽的話刺穿我的內心，但是，只有我可以決定要怎樣回應別人，這是我對人生事件的解讀風格。

三、解讀風格的三個層面

解讀風格的內涵，根據賽利格曼的說法，即包括時間上的長久性、空間上的全面性，和人際上的個人性三者【7-11】，如圖7-1所示，說明如下：

1. 時間向度	• 好事情是長久的 • 不幸事情是一時的
2. 空間向度	• 好事情是整體性的 • 不幸事情是局部性的
3. 人際向度	• 好事情是全體性的 • 不幸事情是個人性的

圖7-1　解讀風格的三個層面

（一）時間向度

首先是時間向度，也就是從事情的長久性與否來解釋，即判定它是永久的或是一時的。其中永久的（permanence）係屬於時間向度，一時的也是屬於時間向度。

其中，樂觀者會認為厄運是「有時候」、「最近」發生的，而將厄運看成是一時性的狀況，並非會長久發生，從而會有一個樂觀的解讀風格。樂觀者會相信好運是長久的原因，和自己的能力或人格特質高度相關，從而會在成功後更加倍的努力。

反之，悲觀者則會認為厄運是「永遠」、「從不停止」發生的，而將厄運看成是長久持續的情形，並非一短暫狀況，從而會產生一個悲觀的解讀風格。悲觀者會相信好運是一時的原因，和自己的脾氣、努力或一時僥倖有關，縱使在成功後也會自動放棄。

申言之，一位樂觀者之時間向度的解讀風格即是：

1. 好事情是長久的

樂觀的人會將好事情歸因到長久性的自我人格特質上。因此，他會在成功之後更加努力。例如：樂觀的道通在管理個案比賽中獲勝，他的解讀如下：

「上帝恩待，我一向運氣很好（*而非今天是我的幸運日*）；蒙上帝恩寵，我就是有才華（*而非這些日子我很努力*）；蒙上帝保守，我的對手很弱（*而非我的對手疲倦了*）」。

2. 不幸事情是一時的

樂觀的人會將不幸之事歸因到一時性的情緒或努力上。因此，他會在失敗後仍不放棄努力。例如：樂觀的建榮今天被老闆炒魷魚，他的解讀如下：

「我只是最近有時候累壞了（*而非我已經被淘汰了*）；我只是這一次做錯了（*而非我這樣做永遠沒用的*）；老闆今天的心情不好（*而非老闆是個混蛋*）；我最近比較少做準備（*而非我從來都沒有做好準備*）」。

（二）空間向度

再來是空間向度，也就是從事情的全面性與否來解釋，即判定它是一般的或特定的。其中一般的（pervasiveness）係屬於空間向度，特定性亦屬於空間向度。

其中，樂觀者會認為厄運是「特定」、「局部」發生的事件，進而會將厄運限制在該事件上（僅就此事無助），但不會影響波及生活中的其他事情，從而會有樂觀的解讀風格。也就是樂觀者會相信好運是全面普遍的原因，和自己的能力或人格特質高度相關，從而會加強做其他事情的信心。

反之，悲觀者則會認為厄運是「一般」、「全面」發生的，而認為某一件事失敗時，就相信其他（甚至每一件）事情都會失敗，從而會有悲觀的解讀風格。也就是悲觀者會相信好運是局部特定的原因，和別人的一時需要或機會有關，從而無法擴大「好事多」的效果。

申言之，一位樂觀者之空間向度的解讀風格即是：

1. 好事情是整體性的

樂觀者會認為好事會增強他所做的其他每一件事情。例如：樂觀的道通找到外商公司的工作，他的解讀如下：

「我一定很有能力（*而非他覺得我很有表達能力*）；在上帝賜福下，我很聰明（*而非我的統計很好*）；在上帝引導下，我的老師很懂行銷（*而非我的行銷老師很懂顧客關係管理*）。」

2. 不幸事情是局部性的

樂觀者會認為不好的事情只是局部（或特定）因素引起的，不足為意。例如：樂觀的建榮的微積分被當掉，他的解讀如下：

「只有李教授給分不公平（*而非所有老師都給分不公平*）；李老師很討厭我（*而非我是個令人討厭的人*）；這本微積分教科書沒有用處（*而非讀書都是沒有用的*）。」

（三）人際向度

第三是人際向度，也就是從事情的內在化與否來解釋，即判定它是全

面的（外在化）或是個人的（內在化）。其中全面的係屬人際向度，個人的（personalization）也是屬於人際向度。

　　其中，樂觀者會認爲厄運是起因「外在」的事，將厄運予以外在化，怪罪到周遭他人或環境，但不會因此失去自尊，從而會有樂觀的解讀風格。也就是樂觀者會相信好運都是由自己的原因所造成，和自己的能力或人格特質高度相關，從而喜歡自己的一切，並且對自己十分滿意。

　　反之，悲觀者會認爲厄運是起因於「內在」的事，將厄運予以內在化，怪罪自己，認爲自己一文不值，無才幹也沒人愛，不討人喜歡，從而自視甚低，而會有悲觀的解讀風格。也就是悲觀者會相信好運都是外在的原因，和別人的一時性需要或是機會有關，從而他不喜歡自己，且對自己並不滿意。

　　申言之，一位樂觀者之人際向度的解讀風格即是：

1. 好事情是全體性的

　　樂觀者會認爲好事會增強擴大到他所做的其他每一件事情上，特別是家庭和婚姻生活。例如：樂觀的道通獲得個案比賽冠軍，他的解讀如下：

　　「我的技術向來很好（*而非我的隊友們的技術很棒*）；在上帝賜福下，我能夠善加利用好運氣（*而非這次完全是靠運氣*）。」

2. 不幸事情是個人性的

　　樂觀者會認爲不好的事情只是個人因素所引起的，實不足爲意。例如：樂觀的建榮個案比賽失利，他的解讀如下：

　　「這次只是因爲我的隊友失手（*而非我很愚蠢*）；對方很懂得個案分析的技巧（*而非我對於個案分析一點天分都沒有*）；我沒錢去請人教我個案分析（*而非我根本沒有資格去參加這種比賽*）。」

7.4　合宜的解釋希望

　　至於你我怎樣合宜的解釋希望呢，事實上，希望的解讀風格則包括長久性和全面性兩者，也就是長久性和全面性兩者可共同構成「希望」分數。其中，長久性使無助感延伸到未來；而全面性則使無助感散布到生活

各個層面。也就是一時性會限制無助感的時間性；而局部性則是將無助感限制在原有情境上。

因此，對挫折採取長久性和全面性的人，十分容易在壓力中崩潰，特別是核心關係圈中家庭和婚姻生活中的壓力，而且經常是長期性且全面性的崩潰。因此，希望分數是最重要的壓力管理分數。

申言之，樂觀者的希望層面解讀風格有二：

1. 好事情是長久性和全面性的

樂觀者會認為好事情是長久性和全面性的。例如：樂觀的琳達面對一件好事情，她的希望解讀如下：

「在上帝的賜福下，我將能夠發揮所長（*而非這次我很幸運*）；在上帝的賜福下，我將與人和睦（*而非我今天對顧客很有一套*）；警察會消滅所有敵人（*而非警察會殲滅擄人勒贖的強盜*）。」

又如：樂觀的琳達面對不幸事件，她的希望解讀如下：

「這次我沒有料想到（*而非我很笨*）；我的先生最近這幾天心情不好（*而非男人都是大壞蛋*）；50%這個腫塊沒事（*而非50%這腫塊是癌症*）。」

2. 成為樂觀有希望的人

在這裡有一個善意的小小提醒，當然，你並非要將所有的過錯都推給周遭他人或推給環境，而是要在面對挫敗或沮喪時，能夠用力將責任往外推出去，這樣才不會落入更深的憂鬱低谷中。

若你相信失敗的原因是長久性的，那你就不會努力去突破改變，你就不會努力去改進自己。例如樂觀的琳達就不會說：「我很霉運，沒有才幹，長得很醜」等。

然而，一個好消息是，你可以有所選擇，在上帝的光中，逐步提高每一天當中你思想上的樂觀程度，努力改變自己。因為各樣美善的恩賜和各樣全備的賞賜都是從上頭來的，從眾光之父那裡降下來的【7-12】。

例如，最近筆者面對一件好消息和一件壞消息。好消息是專書陸續被五南圖書和普林斯頓公司接受出版，壞消息是申請科技部（原國科會）的

研究計畫未獲錄取。

對於專書被五南圖書和普林斯頓公司接受出版一事，個人會這樣樂觀的解讀：「蒙上帝賜福，我向來運氣很好，我的寫作才華被人肯定，這表示我很有能力，我也能夠好好運用它們。」

而對於科技部研究計畫未獲錄取一事，個人會這樣樂觀的解讀：「我只是這一次做錯了，可能是評審委員認知和我不同吧，這次就算我搞錯方向而失手罷了。」

3. 從學習感恩、運作解釋風格，到邁向如意人生

現代人對未來的希望往往被這個世界所搶奪、擄掠走，所以會失去平安和盼望，也自然不會去感恩。對於那些失去盼望、不去感恩、不去數算恩典的人，他就會感覺到人生不如意的事，有十之八九。而那些心存盼望、會去感恩、會去數算恩典的人，他的人生如意的事，就會有十之八九。這其中是有三拍子的祝福，說明如下：

(1) 第一拍：從心存盼望到感恩並數算恩典

對於心存盼望的人，就會去運作解釋風格，會去感恩。因為上帝已經打開看他的眼睛，讓他看見到更多的正面事物，會使他的感受愈來愈正面。也因為他會去看到他自己身上已經有的，而不是去看他自己所沒有的。當他看見自己身上已經有的一切，自然就會覺得這些都是恩典，一件一件的去數算它。例如：

為能夠起床、盥洗、出門、上班來感恩，而不是為太晚出門而抱怨。
為能夠在路上買早餐並選擇餐點來感恩，而不是為早餐難吃而抱怨。
為能夠上班工作學習並賺生活費來感恩，而不是為每天上班而抱怨。
為能夠用等公車的時間休息片刻來感恩，而不是為錯過公車而抱怨。
為能夠在等公車時看看天上雲朵來感恩，而不是焦急滑手機而抱怨。
為能夠上班工作認識客戶、同事來感恩，而不是為工作無聊而抱怨。
為能夠中午和客戶、同事們吃飯來感恩，而不是為爆料八卦而抱怨。

(2) 第二拍：從數算恩典到運作解釋風格

對於會數算恩典的人，就會去運作解釋風格。因為上帝已經使他的感

受十分正面。也因此他會去將各種發生在他四周的好事情，都看做是長久的、全面的。也同時將各種發生在他四周的壞事情，都看做是一時的、局部的。當他看這樣的運作解釋機制，自然就會形成他專屬的解釋風格，形成溫柔的內在心靈。例如：

他會將這個月的業績成長，看成是他的行銷能力一向超強。

他會將這個月的業績降低，看成是這幾個顧客比較挑剔刁鑽。

他會將這一次的多益高分，看成是他的英語能力向來很強。

他會將這一次的多益低分，看成是這次新增《句子插入題》題目比較冷僻。

他會將最近的戀愛順心，看成是他的情商能力一向穩妥。

他會將最近的戀情不順，看成是他最近工作常加班，冷落了對方。

(3) 第三拍：從運作解釋風格到邁向如意人生

對於具有溫柔內在心靈的人，他就會經歷如意的事。因為他始終保持正面的心情，無論遇到多大的危機和困難，他都保持平靜安穩的心，心裡堅定倚靠上帝。他相信在日常生活中，處處都會有上帝的幫助。因為他心存對上帝的信心和盼望，再遇見怎麼多大的困難，都會去求問上帝，然後再按照上帝的意思和心意去做、來作決定。在這種情況下，他就有勇有謀，全力以赴的面對困境。一方面透過自然律，全力以赴的獲得成果；另一方面透過超自然律，支取上帝幫助來達成任務。如此一來，在自然律與超自然律雙軌協作下，人生如意事情自然就會有十之八九了。例如：

他的人生觀、價值觀，和世界觀漸趨正面。

他跟自己、跟人、跟環境、跟上帝的關係漸趨眞善美。

他與使命感連結，恢復他的眞正身分、榮美感、生命力。

他對時間的管理能力更趨穩健。

他的心靈、情感、情商日趨健全。

他的潛能、能力、成功獲得恢復。

他的身體功能、器官健康日益上升。

他的人際關係、事業成功、家庭幸福、婚姻美滿，指日可待。

【習作練習】

　　現在請就以下四件事情，對自己練習做正向的解讀：

　　(a) 今天早上上班因為錯過公車而遲到。

　　(b) 這個禮拜的經濟學期中考試我考不及格。

　　(c) 這個月的統一發票對獎，我中獎了，獎金2,000元。

　　(d) 這些日子我的女朋友不太搭理我，又聽同學說，有位英俊的男生最近追她追得很勤。

【古今中外】生命鬥士海倫・凱勒

　　海倫・凱勒（Helen Keller）是著名的美國身心障礙者和教育學家。她在年幼學齡前，由於一次意外疾病，引發失明和失聰。她能夠重新站起來，必須要歸功於生命導師安・蘇利文（Anne Sullivan）的長期努力，蘇利文老師用愛來引導海倫・凱勒，使海倫・凱勒樂觀面對自己身體的殘缺，以積極正面的態度來解讀每一件事情，重新建立知覺價值，並且細心教導海倫・凱勒完成大學學業，這段陪伴和照顧為期20年，海倫・凱勒因此能夠勝過又瞎又聾的身體障礙，並且完全接納自己。

　　安・蘇利文在海倫・凱勒的手上寫字，讓她學習字母；同時讓海倫・凱勒觸摸物品，實際感覺物品，恢復感官知覺；並尋訪許多專家協助海倫・凱勒，讓她學會發音，也讓她開始學會意思表達，海倫・凱勒才開始能夠用手語和別人溝通，學會基本禮儀並接受教育。直到海倫・凱勒進入大學時，蘇利文仍然陪伴在身邊，將大學教科書和上課內容寫在海倫・凱勒的手上，讓她一步步學習，海倫・凱勒後來則是順利從哈佛大學畢業。

【本章注釋】

7-1　學習無助（learned helplessness）指經過某件事情後，學習得到的一種無助感，這是一種十分被動的消極行為，此十分容易導致臨床的慢性消沉症狀，即憂鬱

症。同時導致當事人的動機缺損（motivational deficits）、情緒缺損（emotional deficits）和認知缺損（cognitional deficits）。學習無助係由賓州大學心理學系教授賽利格曼（Seligman）於1975年所提出。詳細內容請參閱馬汀·賽利格曼（民87），習得性樂觀《*Learned Optimism*》一書。

7-2 內在誓言（internal vow）指個人活在某次傷害事件的陰影下，導致從內心發出負面的堅定信念，導致做出某種行為或關係，從而影響扭曲到其人格。

7-3 「凡是真實的、可敬的、公義的、清潔的、可愛的、有美名的，若有什麼德行，若有什麼稱讚，這些事你們都要思念」，原文出自《聖經·腓立比書》4章8節。

7-4 憂鬱症（melancholia）是一種長期性沉溺在學習無助情緒下的情形，個人在面對外在世界的壞消息時，若經常採行常態性、全面性、內在性的解讀風格，則個人就可能會呈現憂鬱的情形。

7-5 「信就是所望之事的實底，是未見之事的確據」，原文出自《聖經·希伯來書》11章1節。

7-6 解讀風格（explanatory styles）係由賓州大學心理學系教授賽利格曼（Seligman）於1975年所提出。詳細內容請參閱馬汀·賽利格曼（民87），習得性樂觀《*Learned Optimism*》一書。

7-7 「良言如同蜂房，使心覺甘甜，使骨得醫治」，原文出自《所羅門王箴言》16章24節。

7-8 當事件和你的價值觀發生衝突碰撞時，如何以換位思考的方式，站在上帝或對方的立場思考，是成熟人格的一種重要特質。詳細內容請參閱顏文君譯（民101），是本哲雄原著，《人際關係心理學》，臺北市：華成圖書出版。

7-9 歸因理論（attribution theory）係由奧地利社會心理學家海德（Fritz Heider）在1958年《人際關係心理學》一書中首先提出。歸因理論係分析個人活動的因果關係之理論，亦稱認知理論，即藉由改變個人的自我感覺、自我認知來改變調整個人行為的理論。詳細內容請參閱海德（1958），《人際關係心理學》。或顏文君譯（民101），是本哲雄原著，《人際關係心理學》，臺北市：華成圖書出版。

7-10 「因為他心怎樣思量，他為人就是怎樣」，原文出自《所羅門王箴言》23章7節。

7-11 解讀風格的內涵，詳細內容請參閱Seligman, Martin E.P. (1991), *Learned Optimism: How to Change Your Mind and Your Life*, New York: Pocket Books.以及洪蘭譯（民102），《練習樂觀、樂觀學習》（馬汀·賽利格曼著），臺北市：遠流出版。

7-12　「各樣美善的恩賜和各樣全備的賞賜都是從上頭來的，從眾光之父那裡降下來的」，原文出自《聖經・雅各書》1章17節。另「因為上帝賜給我們，不是膽怯的心，乃是剛強、仁愛、謹守的心」，原文出自《聖經・提摩太後書》1章17節。

第八章　練習樂觀點燃希望

【幸福宣言】：勇敢駁斥宣言

在我今生的生命中，一切就是這樣幸福、快樂和美滿。

過去再也無法影響我這個人，因為我願意學習和改變。

我了解，過去是把我帶到今天這個境界的必經過程。

我願意從現在開始清理我的心靈房屋，勇敢駁斥各種錯誤的想法。

勇敢駁斥

我知道無論從何處下手都沒有關係，

因此，我現在要從最小、最簡單的房間開始清理，駁斥錯誤的想法。

這樣一來，我就能很快並且持續清理下去，看到成果。

踏上這冒險旅程我的內心非常興奮，

我願意讓上帝釋放我。

在上帝安排給我的生命中，每天都是美好、奇妙的。

8.1 讓我們開始練習樂觀

最根本的真理，是不證自明的事情。

千萬要掌握住三個真理，才不會整個人垮掉，充滿恐懼、自己嚇自己，也不會一個小小的風吹草動就把你整垮，甚至是突來的驚恐就完全抓住你。

第一是「誰（Who）」，你自己，這是你自己要做的事情。你要保守你心，勝過保守一切。

第二是「什麼（What）」，保守的動作。這是保護看顧，全力以赴的護衛（guard）著。要透過好事放大，壞事縮小來保護。

第三是「受詞（Whom）」，心的本身，要相信上帝愛你，使你的心受安慰，重要的事物都要買保險。就像你的身體、房子和車子都買了各種保險，那你的心是否有買保險呢？

基本上，練習希望需要開始練習樂觀，樂觀者的兩大支柱，第一是要對好事情能夠做出長久性和全面性的解讀，此時需找出好事情的長久性和全面性原因。第二是要對不好事情能夠做出一時性和局部性的解讀，此時即需找出不好事情的一時性和局部性的解釋，也就是要從認知入手。讓我們開始練習樂觀吧！

一、從認知入手

在此時，在一個相信自己可以改變自己的時代，有效利用自我的意志力量，願意倚靠上帝，建立改變自己思想的新習慣，對抗自己習慣性的舊念頭，從而使自己覺得更好而選擇持續改變自己，以成為一位樂觀者。這就是貝克（Becker）和艾利斯（Ellis）所提出的認知治療法（cognitive treaphy）。

因為根據貝克（Becker）所提出的「標籤理論（labeling theory）」，並由布萊懷特（Braithwaite）發揚光大【8-1】，一個人若認為改變是不可能的，他就不能改變；他若是認為改變是可能的，他就會試圖改變。因此，一個人若能夠選擇改進自己，採取行動，便有可能自我實現並開創前途，這便是自我改進運動的基本要旨。

重要的是，要學會在失敗的時候，應該對自己說些什麼話，不要對自己說什麼；也要學會當自己做得很好時，應該對自己說些什麼話，不要對自己說什麼。總之，要學會怎樣對自己做樂觀的對話，說正面肯定的話語。因為一句話說得合宜，就如金蘋果落在銀網子裡【8-2】。

例如，筆者已經學會要使自己樂觀。以寫作投稿為例，在投稿被退回的時候，應該對自己說：「沒有關係，可能這次的寫作方向，剛好不對主編的口味，下次我調整一下就是了」，要說些中肯、鼓勵的話語；而不要對自己說：「我就是沒有用，我是個大笨蛋」，千萬不要說傷害自己的話語。

　　筆者也學會當自己寫作投稿做得很好的時候，應該對自己說：「我很棒，我會愈寫愈好的，我很有信心。」說些肯定的話，而不要對自己說：「這次只是運氣好，下次就沒有這種運氣了」這類洩氣的話。

二、從認知入手的預備動作

　　若是要從認知上入手來練習樂觀，艾利斯（Albert Ellis）指出，有五個預備動作可資遵循【8-3】，說明如下：

1. 辨識

　　認出在你情緒低沉時，特別是你與家人或配偶關係出現問題時，流過你心田中自然湧現的意念。例如，發現你的腦海裡不自主的浮現出「我沒用，這一切都完了，沒有救了」的念頭。這個動作和3.1節的「自我察覺」，實有異曲同工之妙，這表示自己察覺到某些事情。

2. 對話

　　學會開始和這些意念對話。例如，試著對自己說「真的是這樣的嗎，不會吧！應該還有別的辦法吧！」等一些對立性話語。這個動作類似於3.1節的「自我覺醒」，表示自己覺醒到這是一件問題，需要用心去處理和面對。

3. 歸因

　　學會重新歸因，來對抗原有的意念，即挑戰這些念頭的正確性。例如，繼續對自己說：「剛才我以為的『我沒用，這一切都完了，沒有救了』念頭，明顯不對，因為事實上我還有另外三個解決方案」。這個動作類似於3.1節的「自我覺醒」，表示自己覺醒到這是一件問題，需要實際去找到一些處理對策。

4. 換位

　　學會將自己從沮喪的意念中引開，進行換位思考。例如，這時你可以換另一個角度來看，從別人的觀點立場來看這一件事情。即學習轉換一個場景，從另外一個事件來探看，甚至是練習從上帝的角度來看事情。例如，對自己說「等一等，若是從對方的立場看，那情況不就不一樣了」。

這個動作類似於3.1節的「自我改變」，而改變的第一步是願意站在對方的角度，來重新看待這一件事情。

5. 質問

　　學會認識並且質問那些會導致你逐漸形成憂鬱症的意念。例如，堅定的向這個念頭說：「不」，並且說出「我很有用，這一切都大有盼望，太棒了」等肯定話語。這個動作類似於3.1節的「自我改變」，而改變的下一步就是堅定的朝不一樣的方向，邁開腳步勇往直前。

　　若是你能夠做好以上的預備動作，那我們就可以進行以下的實際操作。

8.2 練習樂觀的實際操作

　　基本上，「練習」樂觀是學習在失敗挫折時，特別是人際關係上受挫時，如何對自己說話的工夫。因為人心憂慮，屈而不伸；一句良言，使心歡樂【8-4】。練習樂觀不是和真實脫節，也不是學習自私自大，只會把責任怪罪或推給周遭他人，使別人無法忍受。因此，你要學習有彈性的樂觀，如此方能增加在面對不利環境時，擁有足夠的自我控制能力，因此，你要學習：只要活著就有希望。

一、練習樂觀的時空因素

1. 何種人需要使用練習樂觀

　　如果你是以下三種類型的人，你特別需要操作「練習」樂觀。首先，若是你很容易氣餒，稍微遇到一點挫折就氣餒放棄。例如，別人拒絕你的推銷，你便辭職不幹，不再擔任業務員；或是相親時別人不喜歡你，就大受挫折拒絕再次相親。再者，若是你經常會發生不該有的沮喪，例如，連續幾天的陰雨不放晴，便心情惡劣無法上班工作；或是這幾天上班的路上常塞車，交通特別擁擠，便藉故不去上班。第三，若是你經常遭遇失敗，你是常敗軍，例如，考場失利、情場失意、商場失志、工作失敗、婚姻失敗等。

2. 何時需要使用練習樂觀

　　在某一特定情況下，若是失敗的代價很低，你就需要使用「練習」樂觀的技巧，來使你免去負面情緒的折磨，此點意義上和自我增強的原理相近【8-5】。例如，推銷員決定要不要再打一通電話；業務員決定要不要找人攀談；營業員對工作不滿，決定要不要悄悄去找新的工作等，這時失敗的代價只是多花點時間和被拒絕後的挫折與難堪而已。當然，若失敗的代價很高，就無需使用練習樂觀的技巧。例如，飛機駕駛員決定要不要勉強降落時、喝酒後決定要不要勉強開車、是不是要簽約買賣房屋等。

　　例如，筆者已經在許多方面嘗試使用練習樂觀的技巧，除寫作投稿外，在與妻子相處時、在教學授課和各項服務上，皆十分合用，還有擔任系主任（所長）、EMBA主任、院長、通識教育中心主任等職務時，行政處理上也十分好用。

二、練習樂觀的三個基本動作

　　練習樂觀有三個基本動作，如圖8-1所示，茲說明如下：

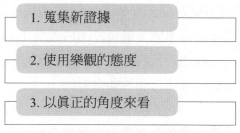

1. 蒐集新證據

2. 使用樂觀的態度

3. 以真正的角度來看

圖8-1　練習樂觀的三個基本動作

1. 蒐集新證據

　　首先是蒐集新證據，試著辨識並發現在你心中的災難性信念和思想，並向它發出挑戰。例如，向其他人詢問，上網搜尋關鍵字，直接到相關機構洽詢等。

2. 使用樂觀的態度

再來是使用樂觀的態度，並在上帝所賜的信心中，勇敢面對它，試著遵循以下的三個步驟：

(1) 一次只處理一個問題：聚焦到對的方向，學習聚焦在行為本身，而不是這個人的價值。去問：「什麼樣的行為可以解釋這個情境？」或「什麼樣的方法可以解決這個問題？」而不是直接下判斷「他是一個爛人。」「他背叛了我。」「他表裡不一，是偽善分子。」

(2) 拒絕自己操控情境：不要自導自演做負面推理，要用力抵擋這些負面的思想。例如，直接斷定：「我已經完蛋了。」「這一切都玩完了。」「我真是該死。」

(3) 只負責自己該負的責任：設定責任界線，只在界線內負責，並尋找好東西，正面看待生活中的特定事件，特別是家居生活。例如，寫感恩日記，感謝周遭他人，將功勞歸給周遭他人，努力強化正向情緒。這也就是所謂的「熱椅子」（hot chair）做法。

3. 以真正的角度來看

第三是用真正的角度來看，反駁「災難性思想」，也就是壞事連環爆的自導自演情節。去分析最好的情形、最壞的情形、最可能的情形。例如，若是妻子發現有可疑的簡訊和帳單，最好的情形是丈夫勇敢幫助他人；最壞的情形是丈夫對你不忠；最可能的情形是丈夫剛好因公出差並忘記報公帳。這樣就可以找出真正的事實，然後便可以發展一個個案來處理最可能的情形，在生活中營造正面的能量。

例如，筆者在銘傳大學任教期間，心中偶爾會飄來「你跳不出去銘傳大學，你沒法子辦到」的一種無助性思維，這使我這樣想：「我已經是正教授了，轉換學校是不可能的。」「沒有學校會願意找個大教授（大佛）來壓自己的。」「在投票時，要通過三分之二的門檻是不可能的。」這些都是負面的、災難性的思想。

後來，上帝引導我去對這些想法說「不」，並且勇敢的推掉它。我問自己：「我應該怎樣做？」而不是問：「我這個人好不好。」我反而要這

樣想「最壞不過是被拒絕，或是被降等為副教授。」並且以一顆樂觀、熱切的心，直接向上帝禱告。

後來，蒙上帝的賜福，我轉到國立東華大學任教，圓了我在九年前剛取得博士學位時，許下的願望：「我希望在十年後，能夠到國立大學擔任正教授。」好友秋足教授還說：「正教授換學校，在國立東華大學，這是不可能的代誌。」是的，在人不能的，在上帝凡事都能。上帝實在一位是信實的上帝。

甚至，同樣的事情再次發生，我竟然在東華任教四年後，有機會回臺北，轉到國立臺北大學任教。好友純慧教授說：「正教授能換學校，在國立臺北大學是史無前例的」。上帝實在是一位使無變有的神。

【習作練習】

現在請回想一件挫敗的事件，參考艾利斯的挫敗後五個成長歷程，試圖為自己建立一個最佳的處理通則和特殊案例，即：

(a) 了解挫敗的反應，體會到這個時候，對你自己、對周遭他人、對未來的盼望皆似乎破碎。

(b) 減低焦慮，這時你努力控制住各種侵入性的思想和影像，如克制報復、反擊、酗酒、吸毒、自殺的衝動。

(c) 建構式自我揭露，即對你自己或他人說出自己失敗的故事。

(d) 創造一個挫敗性獨白，即對你自己說，當時已經做出最好的選擇。

(e) 說出生命的原則和立場，這時開始用你的個人強項來解除生命困境，並發展出新的認同。

【幸福詩篇】江雪

千山鳥飛絕，萬徑人蹤滅。

孤舟蓑笠翁，獨釣寒江雪。

——柳宗元

柳宗元在他被謫貶永州（今湖南零陵）期間，作出此詩。柳宗元在被貶到永州後，精神上受到相當大的刺激和壓抑，於是他就藉由描繪山光水色，透過歌詠隱居在山水林邊間的小漁翁，來知覺寄託自己清高和孤傲的情感品質，抒發自己在政治失意的苦悶。

詩人僅僅使用20個字，便把讀者帶往一個幽靜寒冷的地界。讀者眼前呈現的，是這樣一幅圖畫：在滿布大雪的江面上，一片小孤舟，一位老漁翁，獨自在寒冷的江中垂釣。

詩人展示的知覺品質如下：天地之間是如此高潔而純淨，一塵不染，萬籟俱寂；漁翁的日常生活是如此清高脫俗，漁翁的個性是如此純淨無瑕。這是柳宗元面對當時不堪聞問的唐朝社會，而創造出來的知覺價值遐想。

8.3 練習樂觀 1.0

「練習」樂觀需要建構心智強度，艾利斯的ABC模式即是一套好方法【8-6】。所謂的ABC模式即是「壞事件—衝擊信念—結果」模式，是一個人的真實時間回彈（real-time resilience）模式，又名ABC的回彈力模式。其中的「A」指不愉快事件（adversity），即特定事件；「B」指信念（belief），即對此事的想法和看法；「C」指結果（consequence），即引發的情緒感受，此時的情緒並非起於外在事件，而是因為當事人對該事件的看法所引起的結果。

或許我們無法改變環境，但我們卻可改變自己的想法，並以正確的想法來減緩ABC的歷程。避免產生過度概括（over-generalizing）的偏執，即避免用某單一事件來評判一個人的價值或能力。應用ABC模式包括以下三種步驟：

一、不愉快事件

不愉快事件（A）指周遭所發生使你不舒服的事情，這幾乎含括家居

生活中各種大小的不如意事物。例如，水管漏水、電燈不亮、電視機故障、突然增加的帳單開銷、孩童哭鬧、同事扯你後腿、老闆不高興、和家人頂嘴、和配偶吵架等。

　　這時請先記下事情的本身、忠實記錄實際發生的情況。例如：發生哪些事情、關係人之間的對話內容、彼此中間所做的事情，來具體表示這些事情如何使你感到不愉快。此時無需進入你對此事的評斷，例如，最近我很倒楣、我工作不力、我做人失敗、老闆十分冷血等個人評斷。因為這些評斷是種價值判斷，其實與該事件無關。

二、信念

　　信念（B）指你從心裡浮現的解讀念頭。是你對於這一個不愉快事件的解釋。你需要寫出你的個人想法，並進一步去問：你為什麼會這樣的想，來探究你這個想法背後，你的個人信念。例如，這棟房子已經很老舊，是該整修了；我是一個很節省的人。我開銷太大過於浪費了；我是一個錢存不下來的人，我愛花錢。還有，這個孩子可能是尿布溼了、這位同事是個非常自私的人、今天老闆可能心情不好、妻子的工作壓力很大等。當然，這個解讀以及背後的信念，它們是否正確，都仍需要作進一步的評估。

　　這時，你沒有必要進入你當時的感覺。例如，我很生氣、我很憂鬱、我很悲傷、我實在太高興了等感覺。當然，你的感覺都是真實的，也因此無法評估其對或錯。

三、結果

　　結果（C）指經過你的想法念頭後，你的所有感覺以及你後來產生的行為內容。例如，我覺得很悲哀、焦慮、快樂、很有罪惡感等。以及後續我計畫要讓他向我道歉、我對他大吼大叫、摔碎兩個玻璃杯、我又回去睡覺、我拒絕討論這件事情等。在這個步驟的重點，是去比較你面對同樣或類似的事件時，你的行為反應有沒有發生什麼改變，是不是相同的反應，有沒有可以再進步的空間。

　　例如，民國95年，筆者在國立東華大學任教期間，有次在花蓮慈濟醫院進行例行健康檢查時，被診斷出肝部長有兩個腫瘤，這誠然是一個不愉快事件。那時我的內心浮現一些念頭，諸如：「花蓮的水質有問題，這下我得癌症了。」「聽說東華大學很多老師都很苦悶，都得了癌症，這下我逃不掉了。」這顯示出我的個人信念，我是苦悶的人。同時，我覺得很無助，也很擔心。後來，還好聽妻子的建議到臺北萬芳醫院再檢查一次，結果確定為誤診，肝部只是長兩個水泡而已。

　　現在回想起來，當時面對疑似肝腫瘤的事件，那時我牽連到花蓮水質和東華教師苦悶症候群，真是無的放矢，有點可笑。也可以看出自己的信念需要再修整。

【習作練習】

　　請找一件你挫敗的事件，練習用ABC模式和自己練習對話：

(a) 扼要說一說這一件事情發生的始末（A）。

(b) 你對這樣一件事情的解讀想法？

(c) 為什麼你會這樣的想呢（B）？

(d) 這個想法帶給你什麼樣的心情感受？

(e) 你後來做出什麼樣的事情（C）？

8.4 練習樂觀 2.0

一、ABCDE 模式

　　在你做完ABC模式，發現自己的解讀風格或解讀是悲觀的之後，你有兩條路可走：第一是想辦法轉移自己的注意力，盡量想些其他的事，忘掉此事。第二是努力去反駁你的念頭解讀，這是長期之下比較有效的方法。因為這樣可以使那個念頭解讀較少出現，從而你也比較不會沮喪或憂鬱。

　　若是要直接面對問題，艾利斯（Albert Ellis）的ABCDE模式即可派上用場【8-7】。此為真實反駁負面思想（real-time argument）的模式，又名反駁力ABCDE模式。其中的「A」指不愉快事件（adversity），即特定事件，如老闆今天對我大發脾氣、家裡的電話費用爆表。其中的「B」指信念（belief），即自動浮現的念頭或想法，如老闆對我生氣，我想我完了，我的工作不保，前途黯淡。「C」指結果（consequence），即這個念頭所產生的後果，如我很害怕和擔心，於是到公園散步，差點被一群野狗咬傷。至於「D」指反駁（disputation），即駁斥上述的念頭。最後的「E」指激勵（erergization），即當你成功反駁時心情很爽快，如圖8-2所示。

　　你可以透過有效駁斥此一悲觀念頭，改變自己對被擊打的反應，進而更加有活力朝氣。學習如何使災難性思想的殺傷力降至最小，即透過練習樂觀（learned optimism）來對抗學習無助（learned helpless）。

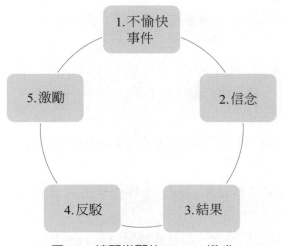

圖8-2　練習樂觀的ABCDE模式

二、駁斥（D）：反駁自己的冰山

　　這時的「D」指的是反駁（disputation），就是面對自己深藏的信念，面對自己的「冰山（ice-bergs）」。因為你需要和這樣一個解讀的念

頭爭辯，和它打鬥。在此時你們的話，是，就說是；不是，就說不是；若再多說，就是出於那惡者【8-8】。因為只有做好有效反駁，面對自己內心的冰山，你才能建立改變這樣想法的新習慣，使你能夠脫離沮喪和悲觀。

首先，你要知道這個念頭只是一個想法，它可能是真實，也可能不是事實。你需要誠實面對內心這樣的指控，特別是對自己的不合理指控。要試著保持距離並且駁斥它，因為你會認定這個指責是來自內心，所以認定這個指責一定是真的喔！這實在是一個天大的謊言。在此時，要知道上帝所賜給我們的，不是一顆膽怯的心，乃是剛強、仁愛、謹守的心。所以，儘管放心、放膽去駁斥吧【8-9】！

例如，接續上述的例子，老闆大發脾氣，我以為這下完了，工作不保，前途黯淡。其實這個想法不一定是對的。因為可能是老闆今天心情不好，找個人發洩，而我剛好碰上這個時間點，成為老闆發洩情緒的可憐蟲而已。當然也可能是老闆誤會我，或是還有其他的理由。

駁斥就是學習和自己爭辯，包括駁斥的心態、駁斥的事物和駁斥的方法三者【8-10】。首先說明駁斥的心態：

1. 駁斥的心態

駁斥的心態就是預備反駁，就是仔細察看你心中的念頭，並且採取以下三個行動。

(1) 知道我的心中反射意念（如「工作不保，前途黯淡」），需要被檢驗。

(2) 找出我的心中反射意念，以及背後所隱藏的冰山。

(3) 將駁斥付諸行動。

你需要先拉開你和這個悲觀念頭的距離，檢定你的解讀或解釋方式，檢查你的內心反射反應念頭是否真的正確。如前例，我要對自己說，且慢，我這個想法有問題，它太武斷、太偏激了，這些想法事實上並不一定會發生。

你更要相信，這只是一個念頭而已，並不代表你就是這樣的一個人。你要使用反駁的工具，去反駁你面對不愉快事件後，心中自動產生無厘頭的念頭解讀，你需要專心思考你怎樣可以改變情境，並且阻止將不愉快事件惡化成災難，即避免擴大事端，甚至波及無辜。

例如，承前例，我要反駁自己「工作不保、前途黯淡」的想法，以及阻止擔心害怕的情緒產生，從而可以阻止我自己不在深夜到公園閒逛，也就不會被一群野狗狂追咬傷了。

你可使用聲音的外化技巧，請一位朋友在旁邊對你大聲說出你的負面想法，然後你再大聲的反駁，強調事情沒有你朋友講得那樣糟，並且大聲回答說：「這個想法是大錯特錯的。」你若能改變你面對不愉快事件時的心理反應，你便能夠更有智慧的去應付外界的挫折。

例如，筆者在銘傳大學任教時，有心轉換教職，這時面對「我已經是正教授了，轉換學校是不可能的」念頭，我勇敢對它說：「這個想法是大錯特錯的。」並且用力撕毀它黏貼在我身上的內在誓言，宣告這一切是由上帝決定，而不是由世人決定。結果就在正確的駁斥心態下，事情有了奇妙的轉圜。

2. 駁斥的事物

駁斥的事物即是所謂的「信念冰山」，此時即需面對自己的冰山，即問自己以下幾個問題。首先，這個冰山的名字是什麼，將之命名。例如，向別人求助是弱者的行為、我不是女人會喜歡的那種男人、上帝會懲罰不聽話的人。你需要指認出自己的冰山，因為冰山會持續滋生不好的思想情緒。此外，繼續問，這個冰山對我是否仍繼續有意義？這個冰山在這個情境下是否正確？這個冰山是否過於僵化？這個冰山對我是否有用處？來強化駁斥的意願。不久你便會發現這個信念冰山逐漸融化消失了。

3. 駁斥的操作

　　賽利格曼指出，駁斥冰山有三個方法，即提出證據、提出其他可能性、指出可能的行為改變，如圖8-3所示，茲說明如下：

圖8-3　駁斥冰山的三個方法

(1) 提出證據

　　提出具體、數量化、學理上的證據，來證明自己已經扭曲事實。

　　例如，我這個月明明工作很努力，有達成公司規定的業績目標（如100萬元）。或是，這件事情已經請示過老闆。也照他的指示去做，並且已有初步結果產生（如已有180人參加）。

　　問自己，這樣一個念頭的證據在哪裡？而大部分的證據會站在你這一邊的。因為通常挫折後的負面念頭都是錯誤的，因為大多數人都會選擇最壞的可能性，將一件小事情看成是一件大災難。

　　提出證據絕對不同於坊間所謂的「正面想法的力量」。正面想法是去相信一句樂觀性語句，例如，「我會愈來愈好」、「我的能力愈來愈強」等。但是，這些話可能沒有任何事實根據，也不能提高你的心情和你的表現，故不足採信。

　　你應該正確引用科學數據，來反駁自己業已扭曲的解讀。

　　例如，筆者的父母和兄長在我年幼時曾說：「你只會死讀書，你是

百無一用的書生，你是沒有用的人」，結果我聽進這些話，成為內在誓言，導致自我形象十分負面。後來我透過回想自己幼年的生命故事，記下當時事件發生的對話。我勇敢的駁斥這些話，我對自己說：「我不是死讀書的人，我讀書可以貢獻社會」、「我不是百無一用的書生，我是大學教授」、「我不是沒有用的人，我是兩個孩子的父親」，勇敢的提出證據，並撕下這些黏貼在我身上的生命標籤，同時伴隨著摧毀自己負面消極的內心感覺，這樣做便重建自我形象破損的地方，從而開始正面自我形象的新契機。

(2) 提出其他可能性

此時需提出還有其他的可能性，因為事情的發生（例如，我考試被當掉，或老闆對我大發雷霆），絕非是單一的原因。

你需要先蒐集可能的原因，再將重點縮小放在：

a.特別的原因：例如，這次的考題太難、或老闆對我的要求太高。

b.可以改變的原因：例如，時間太倉促不夠準備、或我今天開會時開小差。

c.非關個人的原因：例如，老師改考卷給分不公平、或老闆最近跟他配偶的關係很緊張。

因為悲觀人士會找最糟、最可悲、最陰毒、最具殺傷力的念頭來毀滅自己。例如，承前例我會認為我完蛋了，工作不保、孩子會餓肚子、房子會被查封拍賣。

這時需要和自己對話：「既然有這麼多原因，那我需要用另外的方式來看待這件事情」。也就是我需要找出其他可能的答案，來反駁（D）、代替、駁倒、打破原先習慣性的壞念頭（B）。因為透過找其他理由的反駁，比較能夠找出真相。

例如，筆者和交往五年多的女朋友分手，並且女方在不久後嫁給他人，發生這樣的事情，我覺得很生氣，很痛苦，很受羞辱，覺得自己沒有用，並且認定女人都很現實。因此我對自己說：「我不好，我是一個爛

咖」。形成很羞憤的情緒和負面自我形象。在這時，我透過教會輔導幫助，反思自己並讓思緒返回分手事件的現場。因此我對自己說：「她沒有選擇我，不是我不好，而是她公司的男朋友對她死纏爛打，所以近水樓臺先得月。」或「她沒有選擇我，是因爲她在商業界，我在學術界，我們差距太大，我們之間慢慢變得不合適了。」我用提出其他可能性來駁斥此事。使得這件事情沒有造成負面自我形象。我在重新認識自己之後，對自己說：「我要重新開始，努力向上，發揮自己所長」。結果我努力用功考上研究所，並獲得管理博士學位。

(3)指出可能的行爲改變

　　指出可能的行爲改變即暗示這樣想之後的可能後果。請想一想，你堅持這樣一個念頭有什麼好處。這時候你可使用簡化災難法（decatastrophizing）【8-11】，來看一看這樣想之後，會發生什麼樣的後果。也請想一想，就算你的負面念頭是對的，那你堅持這樣想的後果，是否具有破壞性，是否會造成不可預測的後果。

　　當你想完之後，你可以選擇調整你的想法，也就是駁斥你原來的想法，不要這樣子去想。然後，你可以改變你的想法，來做出不一樣的行爲改變。最後，你就可以指出，你有哪些可能的行爲改變，進而做出不一樣的行爲反應，來帶出不同的結果，進而逐步改變你的未來、你的命運、你的人生。

　　例如，我宣判自己完蛋了，工作不保，前途黑暗，了無希望，那就代表我自己只能貧病交迫，坐著等死，完全失去奮發向上的意志力。

　　再對自己說，這樣想對你有什麼壞處。例如，會得憂鬱症、將身體搞壞、導致妻離子散等，那又何必緊咬住不放，造成更大的災難呢。是不是應該換個角度，試著去想要怎樣改變這個險惡的情境，豈不更好。

　　當不安的念頭解讀持續出現時，利用「寫下來」加上「以後再去想」的方法，會十分有效。因爲寫下來本身就是一種發洩，透過反覆思慮的特性，提醒自己它的存在，來解除它的魔力。而以後再去想它，會使它的目

的無法達到，因爲你暫時不去想，它就失去對你心靈縈繞、身心挾制的目的，而失去目的就失去威力。

【習作練習】

　　請就以下三件事情，練習用正面的駁斥來和自己對話：

(a) 這個月我上班遲到已經三次了。

(b) 這個禮拜的經濟學期中考試，我考不及格。

(c) 這些日子我的女朋友不太搭理我，打手機給她都沒有回電。

三、激勵（E）：和自己慶賀

　　一旦你反駁成功，那就要對自己加油打氣，這就是自我激勵（E）。透過正面強化的激勵，如讚美、鼓舞、物質犒賞等，來增強自己繼續重複此一動作的誘因。例如，我可以對自己說，「你做得太好了，你這一招眞是了不起。」或是請自己吃一頓大餐或喝一杯飲料，犒賞自己做出這件反敗爲勝的事情，應該好好地紀念一下。

　　例如，筆者在完成博士後研究時，會和家人來一段一個月的美西自助旅行；在完成升等副教授時，會和家人來一段爲期五週的紐西蘭自助旅行；在完成升等正教授時，會和家人來一段三週的歐洲五國半自助旅行，這些都是和自己、家人慶賀的例子。

　　總之，你的負面念頭會導致你的沮喪情緒和被動行動，這是因爲你對不愉快事件的錯誤想法，惹動你的不當情緒和後續行動。通常你的負面想法是扭曲的，是不正確的，這時你要全面對它宣戰，不要讓它控制你的情緒、你的生活。反而是要多思想正面光明的事物，因爲各樣美善的事物和各樣全備的賞賜都是從上頭來的，從上帝那裡降下來的；在上帝並沒有改變，也沒有轉動的影子。一旦你養成思想正面事物並對負面念頭加以反駁的習慣，你每天的生活就會好過得多，而你也會覺得快樂得多。相信在「練習」樂觀不久之後，你便會逐漸由悲觀邁向樂觀，進而走在上帝的光明大道中。

【習作練習】

請找一件你挫敗的事件，練習用ABCDE模式和自己練習對話：

(a) 扼要說一說這件事情發生的始末（A）。

(b) 你對這樣一件事情的解讀想法？

(c) 為什麼你會這樣的想呢（B）？

(d) 這個想法帶給你什麼樣的心情感受？

(e) 你後來做出什麼樣的事情（C）？

(f) 你怎樣駁斥，來反駁自己的冰山（D）？

(g) 這時你提出什麼證據或哪些其他可能性呢？

(h) 你又怎樣跟自己慶賀呢（E）？

【古今中外】屢敗屢戰的美國總統林肯

美國總統林肯曾歷經多次失敗挫折，然而林肯有堅毅的內控意志力量，經歷公司倒閉、債臺高築、愛人過世、多次競選失利，卻不被失敗所打倒，而是能勇敢駁斥，終能屢敗屢戰，終底於成。

林肯生於1809年，23歲時失業，首次競選參議員即失利。繼而創業開設公司，結果不到一年便告倒閉，並且背負一身債務。

27歲時再次競選州議員勝選，然而，未婚妻卻在同年驟逝，重大打擊林肯，使他罹患神經衰弱症。

29歲時競選州議會議長卻鎩羽而歸，34歲時競選國會議員仍然失利。

然而，林肯依舊不屈不撓，再接再厲，在37歲時當選國會議員，可惜於39歲時卻在國會議員連任競選時未能勝選。然而，林肯先生並未被此擊倒。

45歲時，林肯競選參議員再度失利；47歲時，林肯競選美國副總統提名亦未竟全功；49歲時，林肯再度競選參議員亦無功而返。

林肯先生依然持定心志，倚靠上帝，勇敢駁斥負面思想，永遠是依靠上帝，正向解讀生命事件，並且熱情擁抱未來，在他的人生字典裡並沒有「失敗」兩個字。終於在51歲時，林肯競選美國總統成功，成為美國第16屆共和國的總統。

【本章注釋】

8-1　標籤理論（labeling theory）係由貝克（Howard Becker）在1963年《局外人：偏差社會學研究》（Outsiders：Studies in the Sociology of Deviance）一書中提出。係解釋個人偏差行為的一種論點，因為某事件，社會將對個人行為給予否定的特徵詞彙，一名「貼標籤」。詳細內容請參閱張春興（民78），《張氏心理學辭典》，臺北市：臺灣東華出版。

8-2　「一句話說得合宜，就如金蘋果落在銀網子裡」，原文出自《所羅門王箴言》25章11節。

8-3　有關從認知入手的五個預備動作，詳細內容請參閱阿爾伯特‧艾利斯（民66），《理性情緒療法手冊》。

8-4　「人心憂慮，屈而不伸；一句良言，使心歡樂」，原文出自《所羅門王箴言》12章25節。

8-5　自我激勵是一種增強理論（reinforce theorem）的應用，即透過對於好的表現給予讚美或物質獎賞等正面強化措施，來誘使該項行為能夠重複出現的操作。亦出自Robbins, S.P. (2006), Organization Behavior, the eleventh edition, Prentice-Hall, Inc.

8-6　論及艾利斯的ABC模式，即著名的「A—B—C過程療法」。艾利斯（Albert Ellis）係1913年生，人稱理性情感行為療法之父、認知行為療法鼻祖，更被美國媒體尊稱為心理學巨匠。他基於認知治療，提出理性情緒行為療法（rational emotive behavior therapy），阿爾伯特‧艾利斯將此稱為一套A—B—C過程療法。詳細內容請參閱阿爾伯特‧艾利斯（民66），《理性情緒療法手冊》，及（民50），《理性生活新指南》。

8-7　有關艾利斯的ABCDE模式，同註8-6。詳細內容請參閱阿爾伯特‧艾利斯（民66），《理性情緒療法手冊》，及（民50），《理性生活新指南》。

8-8　「你們的話，是，就說是；不是，就說不是；若再多說，就是出於那惡者」，原文出自《聖經‧馬太福音》5章37節。

8-9　「上帝所賜給我們的，不是一顆膽怯的心，乃是剛強、仁愛、謹守的心」，原文出自《聖經‧提摩太後書》1章7節。

8-10　有關駁斥的詳細內容，請參閱Seligman, Martin E.P. (1991), *Learned Optimism: How to Change Your Mind and Your Life*, New York: Pocket Books，以及洪蘭譯（民102），《練習樂觀、樂觀學習》（馬汀‧賽利格曼著），臺北市：遠流出版。

8-11　簡化災難法（decatastrophizing）是個人告訴自己，事實並不如自己所想像地那樣糟，應該還有轉圜。這是一種和壞消息、悲觀情緒辯論的方法。

第九章　希望和快樂的統整

【幸福宣言】：期望實現宣言

在我今生的生命中，一切就是這樣幸福、快樂和美滿。

改變是我生命的自然法則，我欣然接受每一次的變化。

我願意改變自己。

我選擇改變自己的期望，選擇改變自己設定的結果品質。

我用輕鬆、喜悅的心情從舊的走向新的。

調整期望真的比我想像中還容易。

調整期望品質更讓我覺得自在、輕盈。

我帶著喜悅，學會來做成這種改變。

化解愈多憤怒，我就能夠展現愈多的結果品質。

改變自己的期望讓我覺得棒透了。

我正學著選擇讓今天成為滿意、得意的一天。

在上帝安排給我的生命中，每天都是美好、奇妙的。

9.1 先成為對的人

在我們的期望中，什麼才是幸福美滿人生？

自己到現在的人生，認定算不算是幸福、美滿？

很有意思的，

對這樣一個問題，大部分人的答案都會說「不」，

因為我們總是對現狀不滿意，心裡總希望會有更好的日子，

而當我們達到更好日子後，卻又衍生出新的期望，

故很少人會認為自己很幸福、美滿。

因此，若是要幸福與快樂，我們需要做好「四個對」，也就是：

成為對的人，

把期待擺在對的位置上，

用對的眼光看待事情，

去做對的事情，

最後再把結果交在上帝的手中！

這就是本章的旨趣。

首先，是成為一個對的人，自己要先成為一個對的人。正如在管理層面上，我們認定誠信（integrity）是在職場上的一項最重要品格，對的人才能帶出對的團隊。在職場上我們需要成為才德兼備的人，要成為具有正確身量與高度的人。若是人對了，事情也就自然會成了。

同樣的，在幸福管理上，我們也是要成為一個對的人，成為一位正向有自信的人。在這裡，就是要能夠成為一位具有高度自我知覺品質（perceived quality）的人。能夠在不同領域裡，也就是工作職場、家庭（和樂）、健康（安睡）、服務社會中，都接受自己的「品質」現狀。

一、樂觀看待你的成果

一個對的人會樂觀的看待自己的成果，他的知覺品質甚高。知覺品質（perceived quality）是指個人所「得到與承受」的成果，是當事人知覺到所擁有事物的統稱。在此時，我們所得到承受的就是實際的成果，也就是事情實際產生的成效、結果，也就是事情成就或稱「事成」，亦即管理學上所謂的「知覺品質」，就是當事人所感受到的產品或服務品質水平。例如，我今天中午吃碗牛肉麵、我今天晚上在市集中買件新衣服、我今年考上大學、我剛剛找到一份待遇還不錯的工作、我上個月剛剛結婚成家、我最近當爸爸了。基本上，你所得到承受的成果，乃是個人當下眼前所看見的實際情形。理論上，成果既然是客觀發生的現狀，則應當被視為現在既定的情況。例如，我吃牛肉麵、買衣服、讀大學、找到工作、結婚、生子、購屋等都已是既定的事實，不容否認扭曲或忽略其存在的現實。

然而，成果品質的高低，卻是你我可以主觀判定的。事實上，這一切都在於你當下的自我感受。此時，知覺品質即是你感受到的效益水準的統

稱，也就是你的價值主張，這些價值或爲成本節約、差異化利益、訂爲收益、獨特賣點等不一而足。

　　因此，只要你「練習」知覺該成果的品質高，自然知覺價值就會高，心中自然會感到幸福。因此，你可以「練習」選擇要幸福，因爲你心中的幸福感受係來自於自己認定的知覺品質高下程度而定，而這則是你能夠自己掌握並勤加練習的。

二、透過知覺品質三層次來提升品質感受

　　品質一如形勢，雖是客觀的，成之於人；然而知覺一如力量，卻是主觀的，它操之在你，是你「練習」希望的焦點。析言之，成果是客觀存在的事實，難以改變。然而，你卻可藉由個人主觀認知，來「練習」知覺該成果的品質內涵，即成爲「知覺品質」。而這份知覺力量即有三個層面，即：水平調整層面、聚焦調整層面、垂直調整層面，我們能夠透過調整知覺品質的三個層次來提升知覺品質，茲說明如下：

1. 水平調整層面

　　第一個層面是水平調整層面，即將成果品質中「有形性、反應性、可靠性、關懷性、保證性」的五種「知覺品質」，視外在環境需要，隨意水平調整。也就是這五種知覺品質，你需要擇其中的一或二種，視情況任意放大其品質內涵，是爲水平調整。基本上，知覺品質包括五個層面【9-1】，即：

(1) 有形性

　　有形性即成果的外在可見條件，表現在外觀壯麗高雅、裝潢氣派高級、地點窗明几淨等層面中。例如，我吃牛肉麵的餐廳裝潢很高級、服務生都穿制服等。此一有形性正如個人價值體系中的社會價值，能夠帶給當事人面子、名利，以及權勢上的力量。

(2) 反應性

　　反應性即成果的短期時間屬性，表現在迅速回應、聰明機智、新奇創意等層面中。例如，這家牛肉麵上菜速度很快、我有問題找服務生時，對方立刻處理我提出的問題等。此一反應性正如個人價值體系中的嘗新價

值，能夠帶給當事人新點子、創意，甚至是搞怪的力道。

(3) 可靠性

可靠性即成果的正確穩定屬性，表現在正確處置、穩健踏實、功能齊全等層面中。例如，這家牛肉麵餐廳的麵Q、量足、貨真價實、各項佐料和食材都不缺貨等。此一可靠性正如個人價值體系中的功能價值，能夠帶給當事人有用處、具體能力，乃至於經得起考驗的實力。

(4) 關懷性

關懷性即成果的人際互動層面，表現在關懷問候、安慰鼓勵、溝通能力等層面中。例如，這加牛肉麵餐廳的老闆人非常親切、服務人員笑口常開和對顧客噓寒問暖等。此一關懷性正如個人價值體系中的情感價值，能夠帶給當事人有高情感商數、友善關懷，乃至於有效溝通的能力。

(5) 保證性

保證性即成果的長期時間屬性，表現在信用可靠、完整售後服務、能夠取信於他人等層面中。例如，這些牛肉麵餐廳所使用的食材和佐料都有政府衛生機關的品質認證標章、各項退換貨制度建全合理等。此一保證性正如個人價值體系中的情境價值，能夠帶給當事人當下的信任感、問題處理，以及長期承諾的可能性。

例如，筆者在中華經濟研究院從事研究工作時，每當完成一項研究計畫後，我的主管許志義主任便協助我，一起將研究成果改寫成英文論文，投到國際學術期刊發表。這在當時的學術界，是較少見的舉動。

許主任告訴我這樣做的理由有三，一則用英文撰寫可以流通到歐美先進國家，用中文撰寫則只能在臺灣流通，文章的能見度明顯有別，提高論文外觀的有形性；二則中華經濟研究院有聘用外籍人士擔任英文秘書，英文程度甚佳，可以免費修改學術論文，增加論文英文用語的可靠性；三則歐洲學術界對臺灣和亞洲國家都相對陌生，若能及早將臺灣實證送往歐洲發表，必能提高被接受的機會，這攸關論文的反應性。這樣我對每一篇論文都認定它有美好的品質，並以滿懷希望的熱情來寫作和投稿，形成美好的良性循環。

後來，我們的文章陸續在歐洲的國際學術期刊中發表，開創出全新的學術研究藍海。我更因爲持續努力研究，如願升等正教授，並順利到國立臺北大學擔任教職，這些都是上帝的美好祝福。

你需要「練習」調整對不同品質面向的認知。適度接納肯定對方已經做出努力的結果，而包容、諒解對方尙未付出完成的結果。如此可以減少期望未能實現的不滿意與不快樂感受。

2. 聚焦調整層次

第二個層面是聚焦調整層面。即將眼光從比較周遭他人的角度中拉回來，也就是不再去將自己的成果和其他人的成果相互比較，要跳脫「社會判斷（social judgement）」的錯誤中，不比較也不計較。而是單純的接受自己所擁有的一切，「練習」用一顆欣賞、讚賞的眼光來看待自己的成果。因爲若是一味和周遭他人比較，不免會落入「你都付出相同的努力，爲什麼我的結果比你少」的怨懟憤恨情境中。或是「我們都是一起努力，然而我的結果比你多」的驕傲自誇境地。當然也會自私地陷於「我們都得到相同的成果，爲什麼我付出的心力要比你多」的斤斤計較情境；或是「我們擁有相同的成果，然而我付出的心力比你少」的投機取巧心理。申言之，在聚焦調整層面，可細分成以下兩個層次，說明如下：

(1) 外比

所謂外比，就是將自己去和其他的人相互比較，其包括兩種情況：

a.相同投入／不同產出

此時即是去比較業已做出相同投入，卻是產生不同產出的情形。例如，跟某些同事比較，同樣是在同一家公司上班，卻是我賺得錢比同事（他）還要少。或者是，跟某些同學比較，同樣是在同一所大學畢業後上班工作，卻是其他同學（他）賺得錢比我還要多。如此會產生相對不公平的感受，此時即落入「社會判斷」的陷阱中。

b.相同產出／不同投入

此時即是去比較業已獲得相同產出，卻是做出不同投入的情形。例如，跟某些同事比較，同樣是在同一家公司上班賺一樣多錢，卻是我經常

要加班，投入較多的時間，而同事（他）卻是工作輕鬆，天天準時下班。此時同樣的也會掉入「社會判斷」的漩渦中。

(2) 內比（自己）

所謂內比，就是將自己去和不同時期的自己相互比較，其亦包括兩種情況：

a.現在跟過去比

此時即是去比較現在的投入產出情況，對照過去的投入產出情況的情形。例如，想當年是輕輕鬆鬆的上下班，現在來個血汗主管，每天被操得像牛馬一樣，成天自艾自憐。或者是跟過去比較，以前賺的錢竟然還比現在還要多，如此一來就會落入苦情怨懟的負面情緒中。

b.現在跟未來比

此時即是將現在的投入產出情況，去和未來可能的投入產出情況相較的情形。這時則是庸人自擾，因為你又不是上帝，豈能預測出未來的景況呢。更何況「你們不知道明天是什麼，生命是什麼！你們不過是一陣雲霧，出現片刻，隨後就消失了」。「你們的生命是什麼呢？你們原來是一片雲霧，出現少時就不見了」【9-2】。

你實在必須「練習」放下相互比較、斤斤計較的想法，而「練習」從更高遠的角度來看待自己的成果才是。因為你相信或許是我栽種、你澆灌，然而是上帝叫它生長成長，故不要比較和計較，以免相互惹氣和彼此嫉妒。

（三）垂直調整層面

第三個層次是垂直調整層面，即生發出一種全新的眼光，來看待目前所擁有的知覺品質內涵。亦即「練習」用欣賞讚嘆的眼光，來取代判斷挑剔的想法，更何況現在的事，10年後即毫無意義。例如，你在一家牛肉麵餐廳吃麵，即使這家餐廳只是破舊小屋，根本談不上裝潢設計，所使用的餐桌和餐具等級也十分平常。然而，你若能「練習」以「家常」牛肉麵的角度來看待，這豈不是猶如在傳統眷村中，享用家中烹煮的山西刀削麵，因此，有衣有食，知足幸福感便油然而生。

　　再者，你在這家牛肉麵餐廳吃麵，你會想起若是在戰亂時分，可能連一碗白飯都屬奢求，此時竟然能享用一碗香噴噴、熱騰騰的牛肉麵。若是又有家人陪同在旁，更是樂享天倫，即為人間至樂的幸福。此時你便可在此一全新享受下，將知覺品質向上垂直伸展，從而超過知覺價格而充滿正向知覺價值的幸福感受。

　　因此，你若想要提高知覺價值，便可透過「練習」提高知覺品質來達成，進而感到幸福。即是「練習」欣賞讚嘆目前的生活成果（品質），包括接納目前的工作、就讀的學校、居住的房屋或地區、婚姻狀況、財務狀況等，並且給它較高的知覺品質。也就是說，只要你能夠主觀「練習」認定這個成果是美好的，不管是就讀明星學校或一般學校、擔任藍領員工或白領工作、居住豪宅新廈或老舊公寓、擁有家財萬貫或是家徒四壁，你都能「主觀」地「練習」知覺，認定它具有崇高「品質」水平。因為，上帝所要賜給你一切的福氣，必使你心滿意足，並不會有任何要擔心憂慮的。

　　準此，你可以透過「練習」操作宏觀界定結果的不同層面，來認知成果的品質內涵高低，從而可間接使你的成果更加符合期望，進而使你更加快樂。例如，你可以擴大認知成果的可靠性及關懷性，來相對減少對其有形性與反應性的認知，即在此方面多加給予包容與接納，從而依然符合事前的期望，如此一來，便不會心生失望而失去快樂。

　　例如，有一回筆者和妻子到某家高級餐廳用餐，當時我覺得他們的服務態度不夠好，因為價格不菲，我覺得被對方「貴」去，認定在這裡用餐不划算且不值得，使得我對這家餐廳不滿意，也不快樂。就在這時，妻子提醒我說，重點是享受我們在一起的快樂，而不要讓餐廳的服務影響我們今晚快樂的氣氛。這點醒我要用另類的眼光來提高「知覺」餐廳的成果品質，於是我轉念去欣賞這家餐廳的裝潢有特色（有形性高），出餐速度快（反應性高），餐食量足口感佳（可靠性高），是知名餐廳品質有保證（保證性高），而刻意忽略服務人員態度不佳的事實（關懷性低）。我重新用一顆感恩的心去「欣賞」周圍的美好事物，放下某項知覺品質的執著（不再斤斤計較），結果當天晚上我們很快樂，用餐的知覺品質也很高。

　　總之，幸福的祕訣在於能夠「知足」，在於能夠坦然接受上帝所賜予的一切，活在當下，抓住並珍惜現在四周圍的生活片段與人、事、物。若是仍然活在過去，認為回憶最美，現在只有缺憾，那你永遠都無法知足快樂。然而，你若能「練習」放下腳步，仔細思想周遭所擁有的這一切，像是朋友、親人、財務等，便能恍然大悟自己實在應當好好珍惜現在所有的，並且對於現狀知足，感到幸福，如此你便能有更多喜悅的度過每一個今天。

9.2 再把期待放在對的位置上

　　就管理層面而言，所謂擺在對的位置上，即是透過一個良好的媒合過程，把一個人放在一個能符合個性與專業，並具有潛力來勝任及成長的位子上，做到適才、適任、適所，也就是「人盡其才」。

　　在幸福管理的層面，即是將個人的「期望」擺在對的位置上，也就是認定個人的「期望品質」與「知覺品質」之間的差距大小是否被確認，來決定自己是否滿意，也就是是否快樂。亦即根據知覺品質的高低，調整期望品質，切實做到隨時隨地的「心想事成」。

一、快樂就是能夠心想事成

1. 快樂的本質

　　基本上，快樂的意念是由自己所掌控，是由自己的意志力、由理性去決定自己是不是要快樂。因此，正向情緒的感恩與歡愉的快樂是可以由自己選擇的。

　　基本上，快樂是一種心想事成式的快樂，也就是說，你可以決定「練習」調整自己的心想（期望），來滿足事成（成果），來練習產生滿意、快樂的結果。因此，獲得快樂的公式即是：

　　快樂 ＝ 心想事成 ＝ 事成（成果）－ 心想（期望）＝ 滿意度

　　從而，快樂並非是由於別人對你付出感情、給你某樣東西，或是因為自己可以得到什麼物品，或是諸事一帆風順而快樂，而是你在理性上定義

選擇要去快樂。而當你練習選擇調整自己的事前期望，好使事成成果能夠滿足自己的心想期望；也就是去調整自己內心期望價值的內容，那麼你就會對自己更加滿意，自然就容易更加快樂。因此便能練習做到在上帝面前「常常喜樂」，甚至是不住祈禱，凡事謝恩。

2. 快樂與期望品質的關聯

從上述可以看出，事前的期望品質和成果的知覺品質，是影響快樂的兩項重要因素。以下加以說明。

首先，若將快樂看做金字塔的尖端部分，滿意度則是金字塔中間的建築體，至於期望和成果品質就是要達到滿意度，進而達到金字塔尖端「快樂」的底盤部分。又由於人類的慾望無窮，但可用資源卻相對有限，外界環境沒有辦法滿足人們的慾望。因此，當你決定要做一位快樂之人時，就需要先「練習」學習調整自己的期望和對成果品質的想法。

例如，妻子小璇是位親切可人的女子，她總是不吝於給予周圍的人感謝和讚美，也因此她的人緣極佳，她的四周總是充滿著歡笑、平安、喜樂和滿足，她也成為大家眼中的陽光天使。

她面對住在樓下的鄰居，一句親切的問候：「嗨，妳穿的這件衣服很有型，跟妳的裙子很搭配耶，在那裡買的？」這使得鄰居李小姐擁有一整天的好心情。

她路過附近的餐飲店，笑嘻嘻的對著老闆娘打招呼說：「哈囉，妳燙新的頭髮了，嗯，這髮型看起來真年輕耶！」這使得老闆娘炒菜更加起勁了。

有一天，她碰到久未見面的老朋友，她大聲驚叫：「哇啊！妳真的一點都沒有變，還是跟年輕的時候一個樣，漂亮美麗。」一下子就拉近彼此的距離，雙方聊得非常愉快。

她對於工作同事更是讚賞有加，一下子就說出別人的優點。

「張先生是位電腦高手，他最會處理這一類的問題，這一件事非他莫屬，來，讓我們一起去找他吧！」

「我們這裡就屬小雲最有智慧了，她一定會幫助我們想出解決方法

的。」

　　她更是一位無可救藥的樂觀者，看她怎樣描述她的主管：

　　「我的老闆是位效率專家，更是位時間管理的高手，有這麼多的事情在他手上轉著轉著，卻都能夠規規矩矩的按著時間完成。」

　　她對我經常表示感謝：「感謝老公這樣的疼愛我，除辛苦賺錢養家外，還常常來陪我。」

　　甚至對於婆婆也是讚美滿口：「婆婆心腸超級好，心地超善良，也超愛乾淨，是一位大好人。」

　　小璇就是很會欣賞、品味當下人、事、物的場景，也難怪小璇的四周，總是無時無刻充滿歡笑聲，和歡聲雷動的驚呼聲。

3. 期望品質的進一步內涵

　　期望的意念就是心中的想要，是一個人的內心願望，也是心中所想，或稱「心想」，即管理上所謂的「期望品質」。

　　例如：我想要吃一碗牛肉麵、我想要買件新衣服、我想要念大學、我想要找到一份安定的工作、我想要結婚成家、我想要生小孩等。

　　基本上，期望是導引個人意志向前的力量。若個人期望的內容為日常生活之所必須，則期望可成為自我催促鞭策的向上力量，而期望是可以練習調整的。

　　但是，若你所期望的內容陳義過高，甚至是不切實際的幻想，則會形成過大的壓力，也會由於期望難以成就而心生挫折。例如：我想要買輛進口汽車、我想要考上臺灣大學、我想要娶校花美嬌娘、我想要到外商企業工作、我想要升任經理、我想要購買豪宅等。除非你是屬於天縱英才或是天之驕子，否則上述期望明顯會壓傷你，產生痛苦的壓力。

　　若是你能夠「練習」調整你的事成「心想」，也就是期望來配合當時的「事成」，也就是事後成果，則會有心想事成般的快感（快樂）。因為在「事成（成果）」不變的情況下。你如能事前練習調整好自己的「心想」，即練習調整好你的期望，適應當時環境中所呈現的「事成」成果。如此就會出現確認：「賓果」的情形，產生練習「快樂」的滿意心情。

二、透過適當調整期望品質來獲得快樂

1. 影響期望品質的因素

　　為能有效「練習」調整「期望品質」，你需要了解影響期望品質的因素，來獲得練習調整期望的方法。基本上，影響期望的因素有承諾、經驗、口碑三者：

(1) 承諾

　　承諾即某一方對另一方答應給予某些好處或條件，而有利於對方者。如此一來會使對方有所期待，期待在特定時間點，必然能獲得若干事物或好處。例如，101大樓宣布今年底的煙火秀將有神祕創新，這便使得臺北市民產生看煙火秀有所期待。

(2) 經驗

　　經驗即前一次所擁有的某種感受，自然會產生下一次也能獲得同樣的對待體驗，而對下一次的活動有所期待。例如，上一次的班級郊遊踏青，大家都玩得很盡興，於是大家便會期待下一次的班級郊遊活動。

(3) 口碑

　　口碑即從周遭他人口中所傳達出來的推薦式意見，即會對未曾經驗過的人，產生優質活動的遐想，進而對下一次同樣的活動產生期待。例如，隔壁班的小林推薦台一冰店口味獨特、風味絕佳。這會使黃小妹產生對台一冰店食物美味的期待。

　　例如，有一次筆者答應孩子週末要帶他們去動物園玩，這使我的孩子期待週末可以去動物園，結果在週末時，卻發現我在加班而爽約，結果孩子們大失所望，很不滿意，也不快樂。這是因為我很快答應孩子（就像廣告承諾），這就給出期望。這時由於期望和結果的差距會決定滿意度，因為我給出去的承諾（去動物園）過大，雖然可以立刻提高小孩對你的期望。但是小孩對我的期望愈高，相對的在碰到我爽約時，便會提高對我不滿意的情形。因此，承諾是一把兩刃的利劍，過度承諾雖然會使得別人馬上買你的帳，但卻會降低別人對你的滿意程度，影響再次買你的帳的可能性，結果是別人看穿你的為人，結果就離開你而去。

　　這個時候在妻子提醒下，我對孩子道歉並補償，週日帶他們去動物園，且玩得很開心，這個時候孩子們會「破涕為笑」，對我滿意有加，也會很快樂。這是因為在發生失誤（或誤會）時，當事人若馬上道歉並補償，則可以藉由期望和認知差距來調整認知公平和對當事人的滿意度。這時因為孩子們心中有所期望，期望獲得補償，由於我的補償合適，這使孩子們滿意，甚至超過原先的滿意情形。

2. 調整期望品質來獲得快樂

　　因此，你若透過練習調整期望品質，例如，你給予承諾快速答應周遭他人，或告訴周遭他人此物品係來自某人推薦等，來提高周遭他人的期望，這樣就容易使對方不快樂。

　　因為事前期望和事後結局的差距會決定當事人是否「心想事成」，若你給周遭他人的承諾過高，雖然能夠快速拉高周遭他人對你的期望，然而周遭他人對你的期望若是較高，則會在發生相同的事後結局時，容易產生心想事不成的不滿意快樂的情形。

　　因此，承諾是把兩面刃的利劍，高承諾固然容易取得周遭他人的信任而購買，但也十分容易使對方「心想事不成」，因而減低周遭他人對你的滿意情形，從而影響再度購買的意願。

　　例如，父親答應孩子在週末要帶他去兒童樂園遊玩，此使孩子在整個禮拜皆有所期待，即期待遊玩，因而撐完五天的上課學習活動，然而在週末時，卻發現父親爽約，此導致孩子期望破滅，以至於不滿意也不快樂。

　　再舉一個成功「練習」調整知覺期望，使自己和別人都心想事成的例證。

　　例如：妻子是位智慧女子，要將我帶回家見父母雙親，她先對她的母親溝通說：「我的男朋友長得很醜陋，有暴牙，而且還是外暴牙呢，但是他卻很溫柔！」於是她的父母親心中有數，產生這位準男友容貌不佳的期待，然而卻不作聲。後來她的父母親和我見面後，妻子詢問她的媽媽對「我」滿意或不滿意。母親大笑說：「還算滿意，陳先生長得還算好，不算太過難看，暴牙並不怎樣暴啦。」

這是因為她的父母親心中容貌審美的期待或標準，已經被女兒往下調整（練習壓低），因此對這位準女婿的外表長相，便能夠「心想事成」而較容易接受。不久後，我們結婚了，婚姻幸福美滿。還有，生出的兩個男孩直到大學畢業，都沒有暴牙。

3. 調整期望品質的其他方法

至於調整期望品質的其他方法，尚有降低需求法、提高供給法、遞延期望法、重新部署法四種【9-3】，茲說明如下：

(1) 降低需求法

降低需求法即是降低無益的慾望，分辨是個人原生的需要，還是個人的慾望想要，乃至於被外界誘發刺激而生的需要。至於降低需求的做法旨在於回復原狀，即恢復原來的狀態。

(2) 提高供給法

提高供給法是當未來供應與生產量提升時，再來提高期待，旨在追尋理想狀態，現階段只有先緩一緩以靜待時機。

(3) 遞延期望法

遞延期望法即是防微杜漸，旨在能夠預先及時處理潛在問題。其又包括預防、誘因、治理三個子項目。即a.預防：轉成下一階段的期望。b.誘因：提出誘因來遞延至下一階段期望。c.治理：將期望與承諾、經驗、口碑等對策工具相結合。

(4) 重新部署法

重新部署法係將期望轉換成具生產性的動力，綜觀全局，提出可大可久的大政方針。此時係將計畫展開，期望彈性化的重新分配。如生產、銷售、財務、創新計畫等。

三、滿意度高就會快樂

1. 滿意度的意義

滿意度（satisfaction）就是在心理上、認知上的一種滿足感受，是你心情處於興奮高昂的情形【9-4】。而滿意是由於你對某項事物，事前的「期望」與事後的「成果」（即知覺品質），兩者間是否「一致」來判

定。如圖9-1所示。

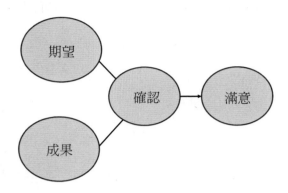

圖9-1　由事前期望與事後成果到滿意度

資料來源：整理自 Oliver & Desarbo (1988)。

　　因此，滿意度即是事前的期望被實現的情況，此即管理學者奧立佛（Oliver）於1980年所提出的「期望確認模式」（expectancy-confirmation model）【9-5】。

　　若事前期望高於事後成果，即代表你的期望業已落空，即是不確認（disconfirm），結果自然感受到是「不滿意」，從而感到失望而不快樂；相反的，若事前期望不高於事後成果，則代表你的期望獲得滿足，即心想事成的確認（confirm），結果是感受到「滿意」，因此能夠快樂。而此時圖9-1中的「成果」，即為9.1節中提到的「知覺品質」。

　　例如，有一天我在便利商店的泡麵區架子上，看到一碗包裝圖片非常精美、可口、麵Q湯濃，還真的有牛肉塊的新品牛肉麵口味，就很期待的將這碗泡麵拿去結帳，回家路上已迫不及待要享受熱騰騰的牛肉麵。沒想到，回到家打開包裝，發現裡面的料理和圖片不符，根本沒有牛肉塊，而湯汁顏色也沒那麼濃郁等，這是牛肉「湯」麵而不是牛肉麵。這時，我的期望無法獲得滿足而不滿意，感到很失望，也因此就快樂不起來。

　　又如，妻子和筆者到臺灣有名的王品集團西堤餐廳享用美食，在吃完牛排主餐後，覺得餐廳的牛排煎得火候恰當，肉質鮮美柔嫩，服務生服務態度又非常親切，真是名不虛傳，我們感到很滿意也很快樂。而價格雖需

要500多元，然而在這樣的品質下，便感覺非常值得而滿意。

2. 滿意、快樂與幸福

基本上，快樂可含括兩個層面，亦即情感上的歡愉情緒，以及理智上的滿足態度。至於滿意度則較接近於理性的滿足態度，代表對當前情況的全盤接受和安心情境，是一種能夠從心底發出會心微笑般的體會。因此，滿意和快樂兩者在意義上並無明顯差異。

若欲進一步探究滿意和快樂兩者的表裡關係，則可推論之滿意度會表現出快樂的程度。理由是當一個人因心想事成，績效合乎期望而滿意時，他必然因願望達成而欣喜，從而生發出歡愉情緒，自然擁有快樂的感受。

此外，在達成個人生活目標時，除達成數量目標外，更需注重幸福感受品質。因此，快樂與幸福爲一體兩面。快樂與幸福的祕訣都是在「知足」，所謂「知足常樂」，唯有「練習」知足才會擁有經常且長久的福樂。

至於你能夠知足就表示對現況感到滿意。所以如何在上帝的保守下，使你對現況感到滿意就十分關鍵。時常檢討你是否對自己、對周遭他人感到滿意，便成爲「快樂經濟學」的核心內涵，因爲這個問題的答案往往已經決定你是否感到快樂。

在一次同學會中，某位女士以羨慕的眼神，對著笑咪咪的筆者說：「你是知名國立大學教授，有位溫柔賢淑的妻子，夫妻感情又好，生了兩個讀知名大學的陽光男孩，還住在臺北市的大樓裡，你的這一切實在令人羨慕，所以你才會每天笑口常開，非常快樂。」

我笑咪咪的回答：「說眞的，這是因爲我每天心裡都很滿足，感到很幸福，因此我每天快快樂樂，有力氣的努力向上，在上帝的祝福中，一步一腳印的獲得這樣的成果。」

【習作練習】

(a) 請針對某一件事物，練習說出它含有的五項知覺品質？

(b) 請針對某一件事物，練習說出你對它的期望品質，以及這如何影響你的滿意度？

【幸福詩篇】春望

> 國破山河在，城春草木深。感時花濺淚，恨別鳥驚心。
>
> 峰火連三月，家書抵萬金。白頭搔更短，渾欲不勝簪。

——杜甫

〈春望〉一詩表現出詩人愛國愛家的希望情懷，定意感受希望，是唐詩中震懾心魂、傳誦千古的篇章。

〈春望〉指春天的所望和所見。試問：春望所見為何物？美好河山雖未改朝換代，然而卻國破敗家離散，京都殘破、遍地雜草叢生、樹木淒涼不再青翠。

首聯描繪景色、感懷景物，詩情漫溢、巧妙曲折，自是不凡。第二聯進一步將感時和恨別而濺淚驚心的感情，攀附在原本應該是賞心悅目的花鳥綻放身上，更顯出作者心中寄情希望的心志。

這是首感傷時局的詩句，春天原本是鳥語花香，心情愉悅的季節，然而在歷經多年戰爭所帶來的顛沛流離、饑荒瘟疫痛苦後，它便寓含人心深切希望和平的呼喊！這首詩是杜甫被安史之亂的叛軍擄獲，解送到長安城後的次年所寫的。

9.3 然後用對的眼光看待事情

這就有如管理學上要用對的方法一樣，所謂對的方法，就是達成「效率+時機（efficiency + timimg）」兩者並存的方法，此時效率本身就是一個資源分配是否得當的問題；投入最小的資源而取得最大的成果，就是有效率的表現。而達成效率的過程在於透過許多不同的選擇，經過不同的取捨與排列組合來達成做事情「最適化」（而非最佳化）的方法。基本上，標準作業流程（SOP）的設計，就是把做事的過程予以標準化。

在幸福管理的層面，即是用對的眼光看待事情，也就是認定個人的

「知覺品質」極大化，且「知覺犧牲」極小化，形成知覺價值極大化的結果。此時即是行銷管理上的「俗擱大碗」，知覺品質減去知覺犧牲，來決定自己擁有最高的知覺價值，也就是最大的希望。此時就是用對的眼光拉高知覺品質，並將付出犧牲最小化，且當作是必須的成本，來降低知覺犧牲，切實做到隨時隨地的「俗擱大碗」。

例如，四川大地震時，舞蹈教師廖智小姐不幸失去雙腿，然而她用對的眼光看待此次不幸事件，以過人的意志力，練習穿戴義肢，不僅重新站起來，更奮力投入原先的舞蹈教學，並且投入攀岩、游泳、馬拉松等需要高度肢體活動能力的運動，這是因為她看輕知覺犧牲，將吃苦當做吃補，方能完成這幾乎是不可能的任務，為上帝新生命做出美好的見證。

一、降低自己的知覺犧牲

1. 知覺犧牲的意義

犧牲就是成本的支付，也就是為了達成某件成果所必須支付的代價。因為天下沒有白吃的午餐，我們需要先流淚播種，然後才能歡呼收割。而這個流淚播種的努力，就是成本的犧牲。至於知覺犧牲就是一個人對於所付出努力的知覺感受，故名為「知覺」犧牲，是當事人主觀的感受認知。也就是說，同樣是付出勞力，某甲覺得十分不值得，故哀聲嘆氣，做得有氣無力，某甲的知覺犧牲值甚高。相反的，某乙則認為這是難得的學習與成長機會，故甘之如飴，坦然面對，此時某乙的知覺犧牲值則甚低。

固然天下沒有白吃的午餐，我們需要找出最具效率，有效運用資源的方法。然而，對於所必須要付出的努力，心中需要先有定見，若是能夠「吃苦就像吃補」，甘之如飴，坦然面對，則反而能夠樂在其中，達成「俗擱大碗」中的「俗（便宜）」的結果。

2. 降低知覺犧牲的方法

至於降低知覺犧牲的方法有三，茲說明如下：

(1) 聚焦偉大目標：聚焦在偉大的目標，從而會在此一偉大目標的感召下，願意走出現有的舒適圈，踏上征途，甚至願意付出若干代價，而輕看此一代價或損失。

(2) 當付代價認知：將各種付出的心力，當做是必須有的操練，也就是當付的代價。此時即會輕看此一項付出，甚之為此而感到甘之如飴。

(3) 減少相對剝奪：透過與其他人士的比較，特別是挑選若干損失更加嚴重的人來相比，以認定自己業已損害相對較輕，付出努力相對較少，藉以降低相對剝奪感受。

二、提升自己的知覺價值

1. 知覺價值的意義

價值（value）即是人們給定某一事物或事件是否「有效」或「有用」的概念，是一種主觀上的假定、滿意、感興趣的情感表述。價值亦是值得（worth）的另稱，表示對某一事物或事件，是否值得擁有、享有或其發生。例如，當建榮認為某一事物（如廂型休旅車）值得占有時，即同時給定該事物的價值。

知覺價值（perceived value）是你對於某件事物或事件成果的整體看法【9-6】。基本上，你對於某件事物或事件的知覺價值愈高，就會愈快樂，也就愈幸福。

知覺價值分析係多伊爾（Doyle）於2000年所提出，即比較你所付出的和所獲得的內容內涵，從而獲得整體的知覺價值。這時的知覺價值，就代表著「施」與「受」之間的抵換關係（trade-off relationship）。

你對同一事物的價值認知各異，從而對同樣一項結果，各人的知覺價值自會不同。例如，某甲期望坐擁豪宅，但某乙卻希望獲得博碩士高學歷；某丙在意權位，但某丁則更在意能多花時間陪伴年邁雙親。

2. 藉由價值管理提升知覺價值

上述的價值觀差異明顯影響你的知覺價值內涵，此時即需藉由價值管理模式（value-based management, VBM），將管理決策「練習」聚焦在價值驅動因素上，並盡力實現價值創造目標【9-7】，及運用典範學習（paradigm learning）或標竿學習（benchmarking）【9-8】，「練習」聚焦在表現卓越的人士身上，探究並效法個人生活管理方針，此點十分緊要。

在此時，你所「施」的，就是所付出的知覺犧牲（perceived sacrifice）；而你所「受」的，就是所得到的知覺品質（perceived quality）。因此知覺價值就等於知覺品質減去知覺 犧牲後的淨數值。

引申言之，若是知覺價值愈低，就是愈「便宜」（俗）；而知覺品質愈高，也就是「量多」（大碗）。兩者若能得兼，就是「划算」（俗擱大碗），也就是你的知覺價值愈高，這時候你的希望程度自然就會愈高【9-9】，如圖9-2所示【9-10】。

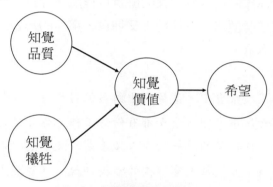

圖9-2　由知覺價值到希望

換言之，當你面對許多善良價值時，即需要向上帝求智慧，「練習」透過價值管理模式進行取捨，此時你的價值觀便可進一步促成選擇決策。從而在取捨過程中，必然會有所得也有所失，此時你需要清楚知道相互交換的事物，然後做出決策。例如，是否要以名譽權位交換婚姻家庭、以金錢財富交換身體健康等。上述的善良價值，包括：國家富強、環境保護、世界和平、身體健康、家庭溫暖、婚姻美滿、金錢財富、名譽聲望、權力地位、豪宅房車等。

此時你需要將所重視的財富或資源，花費在有價值的事物上，要將時間、金錢、思緒、精神花費在值得的信念、構思和行動上，如夫妻相處、家人聯盟、健康運動、努力工作上，如此方能擁有幸福的人生。

此時你更可將自己的「知覺價值」，細分成功能價值（效能與功用）

財務價值（金錢與財富）、情感價值（關係與家庭）、社會價值（面子與名譽）、時間價值（便利或慢活）、嘗新價值（創新與流行）、情境價值（季節限定或危機處理）、享樂價值（休閒或娛樂），再分別「練習」認定應有的價值，而不限制在想要追求的某項價值上，如此方能享受快樂。

例如，寧依的手機費用每個月達兩千多元，若是僅心疼財務價值的支出，則會懊惱不已。此時何不重新認定此在情感價值上的人際網絡效益，或是節約奔波往返時間的時間價值，便能重估其知覺價值。

又如，若你覺得這家旅行社的蘇杭行程品質好且價格公道，覺得俗又大碗，即認定這個價格十分值得、又划算，那你的知覺價值即高，對此家旅行社會感到滿意。

再如，在某次聚會中，某位女生對另位男生說：「你是大教授，家庭美滿幸福，子女懂事孝順，子女都有份好工作，你又住在豪宅美廈中，身體健康體力好，你擁有的這一切令人又羨慕、又妒忌，當然你會整天笑口常開，幸福洋溢。」這位笑容可掬的教授卻說：「實際上，是由於每天我的內心都感覺到非常幸福，因此我才會有力量，在上帝的賜福下，逐步獲得這些的。」

【習作練習】

(a) 請針對某一件事物，練習說出它含有的三個知覺價值？

(b) 請針對某一件事物，練習說出你對它固有的知覺品質，以及你如何調整你的知覺品質，進而提升你對它的知覺價值？

9.4 去做對的事情

這就有如管理學上要去做對的事情一樣，所謂對的事情就是達成「效能（effectiveness）」的情形，此時效能本身就是一個檢視是否達成目標的問題；透過目標達成的努力而取得最緊要的成果，就是有效能的表現。

而達成效能的過程在於透過正確的選擇，正確的取捨與排列事情的優先順序來達成做「正確」的事情（而非最有效率）的事情。基本上，去做真正該做的事，而不是你想做的，或是你會做的事情，乃是關鍵中的關鍵。

在幸福管理的層面，即是做對的事情，也就是要能夠用思考力來化繁為簡，透過分析與組織的技術，如：SWOT分析，根因分析（root causes analysis）等工具，來找到問題真正的核心。

一、幸福在於能夠做對的事情

在管理上，所謂「做對的事情」，就是做合於目標的事情，與企業使命、目標相互一致的事情。若是用在幸福管理上，即是要去做真正有價值的事情，真正合乎你人生目標的事情。此時並非如同在政治上談妥協，在管理上則是談取捨，重點在於檢視其機會成本，不然就會一事無成。若是一個人的生活一團亂，這是因為他沒有將各種價值之間做好排序。此時，做對的事情需注意以下四個要點：

1. 需要排列價值的優先順序

(1)排列價值的優先次序

個人需要先沉靜下來，先進行價值判斷，即認定自己對於各種價值的優先順序。即區分最有價值，次有價值，再次有價值……，乃至於最沒有價值者，並排列其優先次序。運用幸福管理的價值判斷，即會使你與眾人不同，有超越世俗的洞察力，這就是智慧。

在排列價值的優先次序時，更可運用根因分析（root causes analysis），即是找出最重要的理由，找到問題的真正核心，即所謂的「初衷」。如此一來，即容易分辨出價值之間的優先次序。

(2)排列方案的優先次序

個人需依照方案的內涵，認定其價值類型歸屬，據此排列待選方案的推動次序。此時方案的推動必然有其成本投入，以及成果產出。你支付的金額即是成本投入（價格），至於你獲得的好處則是成果產出（價值）。

在排列方案的優先次序時，更可運用思考力來化繁為簡，即運用SWOT分析，找出能夠結合優點與機會（S+O）的價值，透過成本效益的

CP值，據以排列方案的優先次序。

(3) 實際投入資源

此時即需投入所需的資源，包括人力、財力、物力與時間等。這時在幸福管理上就是要做對的事情，要對成果負責，講究資源合理分配，這絕對是一項資源取捨的過程。在此時，幸福管理者就是要做該做的事情，而非想做的事情，並且實際投入資源，同時登高一呼，四方響應，透過溝通宣導，傳遞正確理念給他人，藉之以領袖群倫。

(4) 聚焦於重點之上

最後，幸福管理者需要講究聚焦（be focus），即聚焦於重點之上，此時乃是透過80／20原則，釐清事情的優先次序。所謂的80／20原則，係以20%的努力，獲得80%的成果；如同企業透過20%的顧客，來獲得80%的獲利一樣。例如，在企業中，對消費者（顧客）做到產品品質最佳；對企業員工做到福利特佳，愛民如子；對股東（分紅）做到利潤優厚，直到對社會無憾，無愧於社會；對環境保護，則是做到節能減碳，環境友善。總言之，為企業，做到經營得意；為員工，做到員工樂意；為顧客，則是做到顧客滿意。

二、幸福在於能把結果交在上帝的手中

一般人的想法是「盡人事聽天命」，強調「謀事在人而成事在天」。當然，人生不是努力就一定會成功的，然而若不努力就一定不會成功。故在做一切事情時，是求盡其在我，盡心盡力而已。上焉者則會要求自己「仰不愧於天，俯不怍於人」，雖未能盡如人意，但求無愧我心，乃要問心無愧，心安理得，進而活出成功不必在我的豁達。

基督徒則是在上述的環境下，把結果交在上帝的手中，強調不論是成功或失敗，都憑著信心來接受上帝所安排給我們的各種結果。因為基督徒相信「一大為天」，「天」這個字是「一」再加上「大」的合體，故天是最大的，是萬事萬物最終的裁決者。再加上基督徒相信，上帝就是至高神，以及「從來沒有人見過上帝，唯有上帝的獨生子耶穌，將其表明出來」，故「天」等於「上帝」，也等於「耶穌基督」，從而能將是情的發

展結果，全然放手，交在上帝的手中【9-11】。

在這種情形之下，便能夠活出常常喜樂，不住禱告，凡事謝恩的生命，因爲這是上帝在基督耶穌裡，向世人所定的旨意【9-12】。如此一來，便進而能夠建立與養成知足常樂的人生觀、價值觀，與爲人處世態度！因爲人的生命不在乎家道之豐富，況且我們在上帝眼前蒙了恩，並且上帝按你我的名字認識你我【9-13】。

【古今中外】托斯卡尼尼熱愛音樂

在1867年春，義大利平凡小鄉鎮中誕生一位樂團指揮家，托斯卡尼尼（Toscanini），他小時候是一位嚴重弱視的視障人士。

托斯卡尼尼熱愛音樂，一聽見音樂便手舞足蹈，自得其樂。他自小便進入音樂學院攻讀，並跟隨歌劇團到處展演。然而由於他具有嚴重弱視，不能看清楚樂譜，於是他用力背下全部的樂譜，這需要花費很多時間。但托斯卡尼尼並不以爲苦。他甚至也背誦其他樂手的樂譜，並樂在其中。

在某次公演期間，由於樂團指揮突然生病，於是團長不得不指派托斯卡尼尼代打，因爲托斯卡尼尼在練習時都經常幫助其他樂手演奏，也非常了解每一位團員。

在未被期望下，托斯卡尼尼首度站上指揮臺，在他的指揮下，全團有高於預期的超完美演出，此獲得全場觀眾的熱烈鼓掌，此次演出令團長十分滿意。後來托斯卡尼尼因此成爲固定的指揮者，也逐漸成爲著名的指揮家。

這一切是托斯卡尼尼熱愛音樂，靠著勤奮苦練，並把握機會，獲得聽眾滿意的甜美果實。

【本章注釋】

9-1　知覺品質（perceived quality）爲一種主觀品質，就服務層面包括有形性、反應性、可靠性、關懷性、保證性五者。詳細內容請參見Parasuraman, A., Zeithaml, V.A. and Berry, L.L. (1985), A conceptual model of service quality and its implications for future research, *Journal of Marketing*, 49(Fall), 41-50.

9-2 「你們的生命是什麼呢？你們原來是一片雲霧，出現少時就不見了」，原文出自《聖經・雅各書》第4章14節。

9-3 請參閱陳澤義（民105），《解決問題的能力》，臺北市：印刻文學生活雜誌出版。

9-4 知覺期望與滿意度，以及連帶的快樂滿足與幸福感受的相關論述，詳細內容請參閱陳澤義（民103），《管理與生活》，臺北市：五南出版。以及陳澤義（民100），《美好人生是管理出來的》，臺北市：聯經出版，第一篇的說明。

9-5 著名的「期望確認模式」（expectancy-confirmation model）出自Oliver（1980）。係指個人的滿意與否，係取決於期望品質與知覺品質之間是否確認而定，詳細內容請參見Oliver, R.L. (1980), A cognitive model of the antecedents and consequences of satisfaction decisions, *Journal of Marketing* Research, 17(2), 460-469.

9-6 知覺價值（perceived value）係由多伊爾（Doyle）於2000年所提出，詳細內容請參見陳澤義著（民101），《服務與行銷管理》（第四版），臺北市，華泰文化出版，第五章「期望與知覺價值」的說明。知覺價值係指個人對某件事物效用的整體性評估，其代表的是「付出」與「接受」之間的「抵換」（trade-off）關係。詳細內容請參見Dodds, W.B., Monroe, K.B. and Grewal, D. (1991), The effects of price, brand and store information on buyers' product evaluations, *Journal of Marketing Research*, 28, 307-319.以及Doyle, P. (2000), *Value-Based Marketing: Marketing Strategies for Corporate Growth and Shareholder Value*. NY: Wiley.

9-7 價值管理模式（value based management）係由萊曼（Lehmann）和克勞福德（Crawford）於2002年的所提出，請參閱朱文儀、陳建男譯（民96），《策略管理》（第七版），查理斯・希爾、葛瑞斯・瓊絲著，臺北市：華泰文化出版。

9-8 有關標竿學習（benchmarking）。請參閱Jossi, F. (2002), Take a peek inside, *Human Resource Magazine*, June, 46-52.

9-9 請參閱陳澤義（民103），《管理與生活》，臺北市：五南出版。以及陳澤義（民100），《美好人生是管理出來的》，臺北市：聯經出版。

9-10 整理自Sheth, Newman & Gross (1991), Why We Buy What We Buy: A Theory of Consumption Values, *Journal of Business Research*, 22(2): 159-170.

9-11 「從來沒有人見過上帝，唯有父懷裡的獨生子耶穌，將其表明出來」，原文出自《聖經・約翰福音》1章12節。

9-12 「要常常喜樂，不住禱告，凡事謝恩，因為這是上帝在基督耶穌裡，向你們所定的旨意」，原文出自《聖經・帖薩羅尼迦前書》5章16-18節。

9-13 「人的生命不在乎家道之豐富」，原文出自《聖經·路加福音》第12章第15
　　　節。又「因爲你在我眼前蒙了恩，並且我按你的名認識你」，原文出自《聖
　　　經·出埃及記》33章14節。

學習希望「小小測驗」，單一選擇題 10 題

1. 對一個人而言，會對自己說出「這一件事情，為什麼會這樣的發生」的習慣性解讀方式，特稱為：

    (a) 標籤效應。　　　　(b) 解讀風格。　　　　(c) 自我歸因。

    (d) 光環效應。　　　　(e) 重新解讀。

2. 正確解讀十分重要。下面哪一個「不是」正確的解讀：

    (a) 事件與價值無關。

    (b) 諸事不順時，不要貶低自我價值。

    (c) 要以更高的觀點檢視事件的價值。

    (d) 不要用長時間的觀點看事件價值，以免拉長痛苦的時間。

    (e) 認定當時的你，已經做出最好的決定，不要回頭看。

3. 當你想要從認知入手來練習樂觀，根據艾利斯的說法，在這個時候第一步你要做的事情是什麼：

    (a) 換位。　　(b) 辨識。　　(c) 質問。　　(d) 對話。　　(e) 歸因。

4. 當你想要做對的事情，有四件事情需要去做。下面哪一個選項不屬之：

    (a) 排列方案的優先順序。

    (b) 排列價值的優先順序。

    (c) 實際投入資源。

    (d) 與其他人分享資源。

    (e) 聚焦在重點之上。

5. 在你想要練習樂觀時，有三個基本動作需要你去執行，其中第一個動作是：

    (a) 使用樂觀的態度。　　　　(b) 一次只處理一個問題。

    (c) 以真正的角度來看。　　　　(d) 蒐集新的證據。

    (e) 只負責自己該負的責任。

6. 小青被男朋友劈腿而分手。於是小青認定男生都是渣男，這時候小青犯了什麼樣的解讀錯誤呢：

    (a) 刻板印象。　　　　(b) 月暈效果。　　　　(c) 標籤理論。

(d) 學習無助。　　　　　　　　(e) 運作解讀風格。

7. 當你認定這樣一件事情，在5年後將不具任何意義。你就是在利用什麼方法來提高知覺品質：

(a) 全面調整層次。　　　　(b) 聚焦調整層次。　　(c) 水平調整層面。

(d) 垂直調整層面。　　　　(e) 練習建立快樂習慣。

8. 希望的字根，「hop」，告訴我們，希望的追求需要：

(a)「跳躍」出現實的外在環境。

(b)學習轉念以創造「內心的改善」時刻。

(c)在工作、家庭、健康、社會等層面，都「延伸沾染」，獲得美好的生活喜悅。

(d)對現在「擁有」的一切，都看作十分「美好」。

(e)強調「所是」，而不是「所有」。

9. 艾利斯的「ABCDE」練習樂觀行動。其中的「D」指的是：

(a) 慶賀。　　　　　　　(b) 結果。　　　　　　(c) 駁斥。

(d) 負面事件。　　　　　(e) 信念。

10.當你想要，「把期望擺在對的位置上」。就是你想要做到：

(a) 做到心想事成。　　　　　(b) 做到俗擱大碗。

(c) 做到降低知覺犧牲。　　　(d) 提高知覺品質。

(e) 提升知覺價值。

學習快樂「小小測驗」答案：

題次	1	2	3	4	5
答案	b	d	b	d	d
題次	6	7	8	9	10
答案	b	d	a	c	a

第叁篇 練習美滿人生加分

美滿生命的特徵是懷著一顆熱情洋溢的內心，熱烈的進行幸福行動，特別是經營幸福美滿的家庭生活，成就平衡豐碩的一生。

　　為了成就美滿的生命，除了前述的常懷快樂的心情，滿懷希望的思緒外，更需要先勾勒一幅美滿人生的情境藍圖，建構事業成功、家庭和樂、健康身體、服務社會的多元目標，並以一顆火熱的心，進行熱情洋溢的美滿行動，以成就各生涯階段中的生涯目標、生涯任務和生涯挑戰，繼而坐擁美滿平衡的人生，以及幸福美滿的家庭生活。

第十章　設定美滿的目標

【幸福宣言】：熱情洋溢行動宣言

在我今生的生命中，一切就是這樣幸福、快樂和美滿的。

我相信，每一天的每一刻，都有一股遠比我巨大的力量流經過我。

我敞開自己接納上帝的智慧，明白宇宙中上帝能力的存在。

所有的答案、方法、療癒和新的受造物，都出自於這個一體的上帝。

我相信上帝的力量與智慧，並且心中熱情洋溢，明白；

我必須知道的一切，都會顯現在我的面前；

我需要的一切，上帝都會安排在適當的時間、地點，用適當的次序來到我的身邊。

在上帝安排給我的生命中，每天都是美好、奇妙的。

10.1 條條大路通美滿

　　我們對於真理要有三個態度，

　　第一，真理要去追求，認真的追求。

　　第二，真理要去認識，來消除迷惘。

　　第三，真理要去相信，成為你的生命信念。

　　若能如此，並落實它，你便離美滿人生不遠矣。

　　「你幸福嗎？我很美滿。」在這裡，我們經常將幸福和美滿混為一談，事實上，幸福和美滿的意義固然十分接近，然亦有所不同。更確切的說，幸福是完整的內心感受，美滿則是一部分的外在表現。

　　其實，世界上並沒有一條所謂最美滿的道路，每個人都有自己要走的人生道路，都有自己的專長要發展。就像是有人的專長是美容、美髮，有

人的專長是唱歌、跳舞，有人的專長是財務、金融分析，各有不同。在社會上每個位置都很重要，「行行出狀元」，所以並沒有一條最好、最美滿的成功之路，而是要用心體會達到美滿人生的不同道路【10-1】。

因此，所謂熱情洋溢的美滿行動，最重要的是本於上帝所賜的聰明才智，選好自己的道路，走自己有興趣，且合乎自己能力的道路。在羨慕別人的時候，也要欣賞你自己，因為每個人都有自己的路，而且條條道路都可以是幸福之路。

例如，筆者從小就喜歡整理物品、編輯資料。喜歡將衣服摺疊整齊、將玩具整理歸位、將房間打掃乾淨、將書本排列整齊。

在學校念書之時，我就將上課抄的筆記，整理得井井有條，回家後特意重新整理，使用紅、藍、黑三色原子筆來抄寫，製作出一份完整的筆記，令人驚豔，因此大家叫我筆記王子。

在學校時，我陸續擔任班刊、社刊、校刊的專欄主編，也是永遠的學藝股長，這成為我的正字標記。

在學習英文時，因為很多英文字彙參考書的字彙排列，都是按照英文字母順序，我覺得這樣不利我背誦英文單字。於是我刻意整理所閱讀的英文單字，重新整理出自己所要使用的英文單字記誦讀本，按照人、事、時、地、物來分類排列，使之綱舉目張，規矩次序分明，來背誦、記憶英文單字。

在從事研究工作時，我擔任研究助理，很快的就將研究討論主題中，所涉及的相關文獻和參考資料迅速整理妥當，整理撰寫成文獻回顧和論文摘要，這些使我頗受主管欣賞，而有中華第一快手的美譽。

在學校教書時，我則是將教學教案妥善整理，縝密編輯成數本專業教科書，陸續經由出版社出版。

筆者心想，這就是獨特的我，是上帝所創造最特別的自己，我絕對是與眾不同的。這就是我，如假包換的我，我是上帝絕佳設計的飛鷹，志向是飛往上帝的高處。

另外，在工作過程當中，我是專心一致的做好我應該做的事情，我不

會刻意去理會他人對自己所施放的煙幕彈，我不會受到他們的影響，我定意努力向前，發揮上帝在自己身上所放置的獨特影響力。

筆者以為，每一個人都有自己的獨特之處，深信只要能夠好好發揮上帝所放在我們身上的那份獨有特質，在上帝所賜給我們的地方發光發熱，振翅高飛，成為翔翔萬里的飛鷹，必能完成上帝在我們身上的託付，而走過我們那光彩的一生，正如日頭出現，光輝烈烈。

10.2 確定你的價值觀

在進行熱情洋溢的美滿行動時，必須要先確定自己真正的價值觀，即要有以下的三項體認：

一、了解自己內心真正看為重要的事情

價值觀是自己看重事物的優先性排列順序光譜，即藉此來表述自己較為看有價值的事務項目。這就是你真實的價值次序，例如，誠懇的問自己，工作和家庭之間要如何取捨；金錢和名譽之間如何評斷其順序；父母、配偶和子女之間孰重孰輕等，皆可以看出自己內心真正視為重要的事物。可以針對自己的價值觀，來衍生制訂所對應的具體行動目標。如此一來，在行動和思想態度之間便可協調相互一致，不會相互衝突與掣肘。

在我們探究價值觀的同時，無論是否同意，仍有一放諸四海皆準的法則，其為自然法則（natural rule）。乃是無需印證的真理，並不會受到國家文化或地理區域的差異而不同，故又稱羅盤原則（compass principle）。例如，公平正義、孝順父母、尊重他人、仁民愛物、誠實守信、早睡早起等。

此時我們不能問為何得要如此行事，而是僅能選擇遵不遵守該項準則。於是，個人的任務乃是去決定哪個方向是正確的「南北」方，再將我們的力氣校準此一方向而行。我們需要倚靠正確信念，堅定拒絕世界的流行時尚價值，當我們恪守自然法則，將會獲得此一智慧所帶來的平安喜

樂、幸福美滿的結果。因爲時尚價值可能會操縱個人的行動，然而自然法則卻會導向最終的結果。

又當我們恪守自然法則，並內化成爲清晰明確的眞理，便能夠使我們在自我意識當中，充分且自由自在的揮灑。理由是我們必曉得眞理，眞理必使我們得以自由。這當中的法則之一即是馬斯洛的人類需求層級理論。

1. 馬斯洛人類需求層級理論要旨

馬斯洛於1954年提出人類需求層級理論（Maslow demand hierarchy theory），探討人類需求的層級化現象，闡述出每個人的需求傾向【10-2】。其包括五種需要，如圖10-1所示，茲說明如下：

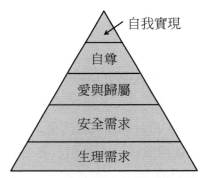

圖10-1　馬斯洛人類需求層級理論

資料來源：整理自 Maslow (1977)。

(1) 生理需要（physiological needs）：生理需要即個人的存活需要。包括飢餓時需要進食、口渴時需要飲水、寒冷時需要穿衣、疲勞時需要休息睡眠、生病時需要看醫生、性慾需要滿足，以及各種身體生理上的需要。

(2) 安全需要（safety needs）：安全需要即是個人的身心平安需要。安全需要主要指保護身體免於遭到受傷、危險的情況。例如，保全設施、防盜防搶機制、治安防護、人身安全防衛、工作安全、交通安全、性騷擾防護、工作場所環境安全等。特別是現代社會，安全需要更直指身心平靜的心理安全，指內心不致落入憂慮、鬱悶、煩惱的狀況，產

生心悸、失眠、神經質等症狀。因此，內心的安寧、寧靜、平安則是安全需求的明顯指標。

(3) 愛與歸屬需要（love and belongings needs）：愛與歸屬需要即是個人的關愛需要，一名社交需要。包括個人感情發抒、愛情歸屬、被他人接納、親情照拂、友誼關照等人際關係需要。例如，親密夫妻關係、敬愛父母關係、家人情誼關係、親友聯繫關係、同學友誼關係與親疏同事關係等。

(4) 自我尊榮需要（self-respect needs）：自我尊榮需要即是個人對外發揮影響力的需要，一名尊嚴需要（esteem needs）。例如，獲得工作上升遷與獎勵，享有好成績、好名聲。尊嚴需要包括內在尊嚴與外在尊嚴需要兩者。

　a.第一是外在的尊嚴需要，即如地位、權力、身分、被他人認同，和受到他人的重視等，此關乎個人工作上的地位、是否受到上司賞識、是否自我認同等。

　b.第二是內在的尊嚴需要，即如自尊心、自主權與成就感等，此關乎個人的自尊心與成就感。在自我尊榮需求中，更是直指自己尊敬自己的內在尊嚴而言，此時每個人需要尊敬自己的工作內容、尊敬自己的工作關係、尊敬自己的工作職稱、尊敬自己的工作薪資。而不論工作內容是清潔打掃，工作關係是和資源回收人互動，工作職稱是工讀生小妹，工作薪資僅達最低法定工資，都能甘之如飴、處之泰然。如此一來自我尊榮的需求方能獲得滿足，個人的內心滿意與平安喜樂自然能油然而生。

(5) 自我實現需要（self-actualization needs）：自我實現需要即是個人對外突破自我成績的需要。指個人的自我成長，突破個人紀錄，即所謂「超越自我」的需要，此和成就感與工作自身高度攸關。例如，獲得第一名、成績破紀錄、感受新體驗、突破自我和創新追求等。

　　更進一步，馬斯洛需求層級理論和奧迪福（Clayton Alderfer）於1972年所提出的ERG需求理論（ERG-needs theory）實相互呼應【10-3】。

2. 馬斯洛人類需求層級理論的「層級」因子

馬斯洛的需求「層級」理論係從低至高的羅列出前述五種需要層次，其理論基礎是根植於人類低層級的需要，需要先行被滿足，然後才需要滿足高層級需要。例如，我們的生理需要必須先行被滿足，然後才需要滿足安全需要，再次及於愛與歸屬需要和自我尊榮需要，最後才是自我實現需要。誠所謂「倉廩實後知禮節，衣食足後知榮辱」【10-4】，即是此理。試想，若某人已經三餐不繼，且衣不蔽體，那他如何能夠顧到禮義廉恥和四維八德的層面。

換言之，我們乃是先顧及個人生存與存活的需要，如找到工作賺取薪資換個溫飽存活；然後才可能期望擁有工作安全與安心睡眠；再者為下班之後的感情需要與美滿家庭，然後方是工作上的成就表現與突破自我。我們若是反其道而行，將不免自食苦果。以下說明兩種常見的錯誤迷思：

(1) 追求頂層的自我尊榮與自我實現需求，忽略底層的生理與安全需求

這是許多人經常落入的迷失，瘋狂追求頂層的自我尊榮與自我實現需求，而忽略底層的生理與安全需求。使得前述的人類需求層級已經建置在頂層的工作相關需求上，而是缺少賴以維生的生理需要和安全需要，而形成倒三角形，無法站立穩固，必然會形成倒三角形落地傾倒的後果，需要加以警惕，如圖10-2所示。

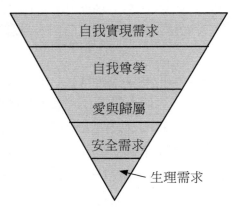

圖10-2　倒三角形的馬斯洛人類需求層級

資料來源：修改自 Maslow (1977)。

　　例如，若干電子新貴拚命工作賺錢，標榜同時接數個專案十分有能力，甚至每天僅能睡眠兩或三個小時，持續下來，縱然有高薪收入和高額獎金，但因為長期疲累可能染上惡疾，甚至罹患癌症後期的絕症，痛失青春寶貴性命，此時悔之已晚矣。誠如《聖經》中說：「人若賺得全世界，賠上自己的生命，這有什麼益處呢，人還能拿什麼來換生命呢。」是為至理名言【10-5】。

(2) 具體頂層的自我尊榮與自我實現需求，以及底層的生理與安全需求，但是缺乏中間層的愛與歸屬需求

　　此時是有人心想努力工作賺錢能夠賺得全世界，長久下來便會疏於照顧配偶與家人，或許此時個人業已晉升要職，甚至名利雙全、富貴滿門。但是因為工作忙碌必然疏於感情經營，從而在婚姻和感情道路上虛度光陰。當事人或配偶在感情世界極度空虛情形下，易於爆發婚外情，情感外遇或紅杏出牆，甚至介入他人的家庭。因為前述情況人類需求層級已經是缺少愛與歸屬需要，呈沙漏形狀，兩頭重而中間呈纖細頸部，在纖細頸部無法支撐頭部重量的情況下，需要另外找尋支撐，於是外遇與援交因而成為替代性支撐工具而不足為奇了（如圖10-3）。

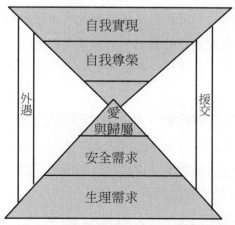

圖10-3　沙漏型的馬斯洛人類需求層級

　　除此之外，缺少愛與歸屬需要甚至會形成個人由於事業忙碌，以致疏於陪伴照料子女，從而子女在親情照拂不足的情況下，生成叛逆不馴、孤僻不群的個性，甚至是觸犯法令、鋃鐺入獄、羞辱父母，成為父母一輩子的痛楚。

　　總之，要恪守馬斯洛的人類需求層級理論，我們必然會由於有所受限而不方便，然而，自然法則的理論知識是恆久改變的，若拒絕恪守理論，即如鐵達尼號蠻橫的撞擊冰山，船隻沉沒是必然結果。當然，自然法則即如父母命令般的嘮叨，使人感到不爽快，然而，命令的總歸都是愛，這愛是從清潔的心、無虧的良心與無違的信心生出來的。

　　例如，筆者向來秉持著「先成家後立業」的價值觀，堅持家庭優先於事業，希望在30歲時，能夠順利成家，並誕生下一代，開始經營幸福美滿的家庭。而且堅信「沒有什麼樣的成功，能夠彌補家庭婚姻上的失敗」的信念。加以管理學的基本原則，管理就是要將最重要的事情，一直放在最重要的位置上，優先去做。因此，在28歲時雖然遭逢女友離去，然而，不久後即開始相親，積極將婚姻大事放在最重要的位置上，並積極約會追求。果然，精誠所至，金石為開，我在30歲的那年即結婚。那時我還是博士班的學生，沒錢的我則只能到溪頭度蜜月，婚禮和婚宴也十分簡約。後來，我們繼續秉持家庭優先的原則，31歲時妻子生下大兒子，33歲時生下二兒子，而34歲時我才取得博士學位，有能力逐漸改善家中的經濟。

二、根據自己的工作價值觀，制訂工作策略方案

　　基於工作是維生的工具，是經濟收入的來源，故唯有工作能夠維繫，方能有餘力兼顧家庭、健康、社會服務等方面的需求。因此，需要進一步探究工作價值觀，以下加以說明。

　　論及工作價值觀的向度，即有如個人內在驅力（inner driving-force）般，包括四個構面和八個細目。四個構面即名位、財利、權力、意義的四個面向，即所謂的「名、利、權、意」。至於八個細目是地位、專精、物

質報酬、安全感、權力和影響力、親和力、尋求意義、自主創新等【10-6】，如圖10-4。以下加以說明：

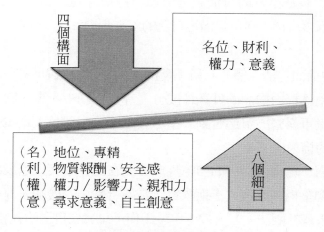

四個構面

名位、財利、
權力、意義

（名）地位、專精
（利）物質報酬、安全感
（權）權力／影響力、親和力
（意）尋求意義、自主創意

八個細目

圖10-4　價值觀的四個構面和八個細目

1. 名位

　　名位構面包括「地位」和「專精」兩者，茲說明如下：

(1) 地位：為名位構面的外顯性成分，會尋求被社會認可、欽佩、尊敬。例如擔任當地慈善基金籌募活動主席。這適合到大型私人企業、公家機關工作，或從事獨立自由業，以追求自己的社會地位。

(2) 專精：為名位構面的內隱性成分，在某特殊領域有高水準的成就。例如寫一本事業掌握的書。這適合到教育單位工作，或從事獨立自由業，以充實自己的專業水平。科學家哥白尼說：「我愈是在自己的工作中尋求幫助，就愈是把時間花在那些創立這門學科的人身上。我願意把我的發現和他們的發現結成一個整體」。

2. 財利

　　財利構面包括「物質報酬」和「安全感」兩者，茲說明如下：

(1) 物質報酬：物質報酬為財利構面的外顯性成分，尋求財富和高水準生活。例如自己翻修一棟破落的房子，以便出售圖利。這適合到大型私

人企業工作，或從事獨立自由業，以追求自己的物質報酬。

(2) 安全感：為財利構面的內隱性成分，尋求穩固、可預測的將來。例如會重新檢查投資的有價證券財產目錄。這適合到公家機關、教育單位、軍事單位工作，以滿足自己的安全驅力。

3. 權力

權力構面包括「權力」和「親和力」兩者，茲說明如下：

(1) 權力：為權力構面的外顯性成分。尋求控制人、事、物。例如會組織社區童軍露營。這適合到大型私人企業、小型私人企業工作，以滿足自己的權力渴望。

(2) 親和力：為權力構面的內隱性成分。在工作中與人達成關係的培養。例如聯絡揪團五個人上網購買。這適合到公家機關、非營利組織（財團法人或社團法人）、教育單位工作，以發展自己的親和力道。

4. 意義

意義構面包括「追尋意義」、「自主創意」兩者，茲說明如下：

(1) 追尋意義：為意義構面的外顯性成分。意圖做本身具有價值的事。例如在大自然中冥思。這適合到非營利組織（財團法人或社團法人）、教育單位工作，以擴展自己的人生意義追尋。

(2) 自主創意：為意義構面的內隱性成分。企求獨立，尋求發明，並能自己做重大決定。例如替你的銀行經理準備開放複製品商店免稅權的演講，或寫一本叫做《2030年的愛情與戰爭》的書。這適合到大型私人企業、小型私人企業工作，或從事獨立自由業，以延伸自己的自主創意。

從而我們可以透過上述的工作價值觀，慎選合適的工作場所與機關行號。機關行號的組織型態，包括：大型私人企業、小型私人企業、公家機關、非營利組織（財團法人或社團法人）、教育單位、軍事單位、獨立自由業等。這個問題的考慮方向便需參考自己的內在驅力做決定。例如，若已經知道自己適合從事銀行個人理財銷售業務的工作，那麼，想在公營金融機構、民營大型金融集團、民營小型銀行、政府金融管理機構、軍方財務勤務單位、民間基金會或社團法人組織或在自營的理財顧問公司服務，

這就要看自己內心的驅動力量為何而定。因為這些不同單位的組織性質差異，會結合特定的組織文化氛圍，深刻的和自己內在價值驅力體系，即我們的人生長期奮鬥方向，持續衝撞，進而影響自己的工作生產力和滿意度【10-6】。

此外，優先順序是與時俱進的，亦即價值觀雖一時間不會明顯改變，但仍會與時俱進而微調的，故每隔一段時間（如三、五年），即需回頭再行檢視自己的價值觀。在上帝的光照中，根據自己的內在價值觀，來架構自己的內在驅力，進而擬定工作策略，並付諸實行。

例如，筆者在獲得博士學位時，許下10年後到國立大學任教，並且升等正教授的10年目標。這使我知道自己真正看為重要的事情，並沒有所謂的對或錯。因此，當7年後（民國89年）筆者有機會轉往大學任教並升等正教授時，便願意離開中華經濟研究院的工作，即使這樣做會使我每月薪資減少至少一萬元，我也毅然決然離職，轉往銘傳大學任教。因為我知道自己此時看重教授的名位甚於金錢財富。

後來筆者又有機會轉往國立東華大學任教時（民國94年），雖然必須離開臺北，前往花蓮，離鄉背井，我深思後亦欣然前往，如此便達成我的10年目標。因為我知道自己此時看重教授的名位甚於家庭情感。

三、針對價值觀，制訂合宜的目標，並自我檢視

此時更可多方面蒐集與該目標的相關資訊，而不要受到外界媒體資訊所影響，因為由媒體而來的資訊僅能代表某個立場下的解讀觀點，具有濃厚政治或商業色彩的媒體尤然，其公允性有待進一步檢視。你必須經由多元化的觀點來蒐集資訊並客觀判讀之。這時需要擬定具體有效的美滿行動目標，如圖10-5所示，說明於後。

1.探求達成目標的最短路線

2.將眼光放遠不拘泥於炒短線

3.回頭問「爲什麼」緊抓問題核心

圖10-5　具體擬定有效的美滿行動策略

1. 探求達成目標的最短路線

首先要探求達成目標的最短路線，在數學上，直線爲兩點之間的最短距離，因此，你需要找到達成目標的最短距離。復基於策略即是達成目標的最佳方法，從而策略即可視爲完成目標的最短距離。

在此時，你若能由坐而思，進到起而行，開始實際行動，即能找尋到完成目標的最短距離。而在一開始的摸索過程中，自然不免會遭遇到失敗挫折，但是一旦經歷過一次成功，便會令你印象深刻。此時，你需透過複製此一成功經驗來達陣，完成所設定的目標。

此成功經驗即一如企業經營管理上的「商業模式（business model）」，管理學上經常要求你能夠複製商業模式【10-7】，來使企業擴增規模、成長茁壯，即是如此。

2. 將眼光放遠不炒短線

此時，要將眼光放遠不炒短線，切記不要被短期的近利所迷惑，反而是要勇敢的投資未來，投資金錢、時間、努力在有價值的重要事物上，也就是無論做什麼，都要從心裡做，像是給上帝做的，不是給人做的【10-8】。因爲唯有創新和行銷，才是企業經營，乃至於人生管理的王道，然而創新過程則是必須經過一段漫長時間的熬煉，方能有所成的。

　　例如，筆者在民國82年獲得博士學位時，許下到國立大學任正教授的10年目標。這個目標導引我專心學術研究，並將參與研討會、參與企業界活動、參與政府公聽會、出版教科書或專書、在報章雜誌發表專文、參與企業教育訓練、參與學校兼課等活動降至最低，甚至拒絕參與，以換取時間專心發表學術期刊論文，結果在12年後我來到國立東華大學任教，並升等正教授，後來更完成100篇國際學術期刊論文，這乃是上帝的美好賜福。

3. 回頭問「為什麼」緊抓問題核心

　　此時要回頭問「為什麼」緊抓問題核心，若是覺得苗頭不對，問題多半是出在業已模糊的問題焦點。此時即需要回歸問題本質，再次藉由問「為什麼」打破外在限制，而不再被「這是應該做的」、「一定得這樣做」的外在慣性思維所局限。

　　在此種情況下，你便有能力跳脫外在形式（form）的表象思維，而進入內在本質（content）裡的堂奧。從而能夠看清楚事物運作的本相，甚至達到格物致知、明心見性的結果。因為智慧為首，此時在你心中必得到聰明【10-9】。最後，就是熱烈的採取美滿行動了【10-10】。

【幸福詩篇】夜雨寄北

> 君問歸期未有期，巴山夜雨漲秋池。
> 何當共翦西窗燭，卻話巴山夜雨時。
>
> ——李商隱

　　唐末李商隱一生仕途多舛、顛沛流離，後來更捲入牛李黨爭，有苦難言。此為李商隱被貶謫至四川時，因思鄉心切而作詩給妻子的作品。當時李商隱妻子居住在長安，在四川的北方，故題名為「夜雨寄北」。

　　詩人身處巴蜀之境，對妻子說，其實他想要早歸，但自己也不知

道何時才能啟程，思念情深無奈卻身不由己。然後以景寄情，描繪巴山秋夜裡愁煞人的風雨，使得相思苦情猶如池水般的溢滿心田。

接著筆鋒一轉，盼望能夠馬上飛奔到妻子身旁，兩人相伴剪燭花談心事，同聊著身處巴山夜雨的當下心情。

本詩除描繪夫妻分離、勞燕分飛的苦情外，更寓意一生政治仕途不順的哀怨，寄情對家國責任難以一展抱負的鬱悶悲憤，將滿腔的熱情洋溢，化做對天求問：何時才是歸期，何時我才能坦然看待今日的巴山夜雨情懷。

10.3 確定想要達成的目標

偉大的目標構成偉大的心靈，

偉大的活力則是為著偉大的目標而服務，

一個人心中若沒有偉大的目標，一根稻草就會壓斷腰；

而心中有了偉大的目標，就算泰山壓頭頂也不會彎腰。

如果一個人不曉得要把船開往哪一個港口，

那吹什麼風都沒有用處。

訂定美滿人生的目標，並努力達成它，

就是成就幸福人生的鑰匙。

基本上，在進行熱情洋溢的美滿行動時，更需要確定你想要達成的目標，即面對以下四個問題，如圖10-6所示：

圖10-6 真正確定要達成目標的四個問題

一、確定是心中想要的目標

基本上，確定這是你打從心底想要達成的目標，設定某些數量上要達成的目標是必要的，因為沒有異象，民就放肆【10-11】。例如，設定英語多益測驗（TOEIC）要考到900分，設定高普考要及格（60分），設定30歲前要賺到300萬的購屋自備款。若是標準過高，不容易達成，結果就會無法達成，因為這個過程需要異於尋常的努力，而個人往往無法夙夜匪懈、焚膏繼晷的持續努力，堅持到底，結果多半是功敗垂成。

換言之，除非這個目標是你心中朝思暮想，是你無時無刻想要達成的目標，否則你一旦碰到困難險阻，你就會直接想要放棄它。這點實在是無可厚非，因為這是人的通性，人都是傾向找容易做的事下手。再仔細想想，個人在設定目標時，若是能夠將個人全副的情感灌注其中，產生熊熊的熱情火焰，必能產生源源不斷的動力。

因此，唯有將個人的全副熱情，和自己最想要完成的事務緊緊連結，進而串聯到個人的生涯目標，如此一來，必能產生達標的堅定意志力。因為依靠著上帝加給我們的力量，凡事都能做。

二、將目標和工作熱情緊密連結

這時我們需要將目標和工作熱情緊密連結。許多人努力工作的動機，究竟是來自於「金錢或安定誘因」，還是來自於「工作本身的意義和成就

感」，經常是模糊不明。有人選擇工作是因「錢多、事少、離家近」，而非因「工作具有挑戰性，可以學習與成長」，結果會造成對工作不甚滿意，抱著做一天算一天的心態，無法激發對工作的興奮和熱忱，這是很可惜的事。這時我們可用管理學中赫茲伯格（Herzberg）的兩因素動機理論（two factor motivation theory）【10-12】，如圖10-7，加以說明：

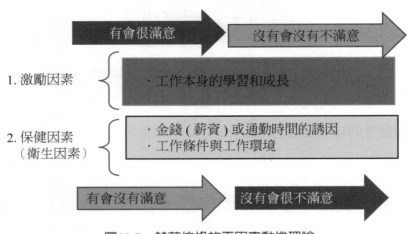

圖10-7　赫茲伯格的兩因素動機理論

1. 兩種激勵因素

在赫茲伯格（Herzberg）的兩因素動機理論中，係將工作動機區分成兩種因素，即「保健因素」與「激勵因素」，故又稱激勵—保健理論（motivation-hygiene theory）。

(1) 保健因素（hygiene factor）

所謂的保健因素又稱衛生因素，指一旦失去它固然會不滿意，即如薪資和獎金水平一旦偏低，無法養家活口，這就有如一個人欠缺衛生保健般的令人不快；然而，大量擁有保健因素卻不會令人非常滿意，即令企業主給予高薪或高額獎金，事實上並不會使員工對此份工作的本質感到十分滿意，頂多是不討厭這份工作而已，這就如同一個人就算是做完整套高精密的健康檢查，也不會爲他帶來很大的快樂滿足感是一樣的。金錢或通勤時間的誘因僅是一項「保健因素」，而非一項「激勵因素」，故無法使我們

產生足夠的熱愛工作動機。

(2) 激勵因素（motivation factor）

所謂的激勵因素，是指真正能夠使我們奮力工作的因素。即如工作本身的學習和成長，才是工作的真正激勵因素。因為只有在我們所做的這份工作的過程本身，饒富意義，十分有趣，且充滿挑戰性，可使我們在專業領域中擔當重任，或更上層樓，這才是真正的工作激勵因素，會促使我們熱愛所做的工作。因此，欲發展工作的正向能量，就需找到工作本身的意義和對我們的人生使命。換言之，為在工作中持續保有正向能量，樂在工作，我們需在工作上持續不斷發掘有意義的內涵，從而在工作中學習新知，並擔負更大的工作責任。

兩因素動機理論即如指南針一樣，適用在每個人和每份工作之上，這是管理理論的妙用。在我們工作前請切記，工作中的薪資、獎金、名銜、安定感等，皆只是工作的保健因素，它們只是我們樂在工作時的副產品，絕非我們快樂滿意工作的真正來源。若我們能看清楚此點，我們便可專注在工作本身所帶給我們的意義、成就感和能力成長面，不會迷失方向，因為只有工作本身，才能對我們產生正向的工作能量，持續激勵我們樂在工作，產生高昂的工作滿意度，並專注在真正重要的事情上。也就是要將個人目標和工作熱情緊密連結，發揮更大的效益。

當然，在選擇工作的時候，我們盡可能做出最好的決定，一旦選擇好工作，就需要努力工作，千萬不要三心二意，騎驢找馬。英國邱吉爾首相說：「不是喜愛哪一行，就做哪一行，而是一旦選擇好要做哪一行，就要喜愛哪一行。」真是一針見血之言。

三、將個人目標具體化和視覺化

1. 目標的意義與內涵

美滿人生達成什麼樣的目標呢？目標的意義與內涵為何？什麼是目標？什麼不是目標呢？更需要明確區別，以下加以說明。

(1) 夢想和願望並非目標

首先，夢想（dream）和願望（will）並不是目標。理由是夢想或願望

都是你的想望，其實它們並非目標。

例如，文凱想要工作升遷、想要日進斗金、想要神仙美眷、想要飛上枝頭、想要家庭美滿等。然而，上述是願望不是目標，因為夢想或願望都是模糊不清；至於目標則是具有明確的數值，繼而能夠評估目標是否業已達成。

例如，竹如期望成為一位會計師，並不是目標，竹如需要加上兩、三件事務將它轉換成為目標。例如，竹如需要加上在兩年內就讀會計學等研究所，或是四年內考取會計師高考等。

基本上，目標是個有特定底線的夢想。從而夢想或願望需要限定範圍到某個更加明確的區域，並且加上一個明確時間點，即可成為一項目標【10-13】。

例如，元安夢想將來有一天要居住在歐洲地區，但是歐洲地區範圍很大，它是一整個大陸板塊，故需要縮小範圍，成為一個國家、一個區域、一個州郡，或是一個城鎮，同時加上需完成的時間。

因為只有夢想的內容夠清晰，才能導引你的內心，朝向某個特定目標前進，因此你的夢想才能實現。

再如力權夢想將來有一天要擔任大型企業執行長（chief executive officer, CEO），然而擔任CEO的範圍過大，是整個管理階層，故需要縮小範圍，成為某個行業、某個地區、某個部門、與某個管理階層（如經理、副理、協理、襄理、主任等），如此你的心力才能有個切入點。

另國寶級廚師、烹飪節目製作人及主持人鄭衍基「阿基師」說，他不輕易答應周遭他人或制訂目標，因為一旦訂定目標，他必定要用120%的力量，將它做到完美。因為他認為若無法將事情做好，那就不需要說，也不需要做，此即真誠做好每件事務、完成每件工作，達成目標。此時，阿基師只有一件事，就是「忘記背後，努力面前，向著標竿直跑，」這便成為達成目標的美麗句點。

例如，筆者亦在34歲獲得博士學位時，許下10年後到國立大學任教，並且升等正教授的10年目標。這個目標引導我努力從事學術研究，終於在

我45歲那年，獲國立東華大學國際企業學系聘為正教授，完成我的10年目標，這乃是上帝的賜福。

2. 目標的兩大要件

目標（goal）是指在上帝所安排的特定時間點下，個人所要達成的結果、成績或目的地，它是為達成使命的具體標的。因為若沒有異象，民就放肆【10-14】。申言之，目標係包括兩個層面，即時間和空間層面，此為目標的兩大要件。

(1) 時間層面

首先是時間層面，是期盼在某一個特定時間點，能夠達成某一項期望的成果。此時需要訂定明確的數值，代表在某特定的時間點，你達成哪些績效，從而你能夠確認是否業已如期達成所制訂的目標。例如，你希望在30歲的時候，賺到人生的「第一桶金」（指特定金額的財富）；希望在30歲時，能夠順利結婚成家；或希望在30歲時，能夠當上經理一職。

(2) 空間層面

再者是空間層面，是在某一個特定時間點，所欲達成的目標水平。此時的目標可能是成果、成績，或實際目的地。然而需要有明確的數值，來表示特定的績效水平，以便你能夠藉以認定，並自行檢驗是否達成既定的目標。

上述的時間和空間條件，需同時具備。同時鎖定目標，若你能善加考量，甚至能由上帝啟發來獲得靈感，更是上好的事。因為你立志行事，都是上帝的能力在你心裡運行，目的是要成就上帝的美好心意。

3. 目標的具體化和視覺化

各階段的目標需要有形有體的表現出來，才能和個人的情感熱力連結，產生行動的衝刺力。此時首先需要制訂具體可行的目標，特別是將生涯大目標細分成數個小目標，而能夠和個人日常生活的作息活動相關聯，據以進行目標管理【10-15】。例如，一年內考上公職，三年內結婚，兩年內懷孕生子，四個月內考過汽車駕照，五年內購屋等。

更需要將達成目標時的時空情景，在你的腦海中清晰呈現。當然也可

以透過照片、插畫或圖片輔助，來幫助你將目標烙印在腦海中，如此即可明確的導引自己應當朝向何處移動。

例如，筆者在34歲獲得博士學位時，許下10年後到國立大學任教，並且升等正教授的10年目標。這個目標引導我努力從事學術研究，終於在我44歲那年，獲國立東華大學國際企業學系聘為正教授，完成我的10年目標，這乃是上帝的賜福。

四、美滿人生需要達成目標

（一）以目標規劃達成目標

目標規劃法（objective programming）即是為處理達成單一或數個目標成就決策問題，為數學線性規劃方法之一種【10-16】。目標規劃法包括單目標規劃與多目標規劃兩者。目標規劃法係於1961年由美國數學家查爾斯（Charnes）和庫柏（Cooper）所提出，起初係應用在軍事與運輸管理上。例如，為達成運量最大與時間最短的雙重目標，要如何將運輸調度部隊和輜重運送到所要到達的目的地。

在經營管理上，經理人經常需要處理多目標規劃的決策問題。例如，企業在制訂銷售計畫時，不僅需要考慮總利潤，而且需考慮市場占有率、銷售數量與產品品質。甚至各個目標之間可能互相矛盾。例如市場利潤與環境保護目標衝突，生產數量與生產品質或交貨時間目標矛盾。此時，如何兼顧不同目標，形成合適方案，誠為目標規劃的核心問題。此時即是運用目標達成理論（goal-setting theory）【10-17】。一個理性的個人會用心去追求，以達成有意義的目標，進而達成所需的成就。

（二）透過吸引力法則達成目標

一旦個別目標變成十分明確清晰，自然會導引周遭事物朝向此一目標來運行，此即所謂的「吸引力法則」【10-18】，此時你所設定的目標就像是一塊大型磁鐵般，磁吸住所要吸附的各種事物。

此時所呈現的情景便是：若你想碰到某某人，就會遇見到他；若你對

某件事情心中有所期待，機會便會驟然由天而降；若你越是關切某方面的事情，你就會越容易獲得這方面的相關資訊等。

　　若是個人目標仍然無法呈現出具體化或視覺化的情形時，那就需要再將目標縮小，使之能夠看得見、清楚呈現，並且能夠落實在日常生活中。通常有一個通用的檢視標準，即是你所制訂的日常目標，需要有一半以上的達成率，那才是一個優質目標，並且預期你可以奮力達成此一目標。

　　例如，筆者在就讀國中和高中時，很喜歡逛舊書攤，我還記得那時仍舊有松江路光華商場舊書攤，和牯嶺街舊書攤（如今都已經拆除消失），我非常喜歡躲在書堆當中，或站或坐或蹲著看書，還經常被選為學藝股長。在讀大學時，我先後擔任班刊、社刊、校刊的編輯工作；在讀研究所時抄筆記功夫超棒，被稱做筆記王子。這些充分顯露出我的獨特個性和能力（是個資料取向的研究人）。在大學畢業前，我曾經想要當中醫師，所幸有位大學教授告訴我，我的人格特質太過於斯文，並不適合擔任中醫師，反而適合擔任中醫學教師，這反而引導我轉而投考研究所，也蒙上帝賜福，順利考上經濟學研究所，走出我美滿人生正確的第一步。

　　筆者的第一份工作是選擇到中華經濟研究院擔任約聘研究助理工作，這份工作十分合適我的「研究人」特質，因為這份工作經常需要撰寫研究計畫書、研究進度報告、研究結案報告初稿，也需要執行電腦程式作業，這更使我的資料整理與編輯功夫有效發揮。後來因為工作表現優異獲改聘為正式研究人員，並且獲得繼續進修博士班的機會，我在向上帝懇切禱告後，更獲得院長特准，得以留職帶薪的身分進修深造，並因此獲得博士學位，開啟我獨特的研究之路，這更是上帝所賜的美好福分。

10.4美滿人生是多元目標

一、美滿人生需要納入多元目標

美滿人生是需要達成若干目標的，事實上，因此美滿的公式爲：

「美滿 ＝ 達成目標的程度 ÷ 兼顧各方的程度。」

也就是美滿的追求包括數量和品質兩個層次。因此，美滿的首要層面是量的方面，能夠用熱情投入的態度，致力達成既定的目標，從而享有成就感的喜悅【10-19】。

美滿人生除數量的目標外，另一目標是品質目標，即能夠平衡發展，兼善各項目標。因爲在美滿人生管理上，基於在上帝的賜福下，人生要追求的目標通常不限於一端，即需追求工作薪資、婚姻幸福、身體健康、貢獻社會等多元目標，也就是需追求豐富與美滿的平衡人生，此時「多目標」規劃即成必須。

例如，筆者目前60歲，結婚已30年，我們夫妻伉儷情深，舉案齊眉，帶給我無邊的喜樂；我們育有兩個孩子十分孝順，且都已完成大學學業，令我們十分放心，其中大兒子更已結婚成家，二兒子也購屋置產；我工作上是大學教授，樂在作育英才，妻子工作上是行政祕書，透過社會大學教育造福鄉里，這使我們都可以貢獻社會；我們家中經濟小康，有餘力照顧年邁母親，夫妻身體健康，經常固定運動，此時此刻的我，正在享有多元目標下的美滿人生。

引申言之，你一生中通常有數個目標需追求，才能達成美滿境界。例如，佳欣在工作上名利雙收，然因身體不佳罹疾而英年早逝，豈不扼腕。或心怡雖富可敵國，但夫妻感情不睦，子女忤逆不孝，豈不哀痛莫名。又新炳雖婚姻美滿、身體健康，但經年失業在家，有志難伸，亦是空留遺恨。因爲人若賺得全世界，賠上自己的生命，有什麼益處呢？人還能拿什麼換生命呢【10-20】？

　　理由是當你想要施展理想與抱負時，通常會牽涉多種不同層面，必須在各層面中實現個人目標，如同經濟體系中包括四個市場，即財貨市場、貨幣市場、勞動市場、外匯市場，經濟學者需追求此四個市場均衡的發展。

　　因為上述市場間屬連動影響，相互波及，而且其中一個市場的興衰榮枯發展，皆會影響牽動其他市場的發展。

　　例如，筆者自東吳碩士班畢業後，先當兩年兵，然後在中華經濟研究院工作三年，隨後考上交通大學博士班。在博士班第一年時，已經30歲，故決定先結婚成家。因為我認為攻讀博士學位需讀幾年沒有人知道，況且人生不是只有工作（讀書）而已，另有家庭（感情）方面需要平衡發展。猶記得我在結婚時，我們家中所有的家具都是二手家具，因為我那時還只是個窮學生，沒有錢，所以一切只能因陋就簡。然而，我的心中卻因為人生能平衡發展而心滿意足。

二、多元目標與生產函數

　　相較於經濟體系中的四個市場，人生中也有四個市場需要兼顧，即需在健康市場、家庭市場、工作市場、社會市場中取得平衡發展，這就是「美滿經濟學」的內涵。追求幸福、快樂與美滿的人生，取決於如何在上述四個市場中平衡發展【10-21】，如圖10-8所示。

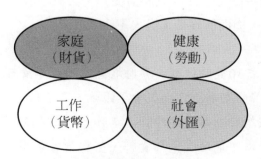

圖10-8　美滿人生的四個市場

註：需求函數 $D = f(P_e, P_f, Y)$；生產函數 $Q = f(K, L, T)$；愛情生產函數 $L = f(K, L, T)$。

引申言之，在各個市場中，如健康（生理）市場、家庭（愛情）市場、工作（事業）市場、社會（服務）市場，有其個別的生產作業活動，即形成經濟學中所謂的生產函數（production function）。

亦即在健康（生理）方面，有健康生產函數$Q_{heal} = f_{heal}$（L,K,T）；

在家庭（愛情）方面，有愛情生產函數 $Q_{love} = f_{love}$（L,K,T）；

在工作（事業）方面，有工作生產函數$Q_{work} = f_{work}$（L,K,T）；

在社會（服務）方面，有社會生產函數$Q_{soci} = f_{soci}$（L,K,T）。

其中，Q代表產出數量，L、K、T分別代表勞動、資本、時間的投入。

此時，若你想要獲得某種結果，需要投入勞動、資本、和時間支出，這是生產函數中的基本法則。此時又有四個目標，使之成為數個目標的多目標規劃決策問題。例如，若是你想要擁有愛情，則需投入勞力、資金與時間，透過愛情生產函數（love production function）的運作，盡心盡力陪伴對方，運用金錢請客、花費時間約會。

若是有人在結婚多年後婚姻觸礁，這個情形多半是由於未能接續婚前熱戀，多花時間約會，這時若能運用愛情生產函數原理，用力生產愛情，相信必能重現舊日的甜美戀情。

準此，達成目標之道無他，唯其用心而已矣。在上帝所賜能力和資源下，要怎麼收穫先怎麼栽，若能投入足額的付出與努力，立志作安靜人，辦自己的事，親手做工，從而流淚播種的，必歡呼收割【10-22】，自然會有對等的產出，從而能獲得美滿人生。

例如，筆者在30歲時結婚，那時我是交通大學管理博士班一年級學生，並獲中經院留職留薪。不久後妻子懷孕，妻子為避免工作和家庭蠟燭兩頭燒，毅然決然辭去她所愛的社工工作，一則在家照顧幼子，二則協助我攻讀博士學位（幫助我蒐集資料、整理讀書報告、課堂報告前討論等），三則有時間料理家務、陪伴家人，真是一兼二顧，兩人同心運用生產函數，生產家庭和生產工作，發揮事半功倍的成效。雖然那時家中經濟

情況困窘，但只要縮衣節食，還可勉強度日，然妻子不以為苦。更奇妙的是，結婚三年內兩個小孩相繼出生，竟然也還有奶粉錢，雖然有時必須少喝點，而我在五年後獲得博士學位時，已經是兩個孩子的爹了，這實在是上帝的恩典。但我也要在這裡說，我這張博士文憑，有一半是愛妻當年的心血，這是我們同心打拚的美好果實，現在回想起來，實在是甜蜜無比。

簡單說，相較於學校其他同年齡教授的孩子都還在讀高中或國中，而我的兩個孩子卻都已經大學畢業，這必須要感謝上帝所賜的賢慧妻子，妻子的睿智和幫助，願意以先生小孩為優先，以及勇敢辭職的決定。

三、熱烈採取行動

最後，熱烈採取行動，直到看見美滿的天邊彩虹出現。

1. 不只心動也要採取行動

(1) 只有實際做到，才算是獲得價值

從頭腦「知道」到行動「做到」之間，基本上是一段十分遙遠的路程。然而，若能發現「知道」和「做到」是兩個迥然不同的事情，則是使你能夠開始行動的第一步。因為你不可能靠著空想與幻想而渡過河川。同樣的，「理論」和「實務」也是差異甚大的兩件事情，其間仍有一段大鴻溝待你去跨越。事實上，天底下有很多事情，都是在實際嘗試過後才會開始了解與體會。

(2) 事實上，當你想要去做的剎那，就是行動的良機

試問，何時才是實際行動的最佳時機，答案就是你想去要做的片刻。因為，在這個時間點，通常心底也會同時浮現許多你不想去做它的種種理由。而若這件事情並非是你設定的目標，即不是你真正想要去做的，這時，不想去做的理由就會戰勝想要做的理由，而你也就不會真正去完成它了。準此，你必須將你真正想要去做的事情，切實設定成你的目標，讓此兩者合而為一，如此一來，心中那些不想去做的理由便會不攻自破了。

2. 從不可能到我可能

(1)養成言出必行的新習慣

當你想要去做時，若是能夠把它說出來，這樣必能強化你實際做事的動機。當你一旦把話說出口，就要立刻去執行它，而你可以先練習日常生活周遭的小事，做爲起始點。例如，說完我會打電話給你，就要撥冗打電話聯絡對方；邀請朋友泡湯喝茶後，就要去悠閒泡湯和喝茶聊天。試著讓這樣的良性循環成爲你的日常習慣，這樣就可以塑造你成爲一位言出必行的人。

(2)人生沒有什麼不可能的事情

人生沒有什麼不可能的事情，事實上，從不可能到「我可能」（from impossible to I'm possible），只是一念之間的事情。對於別人的請託，基本上，除非違背法律和倫理，否則你應該先和對方說：「好的」，如此才會鋪陳出雙方合作的機會，你的人生才能有機會做無限制的延伸。你就是自己人生的當事人，你必能爲自己擔負起責任，你擁有絕對的信心，因爲在上帝的光照中，人生沒有什麼不可能的事情，也就是上帝能照著運行在我們心中的大力，充充足足地成就一切，超過我們所求所想的。而你們不可以丟棄勇敢的心，存這樣的心必得大賞賜【10-23】。上帝必定能照著運行在你心中的大力，充充足足的成就一切，超過你所求所想的。

例如，筆者在一路由到銘傳大學任教、升等正教授、轉換到國立東華大學任教、轉換到國立臺北大學任教的歷程。我除了努力從事學術研究，發表學術論文外，更和妻子經常到臺大校園散步，並向上帝迫切祈禱，搖動上帝施恩的手。眞的，我們人在盡完人事之後，便需要將結果交予上帝，並懇求上帝施恩，結果上帝大大賜福給我，使我如今可以在國立臺北大學任教，並且家庭美滿幸福，兒子成家立業，這眞是上帝的奇妙作爲。

【習作練習】

(a) 請提出你認爲人生美滿的三個指標或目標，爲什麼是這個目標？

(b) 請針對上述的某一個指標或目標，練習說出你對它的具體目標，

以及你如何達成它的具體計畫？

【古今中外】全心投入的賈伯斯

　　史蒂夫，賈伯斯（Steve Jobs）在二十歲時和沃茲尼亞克共同創立蘋果（Apple）電腦，30歲時，蘋果電腦員工人數已超過四千人，並推出麥金塔電腦新產品。這時賈伯斯卻在蘋果的權力鬥爭中中箭落馬，被迫辭職，失去所有。

　　但是，賈伯斯卻能夠將心歸零，不被打倒，他把成功的負擔轉換成重新開始的輕鬆，心情獲得解放，使得未來充滿無限的可能。

　　賈伯斯離開蘋果後，沒有自怨自艾，反而自立門戶，創立一家瞄準專業市場的內思特（NeXT）電腦和皮克斯（Pixar）企業，並製作出老少咸宜的「玩具總動員」電腦動畫電影。

　　後來，蘋果電腦購併NeXT電腦，賈伯斯重新回到蘋果電腦，他利用自己獨到的設計理念，全心投入工作，接連推出熱銷全世界的電腦產品，這使得在當時逐漸失去市場競爭力的蘋果，重新站穩電腦界的第一寶座。賈伯斯後來升任蘋果公司首席執行長，繼續帶領蘋果公司改寫電腦界的歷史。

　　從賈伯斯執行長的例子可以看出，一位經理人要能在業界屹立不搖並非容易。能夠全心投入不斷在產品的創新上有所成就，才能保持市場領先的地位，其中經理人全心投入心態和重新歸零的氣度乃是關鍵成功因素。

【本章注釋】

10-1　用心體會美滿人生基本要素，參考修正自Urban, H. (1995), 20 Things I Want My Kids to Know, Woodside, CA: The Free Press.或曹明星譯（民99），《黃金階梯：人生最重要的二十件事》（伍爾本著）（三版），臺北市：宇宙光出版。以及鄭玉英、范瑞薇譯（民98），《辛克深度靈修之路》，（約格‧辛克著），臺北市：南與北文化。

10-2 馬斯洛（Maslow）需求層級理論（demand hierarchy theory）的內涵，出自馬斯洛（Maslow, 1977）。請參見Maslow, A.H. (1977), Motivation and Personality, 3rd. ed., New Jersey: Pearson Education, Inc.

10-3 奧迪福（Clayton Alderfer）的ERG理論的內涵，出自奧迪福（Alderfer, 1972）。請參見Alderfer, C. （1972）, Existence, Relatedness and Growth, NY: The Free Press.

10-4 「倉廩實後知禮節，衣食足後知榮辱」語出《管子‧牧民篇》，意指唯有百姓的糧食先得充足，豐衣足食後，才能夠顧及禮儀，重視到榮譽和羞辱。

10-5 「人若賺得全世界，賠上自己的生命，這有什麼益處呢，人還能拿什麼來換生命呢」，此諺語出自《聖經‧新約馬太福音》16章26節。

10-6 有關內在驅力的論述，請參見Richmond（1990），掌握你的事業生涯，紐約：立奇蒙管理顧問公司。

10-7 商業模式（business model）此名詞出現於2050年左右，商業模式即某人或某企業透過何種途徑或方式獲利。其內容包括大量的商業元素和各項元素間的關聯性，且能夠藉此說明述某人或某企業的營運模式。

10-8 「無論做什麼，都要從心裡做，像是給上帝做的，不是給人做的」，原文出自《聖經‧歌羅西書》3章23節。

10-9 「智慧為首；所以，要得智慧。在你一切所得之內必得聰明」，原文出自《所羅門王箴言》4章7節。

10-10 熱烈的採取美滿行動的相關內容，請參閱林素聿、程珮然譯（民94），《活出美好》，（約爾‧歐斯汀著），臺北市：保羅文化出版。以及謝明憲譯（民102），《創造生命的奇蹟》（露易絲‧賀著），臺北市：方智出版。和詹麗茹譯（民84），《成熟亮麗的人生》（桃絲‧卡內基著），臺北市：龍齡出版。

10-11 「沒有異象，民就放肆」，原文出自《所羅門王箴言》29章18節。

10-12 兩因素理論（Two Factor Theory），一名激勵保健理論（Motivator-Hygiene Theory），為赫茲伯格（Frederick Herzberg）所提出，原文出自赫茲伯格、莫斯納、斯奈德曼合著（1959）《工作的激勵因素》一書。

10-13 目標是一個有特定底線的夢想，原文出自Urban, H. (1995), 20 Things I Want My Kids to Know, CA: The Free Press曹明星譯，《黃金階梯》（伍爾本著），臺北市：宇宙光出版。

10-14 「沒有異象，民就放肆」，原文出自《所羅門王箴言》29章18節。

10-15 目標管理（Management by Objective, MBO）出自洛克與拉漢。詳細內容請參閱Locke, E.A. and Latham, G.P. (1990), *A Theory of Goal Setting and Task Performance*, Upper Saddle River, NJ: Prentice Hall。另目標管理需輔以標竿學

習（benchmarking），請參閱Jossi, F. (2002), Take a peek inside, *Human Resource Magazine*, June, 46-52.

10-16 目標規劃法（goal programming）係由美國學者查爾斯（Charnes）和庫柏（Cooper）在1961年提出。係為著同時實現一個或數個目標，從而為各個目標配置一個偏離各目標大小程度的權重值，並藉由平衡各個目標值的實現程度，使得各個目標函數的偏差和達到最小化的線性規劃模式。

10-17 目標達成理論（goal-attainment theory）係由美國馬利蘭大學管理學與心理學教授愛德溫‧洛克（Edwin A. Locke）和休斯於1967年所提出目標設定理論（goal setting theory），一名目標達成理論（goal-attainment theory），認定目標本身具有激勵效用，目標可將個人的需要轉換成動機，使個人行為朝向目標方向來努力，進而能夠達成目標。詳細內容請參閱Locke, E.A. and Latham, G.P. (1990), Work motivation and satisfaction: Light at the end of the tunnel, Psychology Science, 1(2), 240-246. 以及Locke, E.A., Chah, D.O., Harrison, D.S. and Lustgarten, N. (1989), Seperating the effects of goal specificity from goal level, Organizational Behavior and Human Decision Processes, 43(2), 270-287.

10-18 吸引力法則（Law of Attraction）係由阿特金森（Atkinson）於1906年在《思維波動或思維世界的吸引力法則》一書中所提出。指類似思想的人會相互吸引，同時又尋找吸引其他人的過程，是為一種互相吸引的歷程，不僅是某個思想對另個思想的單向影響而已。

10-19 在訂定美滿人生的目標時，需深思熟慮後決定，避免衝動和盲從。可參考以下書籍。廖月娟譯（民101），《你要如何衡量你的人生》（克里斯汀生‧歐沃斯‧狄倫著），臺北市：天下文化出版。以及洪蘭譯（民102），《邁向圓滿：掌握幸福的科學方法與練習計畫》（馬汀‧賽利格曼著），臺北市：遠流出版。

10-20 「人若賺得全世界，賠上自己的生命，有什麼益處呢？人還能拿什麼換生命呢？」原文出自《聖經‧馬太福音》16章26節。

10-21 愛情市場、健康市場、事業市場與社會市場，以及連帶的愛情生產函數的相關論述，請參閱陳澤義（民100），《美好人生是管理出來的》，臺北市：聯經出版，第一篇第三章的說明。

10-22 「又要立志作安靜人，辦自己的事，親手做工，正如我們從前所吩咐你們的」，原文出自《聖經‧帖薩羅尼迦書》4章11節。又「流淚撒種的，必歡呼收割」，原文出自《聖經‧詩篇》126章5節。

10-23 「上帝能照著運行在我們心裡的大力充充足足地成就一切，超過我們所求所想的」，原文出自《聖經‧以弗所書》3章20節。又「你們不可丟棄勇敢的心，存這樣勇敢的心必得大賞賜」，原文出自《聖經‧希伯來書》10章35節。

第十一章　美滿生涯規劃

　　臺灣的青年人普遍具有至少大學的高學歷和高知識水平，使得青年人的自主性高於過去，也因此人生的生涯規劃，便成為個人工作績效和家庭生活品質能否有效發揮的重要關鍵因素。而在全世界後現代主義浪潮中，到處可見自我意識高漲、反制權柄規條，以及抗拒各種標準和典範，形成高舉自由、鄙視法規的情勢，這更加深了工作的生涯規劃的必要性。在如此嚴峻時空背景下，我們需要找尋一個理性思維架構，充做美滿人生生涯規劃的指引，使我們得以目光清晰，引領我們進到永恆光中，持續追尋幸福、快樂、希望的個人生涯，此即為本章的中心旨趣。

　　人生生涯（life career）是一個人工作的願景及一生中所有的生活閱歷，它涵括個人一生中所有工作和家庭生活的歷練角色。若依據生涯的含義，生涯發展（career development）則是一個人在其生活各期中建立工作能力的預備過程。從而生涯發展是一段連續的期間，旨在發展個人對自我及生涯之認同感，深化其生涯成熟進程，期能導引出個人工作價值和生涯樣態、身分角色以及職業挑選等。

準此，生涯規劃即包括時間軸與空間軸兩個層面，茲說明如下：

1. 空間軸：即是生涯需要與生涯發展對策的認定，而分別從生涯目標、生涯任務和生涯挑戰的角度切入。在此時有所謂的專精型生涯發展與普及型生涯發展兩種做法。前者是追求專業發展，在專業階梯中拾級而上，取得相關專業執照為其目標；後者則是力求跨領域學習，力求通曉至少兩種以上的專業知識，而成為全方位的經理人才。11.1節生涯需求你我他，即針對此來說明。

2. 時間軸：即是生涯階段的鋪陳，而有探索期、建立期、維持期和撤退期的生涯認定，在此時有所謂的直線性生涯發展與非直線性生涯發展兩種做法。前者是穩定的在某一項行業中循序漸進的發展職涯，其特性是較為穩健與可預期性；後者則是跳躍式的在多種不同行業職涯中探索與嘗試，其特性則是高風險導向而變化多端。此即11.2節生涯情境解密，與11.3節生涯規劃道路圖的內容。

11.1 生涯需求你我他

在生命的各個階段，都需要進行美滿人生的生涯規劃，來確保美滿生活的落實。因為殷勤籌劃的，足致豐裕；行事急躁的，都必缺乏【11-1】。這其中便牽涉到管理不同生涯時期的生涯需求你我他，說明如下：

一、生涯需求管理

1. 生涯與生涯發展

在管理生涯需求上，生涯（career）二字是個人工作的前景及人生中所有的經歷，它包含著個人一生當中的各種職業和生活的角色扮演。

至於生涯發展（career development）可說是個人和其生活階段中孕育工作能力的各種準備過程。因此，生涯發展即是一個連續不斷的發展進程，目的在於發展個人對自己和生涯的認同，增進個人生涯的成熟度，並引導出個人的生命價值和生涯型態、角色整合，以及職業選擇等不同樣態。

2. 生涯目標、任務與挑戰

　　生涯需求（career need）是一種個人對其生涯規劃上的需求，特別是指隨著各個生涯發展階段下的個人化需求【11-2】。準此，生涯需求遂可進一步具體化成為生涯目標。個人的生涯需求更會隨著不同的生涯階段（career period）而不同，理由是每個人在不同階段俱存在不同的生涯關心、工作發展、個人挑戰與心理需要。

　　生涯需求可細分為生涯目標、生涯任務、生涯挑戰三個層面，如圖11-1所示，說明如下：

圖11-1　生涯需求三大內涵

(1) 生涯目標（career goal）：生涯目標指個人在工作生涯中，想要達成的工作境界和地標，其中個人係根據個人對自我形象的認知，包括其個性、能力、興趣的了解，來設定其各個階段的生涯目標。

(2) 生涯任務（career task）：生涯任務指基於生涯目標的指導推動下，使個人產生達成目標的動力，以及延展出所要執行的主要工作項目，是為生涯任務。

(3) 生涯挑戰（career challenge）：生涯挑戰指個人在完成生涯任務的過程中，根據個人的能力、興趣以及環境機會，來規劃出可資完成、實現或有待突破的標的項目，即需要用力跨越的項目，是為生涯挑戰。

二、不同階段的生涯目標

論及生涯需求管理，需先討論生涯時期，此一般以Super和Cron 所建議的生涯探索階段（exploration stage）、建立階段（establishment stage）、維持階段（maintenance stage）、撤離階段（disengagement stage），即四種生涯階段為最常見【11-3】。如圖11-2所示，其代表一個人的生涯發展的成熟程度。此如同一個人的工作生涯會經歷過春季、夏季、秋季、冬季的四個季節，可分別代表工作上的春耕、夏耘、秋收、冬藏的四個狀態。至於生涯階段在實際運作層面，則以年齡為一常見的劃分方式，即劃分成探索階段（30歲以前）、建立階段（31-45歲）、維持階段（46-60歲）、撤離階段（61歲以後）的四個階段，這種劃分方式十分切合現階段我國學生18歲高中畢業，22歲大學畢業開始工作，至65歲退休的工作實況。也就是離開學校後工作到30歲成家立業以前，是為探索階段；61歲之後面臨即將退休，乃至於退休後的生活，即為撤離階段；至於31-60歲為工作的黃金時期，將之二分為31-45歲的建立階段，以及46-60歲的維持階段，如此便構成一生的四個生涯發展階段。以下分別說明：

圖11-2　四種不同的生涯階段

1. 探索階段

首先，在探索階段（exploration stage），年齡約在21至30歲。這時個人的生涯關心是探索這個社會。在身體健康上正值年輕力壯，恣意揮灑青春。在感情上開始戀愛，嘗試尋找感情的託付，家庭生活處在戀愛或新婚期中。在工作上則是尋找適當的工作職位，並且透過性向評估，來探索自

我的能力與興趣及工作與個人能力、性向的適合度，並且和同事與上司相處融洽。總之，生涯探索階段是探索各種工作的可能性，為個人熟習工作內容，預備升遷的時期。

(1) 生涯目標：這時的生涯目標是認識自我能力、確認興趣、了解企業對個人的工作要求和期許，同時獲得同事們接納和上司的支持。也就是關心尋找合適的工作職缺，並且透過性向測驗，來了解自我能力並確定興趣；同時，當事人也期望能夠有適當機會投身有興趣的領域，同時能夠和同事們或上司和諧相處，為日後的升遷鋪路。

(2) 生涯任務：這時的生涯任務包括學習專業工作技能，和成為對企業具有貢獻的員工兩大部分。也就是需要精進工作相關技能，持續充實專業學識，期使工作表現更佳，獲得升遷機會；再者，將企業目標和個人期望妥善配合，來確保能夠勝任工作，並透過工作表現能夠對企業產生實質貢獻。

(3) 生涯挑戰：這時的生涯挑戰即包括：建立專業自我認知、將專業能力運用在工作的管道、獲得具挑戰內容的專案工作，並藉由專案工作獲得升遷。也就是建立起專業員工的自我概念，從而我們會參照企業中其他員工的行為、能力角色和承擔責任為基準，做為日後需要突破和實現的生涯挑戰內容。此外，在將專業技能運用在工作時，則要求自我的專業技能，能夠得到上司和同事們的認可。

(4) 生涯發展對策：這時合適的生涯發展對策，需要根據探索階段的生涯需要來訂定，來協助當事人探索自我的興趣和能力，以搭配合適的工作內容，透過工作見習或適度教育訓練，提供自我改善工作成效的指示，進而積極預備升遷等。圖11-3列示探索階段的生涯需要和生涯發展對策。

2. 建立階段

第二，在建立階段（establishment stage），年齡區間約在31至45歲。這時個人在身體健康上業已邁向盛年，體力正維持在高檔。在感情上踏入婚姻階段，並且生育扶養子女，家庭生活正值與子女同住的滿巢期。在工作上個人希望擁有工作中成功的實際經驗，並獲得同儕的尊敬與敬重，因

項目	探索期生涯需要	探索期生涯發展對策
生涯目標	(1) 了解自己的能力並確定興趣。 (2) 了解公司對工作要求和個人期望。 (3) 上司認可，同事接受和預備升遷。	(1) 尋求自我評估，了解自己在工作上的興趣。 (2) 取得特定職位的工作說明書。 (3) 和主管討論工作的內涵並獲得支持。
生涯任務	(1) 學習專業工作技能。 (2) 成為對公司有貢獻的重要成員。	(1) 參加工作相關的在職專業教育訓練。 (2) 申請是否有機會從事工作見習。
生涯挑戰	(1) 建立內在專業的自我認知。 (2) 思考怎樣把專業技能運用到公司中。 (3) 獲得具挑戰內容的工作專案。	(1) 參加具備開發潛能的訓練課程。 (2) 諮詢改善自我工作成效的指導。 (3) 了解特定專案工作的內容和所需資格。

資料來源：Chen, Chang, & Yeh。

圖11-3　探索階段的生涯需要和生涯發展對策

此，個人自然會致力於提升其專業能力，積極展現對於特定工作領域中，完成專業標的的設定。準此，生涯建立階段的重心是建立工作的根基，成為部門主管或專家。

(1) 生涯目標：這時的生涯目標是在某一職業領域中建立專業地位，成為部門主管或專家，建立獨特競爭優勢和專業效能，並贏得同事的尊敬。也就是期望獲得成功的工作經驗，並且得到同事們的敬重，因此當事人會盡力提升自我專業技能，積極達成專業領域標竿，展現旺盛的企圖心。

(2) 生涯任務：這時的生涯任務是使專業技能更臻熟練、獲得升遷、取得工作自主權，並且發展個人創新和能力突破。也就是發展專業技能，追求工作上的創新並突破現有框架，提升工作績效，促使有機會擔負責任，得到主管青睞而升遷，進而能夠享有更多工作自主權。

(3) 生涯挑戰：這時的生涯挑戰是追求工作卓越，完成工作升遷，並且能夠維持工作和家庭的平衡。生涯挑戰是使工作效能成為升遷的相關條件，而當自己花費更長的時間在工作上時，更需要平衡工作和家庭，

妥善處理中間的矛盾衝突。

(4) 生涯發展對策：這時的重點是獲得專案指派機會，乃至於外派他地，得以獲得升遷，甚至取得專業認證或學位，經由工作輪調或是工作豐富化，尋求工作和家庭生活調適上的輔導。圖11-4列示建立階段的生涯需要和生涯發展對策內涵。

項目	建立期生涯需要	建立期生涯發展對策
生涯目標	(1) 建立專業地位並獲得升遷。 (2) 建立獨特競爭優勢，在同儕中出類拔萃，力求獲得同事敬重。	(1) 獲得專案指派機會，並獲得升遷。 (2) 積極參加研討會，提報成果專案。 (3) 獲得學術機構進修補助，取得專業認證。
生涯任務	(1) 追求專業技能熟稔。 (2) 取得工作自主授權。 (3) 發展獨特創意和創新行動。	(1) 獲得赴外訓練機會。 (2) 取得工作輪調機會。 (3) 豐富工作內容。
生涯挑戰	(1) 工作成果優良，達成升遷。 (2) 平衡工作和家庭。	(1) 透過有效績效評估，掌握升遷或調任的機會。 (2) 獲得工作和家庭生活協調的幫助和輔導。

資料來源：Chen, Chang, & Yeh。

圖11-4　建立階段的生涯需要和生涯發展對策

3. 維持階段

第三，在維持階段（maintenance stage），年齡約在46至60歲。這時個人在身體健康上業已邁入中年，體力開始走下坡，必須開始減少事務性勞作。在感情上子女逐漸長大，並且陸續離家求學或工作，家庭生活邁入空巢期。在工作上這時的生涯目標是維持住既有的工作成就，並且重新評估生涯的發展方向，理由是個人在這個階段，在該特定工作領域中，已經是獲得相當高的職位位階，故他會期望能夠穩住這個頭銜，並且評估下一步的生涯機會。準此，生涯維持階段是維持工作的基業，穩住專業人士或

主管的地位。

(1) 生涯目標：這時的生涯目標是維持住既有地位和成就，提拔後進者建立團隊人脈，重新評估生涯機會走向，尋求事業的第二春。也就是維持住既有成就，並且重新評量生涯方向，因為在此一時期，當事人已經在特定工作領域中取得高位階，故會期望穩住該項頭銜，且考量下一個階段的生涯機會，這時多半會拉拔後進者，來建立自己的團隊人脈。

(2) 生涯任務：這時的生涯任務是維持住卓越的工作成效，開展工作眼界，及伸展事業觸角疆界等三個方面。也就是發展更加開闊的工作視野，維持住一定的績效水平，這時會藉由跨領域和跨功能的連繫，擴展工作領域；同時增加工作挑戰度，甚至是會向外伸展工作觸角，擴張個人事業版圖疆界，另啟事業顛峰。

(3) 生涯挑戰：這時的生涯挑戰是維持適度的競爭能力，在特定領域中尋求合宜的切入機會，並且適時創新、有效的抗拒新競爭者。也就是基於這時已經有一定程度的地位聲望，首要工作是維持住競爭力，故會整合過去相關的專業領域成果，且追求卓越，來獲得公司所提供長期的工作和福利保證，此時會藉由圍堵對策，來抗拒新進人士的挑戰。

(4) 生涯發展對策：這時重點是鼓勵自己再學習第二專長，並藉由雙生涯對策，督促自己成為專業顧問，及針對自己需要，尋求工作和人際困境的輔導諮商。圖11-5列示維持階段的生涯需要和生涯發展對策。

4. 撤離階段

第四，在撤離階段（disengagement stage），年齡約在61至70歲。這時，在身體健康上逐漸邁向老年，體力已經不復當年，必須減少體力勞動。在感情上子女陸續成家立業，配偶退休或亡故，家庭生活邁入鰥寡期。在工作上則是將屆齡退休，因此會將部分時間與精力轉移到其他工作外的角色和活動，一則圓滿完成個人生命歷程，二則預備退休後的生活安排。同時，個人也會逐步轉型成為諮詢顧問的角色，透過傳承和指導，逐漸淡出並交棒後進。準此，生涯撤離階段是預備淡出與交棒，穩住退休金和工作相關福利。

項目	維持期生涯需要	維持期生涯發展對策
生涯目標	(1) 維持並穩住既有成就地位。 (2) 提攜後進核心團隊。 (3) 重估生涯走向，尋求事業第二春。	(1) 發現未來在公司中的可能發展前景。 (2) 訓練自己成爲專業顧問或課程的講師。 (3) 尋求雙生涯對策，充當前程伸展之抉擇。
生涯任務	(1) 維持高水準工作效能。 (2) 開展工作眼界。 (3) 伸展事業觸角疆界。	(1) 藉由客觀的主管績效評估指標來成長。 (2) 積極學習第二專長。 (3) 尋求個人發展計畫，有機會擔任更高職位。
生涯挑戰	(1) 維持工作的動機和競爭能力。 (2) 在特定領域中尋求適當切入點，並且適時創新。 (3) 擺脫競爭者的威脅。	(1) 尋求提供獎酬和有效激勵制度。 (2) 尋求外在的進修經費補助。 (3) 尋求特殊需要、工作人際困境的輔導。

資料來源：Chen, Chang, & Yeh。

圖11-5　維持階段的生涯需要和生涯發展對策

(1) 生涯目標：這時的生涯目標是，達成當事人生涯發展內涵、預備交棒、成爲特定領域權威人物、經驗傳承指導、取得工作薪資和退休金的保障等。也就是因爲即將退休交棒，因此會將若干時間和精力移轉到其他的角色活動中，其一爲圓滿達成工作歷程，預備安排退休後生活；其二爲轉型成諮詢顧問，藉由指導傳承，逐漸交棒和淡出。

(2) 生涯任務：這時的生涯任務是維持可接受的工作績效，並且探索工作外的人生道路，因爲這時當事人業已面臨權力和責任上的縮減。

(3) 生涯挑戰：這時的生涯挑戰是，接受生涯成就、調整自我定位和形象、調整工作重心和安排家居休閒生活等數方面。也就是力求維持自我肯定和生命價值。除回顧過去的生涯內容和成就外，也需要發展全新的自我角色和生活形態，且可能需要轉移重心到家庭和休閒上。

(4) 生涯發展對策：這時重點是積極養成接班人選、取得榮譽顧問、積極參加社團、尋求退休規劃的諮商、尋求生涯抉擇和角色轉變上的輔

導。圖11-6列示撤離階段的生涯需要和生涯發展對策。

項目	撤離期生涯需要	撤離期生涯發展對策
生涯目標	(1) 完成工作生涯發展，準備交棒。 (2) 成為權威人士，經驗傳承並指導。 (3) 保障工作薪資和退休。	(1) 尋求培養接班人的繼任計畫。 (2) 取得公司的榮譽顧問。 (3) 尋求退休諮商和離職輔導。
生涯任務	(1) 維持可被接受的工作績效。 (2) 探索工作外的人生哲理。	(1) 尋求改進並維持工作能力的評估方式。 (2) 訂定基本工作標準和規範。 (3) 積極參加社團或其他學習。
生涯挑戰	(1) 接受自我生涯成就。 (2) 積極調整自我形象。 (3) 調整工作時間並安排休閒生活。	(1) 尋求生涯抉擇和角色轉換的諮商。 (2) 尋求退休後生活規劃的輔導。

資料來源：Chen, Chang, & Yeh。

圖11-6　撤離階段的生涯需要和生涯發展對策

　　最後，當事人如何因應不同生涯發展期的生涯需要，包括生涯目標、生涯任務，與生涯挑戰諸層面，分別擬定適當的生涯發展對策，以降低當事人的生涯落差（career gap），進而全面提升當事人的工作滿意度，減少其離職意願，妥善進行生涯發展管理，則是另一項必須關注的課題。Baruch和Peiperl更指出，當事人在尋找生涯發展對策時，除了力求達成理想之外，亦需考慮現實上的可行性，也就是當事人除了在工作企業內尋找外，亦可能需要借助外在的生涯發展資源。也就是需要在企業現有財力和外界社會資源間，尋求一個平衡點，如此方能成就可長可久的雙贏結局。

【習作練習】

　　現在就請為自己的美滿人生，制訂出一份不同生涯階段下的生涯目標、生涯任務與生涯挑戰。

11.2 生涯情境解密

　　茲根據美國史丹佛大學（Stanford university）發展出來的情境分析（scenario analysis）模式，揭櫫一個基本思維架構如下，我們的未來人生發展，基本上是由現在時空中的諸多事件，向後延伸的組合結果。從而我們可藉由「情境分析」的理性思維模式，將我們的「未來」進行架構化處理，並以有系統的故事描繪形式展現，來進行生涯情境解密。

　　在此提示一個簡易可行的架構如下，基本上，你的未來發展，可以說是由當前時空中的許多事件，向日後跳躍或延伸的組合成果。於是，你遂可以透過科技發展預測中常用的「情境分析（scenario analysis）」理性思維技術，將你的「未來」予以架構化，以系統化的故事描繪形式來呈現【11-4】。也就是將事件的未來發生進程，經由故事腳本中的情節發展方式，有條理的解說成可供理性依尋的情境劇本，作為你行事的參考。

　　這時是以故事性、邏輯性方式，將未來可能的發展狀況，勾勒成可供依尋的情境劇本。在此一情況下，你便能運用戲劇情節的演變，鋪陳未來可能發生的事件，以及其中的前因與後果基礎架構，藉以探索未來可能演變出現的各種結局。

　　具體來說，史丹佛研究院（Stanford Research Institute, SRI）的情境分析架構，即包括六個子步驟，它們分別是界定決策焦點、認定關鍵決策因素、認定不確定軸面、界定情境邏輯、完成情境內容、分析管理決策涵義，如圖11-7所示，說明如下：

一、界定決策焦點

　　首先，需認定所要決定的中心命題，即認定你所欲探討的主題。 例如，對一個初入社會的年輕人而言，「你個人在未來五年後會變成為什麼樣的一個人？」可以用來進行五年期的情境分析。

　　如此便可以釐清個人的決策問題核心，以及你進行行動思考時的核心方向，從而可以進行後續的行動步驟。

　　要妥善回答這樣的問題，你仍需要先行回答以下幾個題目：

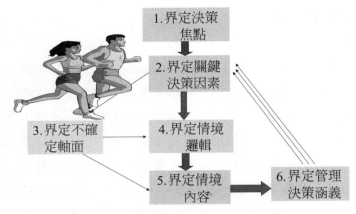

圖11-7　美滿生活情境分析的六大步驟

1. 何事

　　指等待你完成的目標項目，此時即確認「你的夢想是什麼？」即提出具體的目標方向，在此例便是聚焦在工作與家庭層面。

2. 何時

　　指等待你完成的時間點，通常這個時間不宜過短，通常需要設定至少三年，在此例則設定為未來五年。

3. 何人

　　指當事人你自己，這時需要更進一步的確認「你是誰？」即你有哪些長處和短處？以及「你的核心能力是什麼？」即指明「你最擅長做的事情是什麼？」

4. 如何

　　指等待你完成該目標的方式途徑，這時需要回答「你想要做哪些事情？」以及「你現在準備要怎麼開始做？」

二、界定關鍵決策因素

　　即界定所有會影響做成上述決策的各項關鍵因素。也就是在你的生涯管理上，若要使你日後的人生旅程，能夠發展出一個你所想要的美好結果時，必須一定要有的外在決定因素內涵。這時需羅列出所有和該項決策

問題有關的諸項因素，再行去蕪存菁，以獲得關鍵決策因素（key decision factor, KDF）。就你的人生目標而言，若想要好好達成你的人生目標時，你必須要有的決定性作爲。

　　這時可進一步列出所有會影響達成人生目標，或是無法達成人生目標時的關鍵性決定力量。也就是會直接影響你做出該項決策的外在環境因素驅動力量爲何。

　　基本上，你可參照李維特（Leviett）所提出的組織設計結構模式，從架構體系、工作項目、資訊內涵、激勵系統、外在環境等五個層面來說明【11-5】，如圖11-8所示。

圖11-8　關鍵決策因素的認定（Leavitt , Gailbraith）

1. 架構體系

　　指身分本質上的改變可能性。例如，取得學士、碩士、博士學位；到國外工作，甚至嫁娶外國人，取得外國籍身分；或是由單身到已婚，甚至生育子女，取得丈夫（或太太）或父親（或母親）身分；或是因爲重大傷殘疾病而取得身心殘障卡（或手冊）等。在此例中即是伴隨本身專業，考取專業執照，和交往的對象結婚等，以及努力攻讀碩士或博士等。

2. 工作項目

　　指從事工作的行業或部門。例如，企業人進入行銷部門工作、研究人在研究企劃部門工作；乃至於咖啡愛好者在飲品公司工作，喜愛各種衣服飾品者在服飾業工作等。在此例即爲在合乎個人能力性向的部門工作、在

合乎個人興趣的行業中工作。

3. 資訊內涵

　　特指工作的相關資訊，也就是在工作時所可能接觸到的資訊。例如，工作時敬業樂群與認眞負責的態度、工作時努力學習專業技能的程度、轉換工作的次數等。在此例中即爲敬業負責的工作態度。

4. 激勵系統

　　指外在加予你的助力因素。例如，家中提供學雜費與生活費，供應出國進修；在親友協助下，有機會至海外工作等；有認識的親友可以引導至產業界的實務工作。在此例即爲雙親資助龐大學費留洋攻讀碩士學位、在工作上獲得貴人相助等。

5. 外在環境

　　指該期間整體環境的重大變化。即如政治與經濟上的重大變革（如政變或經濟大蕭條）、發生自然的天災（如地震或水災）、發生重大的人禍（如戰爭、瘟疫或飢荒）等。例如，政府推動新南向政策，故可能和東南亞地區的人，有商務層面上的往來。因爲臺日關係友好交流密切，故有機會到日本工作。臺灣高度抗中導致戰鼓頻催，政經情勢動盪不安，故保有憂患意識伺機轉換跑道，到東南亞地區工作等。

三、認定不確定軸面

　　即在外在大環境下，認定出會影響前述關鍵決策因素的未來狀態，所隱含的各種背後力量。再將這些背後力量，彙總化約成二至四個不確定軸面（uncertainty axis）。事實上，不確定軸面即是情境構圖的基本元素，係指出所要探討的主題，其未來可能會如何運作的基準情況，故爲建構出故事情境內容的中心主軸，其會決定該情境故事的結局發展方向，故非常重要。

　　基本上，不確定軸面的認定，可以從架構體系、工作項目、資訊內涵、激勵系統、外在環境等五個層面中取得。一個常見的做法是從架構體系中萃取出一個軸面，從工作項目與資訊內涵當中萃取出一個軸面，從激勵系統與外在環境當中萃取出一個軸面，共可取得三個不確定軸面。這是

因爲架構體系至爲關鍵，具備80／20的槓桿性色彩，故單獨成立一個不確定軸面。工作項目與資訊內涵的內容較爲相關，故可以合併共同生成一個不確定軸面。至於第三個不確定軸面則可從其餘的激勵系統和外在環境中生成，來兼顧完整性。

承續上面的例子，此時的不確定軸面爲：適合個人人力與興趣的工作、認眞負責任的工作態度、感情婚姻發展的成熟度三者，從而成爲適當工作軸、人際關係軸、感情成熟軸三者。至於是否獲得父母雙親的財力資助，則可視爲輔助性的不確定軸面。因此，即成爲適當的工作軸、工作態度軸、感情成熟軸。

四、界定情境邏輯

這時你便可以沿著個別的不確定軸面，向兩端展開來形成光譜，並且分別沿著數個不確定軸面，來形成一系列的總體質量。因此你便可以界定情境邏輯。也就是透過在此總體質量中的特定地理位置，來賦予各自的個別特性，從而藉此構成情境內容發展的核心骨架。

這時其中的每一個情境都是可以被你填充作爲試驗的溫床，提供你評估未來可行的替代方案用途。這時你便可以挑選二至四個情境並加總之，就成爲涵括該項主題領域，未來發展的不確定包絡曲線。

承上例，你可以選擇工作適合度、人際關係情況、感情婚姻成熟度三方面爲不確定軸面，並且加上兩種高低評等。又基於每一個軸面都會出現兩個情境，故這三個軸面就會產生八個「$8 = 2^3$」的可能情境出現。這時，透過情境描繪從而可以將這八個情境，命題爲：明日之星、黃金單身漢、愛家邊緣人、工作狂、愛情友情全拿、社交派對王、愛情美滿，及一事無成。

再者，透過情境描繪同時剔除不合適情境以後，可以界定出三個情境，並且給予命名，分別是：1號情境的明日之星情境（工作適合度高、人際關係情況高、感情婚姻成熟度高）；3號情境的愛家邊緣人情境（工作適合度高、人際關係情況低、感情婚姻成熟度低）；6號情境的社交派對王情境（工作適合度低、人際關係情況高、感情婚姻成熟度低）。茲描

繪各情境的要點如下（如圖11-9）：

情境編號	適當工作軸	人際關係軸	感情婚姻軸	情境命題
1	O	O	O	明日之星
2	O	O	X	黃金單身漢
3	O	X	O	愛家邊緣人
4	O	X	X	工作狂
5	X	O	O	愛情友情全拿
6	X	O	X	社交派對王
7	X	X	O	愛情美滿
8	X	X	X	一事無成

圖11-9　界定情境邏輯

1. 明日之星（情境1）：情境為工作上能夠發揮個人能力，工作上努力上進；且能待人謙恭，人際關係優良，前途一片光明；同時感情對象戀情穩定，預備日內可結婚成家，繼而生子。

2. 愛家邊緣人（情境3）：情境為工作上合宜適切，學用得以配合；然而為人孤芳自賞、不愛與人聯繫；幸好有穩定感情，有配偶能夠相互扶持和體諒。

3. 社交派對王（情境6）：情境上由於工作和個人的能力和性向不能配合，工作轉換較於頻繁，故難以發揮個人所長；但由於善於經營人脈，人際關係處於高檔；但情感世界仍屬一片空白，是黃金單身貴族而等待有緣人。

五、完成情境內容

　　這時你便可以選定二至三個情境，描繪各情境的情節內涵，從而情境不再只是徒具空虛的系統骨架，而是涵括實際的有血有肉內容。同時再一次將步驟二和步驟三所取得的關鍵決策因素和不確定軸面，分別置入其中，同時搭配以文字描述，即能夠界定情境內容，這時即是用新聞記者報

導的方式展現，表示如下：

1. 綜合觀點（holistic view）：包括情境標題與整體的印象。字數不超過
   100字。

2. 主題敘述（theme statement）：即所謂的執行摘要，說明情境的主要邏
   輯，即說明不確定軸面的內涵。字數不超過300字。

3. 系統骨架（system framework）：即說明這一主題的未來發展會如何。
   即扼要說明每一個關鍵決策因素（KDF），在每一個情境內所扮演的
   特定角色。字數不超過300字。

4. 內容血肉（content flesh）：最後，可以補充說明重要的總體或個體驅
   力，或從現狀年和目的年的情況說明比較其結果，乃至詳細說明該現
   狀年到目的年之間的可能演變情勢，並討論其中可能的變化態勢，以
   及必要的地標（landmark）所在。字數同樣不超過300字，以上是取
   1000字的情境內容的字數來說明。

　　仍承前例，此時的「愛家邊緣人（情境3）」的情境內容即如下：

1. 綜合觀點：本情境表現出當事人樂在工作而受上司賞識，然卻無力擴
   展關係人脈的情況。當事人已取得專業執照，且工作穩定，但因為尚
   無完善的人脈關係，在事業中無法自尋客源，要賺取100萬的第一桶金
   並非不可能，只是可能有些難度，至於感情狀況則是十分穩定。

2. 主題敘述：茲將本情境對應在三個不確定軸面的情況，簡要說明如
   下：

   (1)正向工作適合度：在工作上合於個人的能力和興趣，能擔當責任，
      勇於任事，積極進取，容易培養出個人專長和專業才幹，且容易取
      得上級主管的欣賞和厚愛。

   (2)正向感情成熟度：感情發展逐漸成熟，且婚姻基礎穩定，已經準備
      和男（女）友步入禮堂，轉換成為妻子（丈夫）的身分。

   (3)負向人脈關係：在工作上的人際事務的處理上仍屬青澀，未臻成
      熟，實在有待日後繼續摸索並強化。

3. 情境骨架：茲將本情境對應的三個重要關鍵決策因素內容，簡要說明
   如下：

(1)工作面：當事人在家庭中業已經過管理家務的磨練，且在學校各級社團中擔任幹部，勇於承擔責任，且積極籌辦各類學術性和聯誼性活動，業已鍛練培養出負責盡職的做事態度與厚植工作能力。

(2)資訊面：當事人善於分析自己的能力和性向，並且精於蒐集工作上的相關資訊，故能夠尋找到適合於自己能力和興趣的工作。

(3)架構面：當事人截至目前並未改變現有的身分架構，仍舊維持單身。然而，已經有固定穩定的交往對象，未來即將結婚並成家。

(4)激勵面：這時可將本情境可能存在的第四個關鍵決策因素，加以補充說明。即這時當事人若是能夠獲得父母雙親給予資助150萬元到300萬元，得到有充足自備款購屋置產，便能夠在結婚成家上如虎添翼，收到事半功倍的成效。

4. 內容血肉：這時若是還有其他相關的事件或事項，便可以在此處進一步加以說明。例如，當事人精通日語，在工作中若是能夠獲得出差或外派機會到海外（如日本），在工作上將更具有競爭力，便可以在五年內更快速的賺到人生的第一桶金等。

六、分析管理決策涵義

最後，再回到決策主體自己的身上，界定在上述個別的二至四個情境下，對自己在管理決策上的特定涵義。其中更涵括機會點和威脅點分析、個人需要分析，以及技術缺口分析三部分。茲說明如下：

1. **機會點和威脅點**（opportunity and threat）分析：此時即進行SWOT分析中的OT分析，界定環境面對當事人所產生的機會（opportunity, O）和威脅（threat, T）的內容。

2. **個人需要**（individual demand）分析：此時即根據前述的OT分析內容，指出當事人所需具備的個人需要內容。

3. **技術缺口**（technology gap）分析：此時即可根據個人需要分析的內涵，臚列對應的技術缺口。

以下即就「愛家邊緣人（情境3）」的情境為例，界定該情境的決策涵義如下：

1. OT分析：茲分機會與威脅兩方面來說明如下：

   (1)機會（O）：當事人對其工作負責又富有熱情，且已經有幸福的家庭狀況，更容易獲得主管的信任，此時便有更大機會獲得層峰青睞拔擢，有較大的機會循序升遷，甚至是破格任命升遷。且能在疲憊時回家感受幸福，更有助於工作上的順暢無阻升遷。此外，當事人業已考取相關證照，亦可望循序建立專業的名聲，甚至不排除有同業前來挖角的特殊機會。

   (2)威脅（T）：當事人因為缺乏人際經營，而無法擴展人脈客源，而沒有額外的收入，如此要獲取人生的第一桶金，仍會有若干的困難度。此外，當事人在獲得上司欣賞並器用之餘，亦容易遭到奸人的嫉妒和陷害，而產生無謂的鬥爭糾紛。同時，亦可能因為國際企業在時空環境的劇變之下，公司因為併購因素而遭到調職，甚至被裁員必須黯然離職。

2. 個人需要：經過機會及威脅分析後，為了解決威脅所帶來的不利益，釐清個人需求是必要的，此時即當事人應該探究，如何有效因應此一變局。茲提出以下數項：

   (1)需要擁有健全的身心：在身心上維持健康，需要與未來配偶共同培養固定運動的健康習慣。

   (2)需要經營關係人脈：需要進行社交活動，例如，參加課外社團、社區活動、課外課程等來拓展自己的社交範圍。如此能更容易結交不同領域範圍的朋友，以此來經營關係人脈。

   (3)需要更臻專業的技能：在專業上力求卓越，更精進自己的專業能力、外語能力以及興趣範圍，使自己的專業能力能更上一層樓，擁有持續開闊的可能性。

3. 技術缺口：即當事人應該在哪方面持續精進技術。茲提出以下數項：

   (1)積極鍛鍊強健體魄：平日抽空運動鍛鍊身體，以資因應一旦在主管賞識的情況下，必須承擔更大責任，事前培養好面對更大工作挑戰或壓力時，所需要的身心強健度。

   (2)積極學習相關技能：透過積極學習相關技能，徐圖循序建立個人專

業名聲，同時伺機考取合適證照，承接各項專案計畫，藉此建立起個人專業地位。

(3)謙和待人進退有據：待人以謙、知所進退，特別是受主管器重之際，人際關係的身段需要更加放軟，謙恭自持，以免恃寵而驕，遭奸人嫉妒陷害。

【習作練習】

現在請完成你的生涯「情境分析」習作，請你以「未來五年後你會在哪裡」為題，為自己勾勒出一份美滿人生的「情境」吧！內容請包括：

(1) 界定決策焦點。

(2) 認定關鍵決策因素。

(3) 認定不確定軸面。

(4) 界定情境邏輯。

(5) 完成情境內容。

(6) 分析管理決策涵義。

【古今中外】玫琳凱的正向信念

玫琳凱（Mary Kay）女士家境清寒，從小需要分擔家計並照顧長年臥病在床的父親。這時候母親的一句話：「親愛的，你能夠辦得到的！」便成為她的人生信念和信仰上帝的主要旋律。

玫琳凱為人熱情洋溢且個性沉著穩健，做事井然有序，有條不紊，表現出一種端莊、整齊、規範的風範，並且具有高度自信，藉由熱情感染力，激發源源不斷的能量。

玫琳凱女士在工作25年後退休，退休時她的丈夫過世，但是她擦乾眼淚，用5,000美元的積蓄成立「玫琳凱化妝品公司」，20年後，公司員工已經超過5,000人，年銷售額甚至超過3億美元，這是用熱情洋溢來開創事業第二春的卓越典範。

11.3 生涯規劃道路圖

本節即更進一步根據美國史丹佛大學（Stanford university）所發展的情境規劃（scenario planning），與道路圖分析（roadmap analysis）模式，將生涯規劃情境分析的結果，落實成為生涯規劃道路圖（career planning roadmap）【11-6】，當成有效執行生涯規劃的工作藍圖。在這時，殷勤籌劃的，足致豐裕；行事急躁的，都必缺乏【11-7】。生涯規劃道路圖包括兩個階段，第一是情境規劃作業，第二是生涯規劃道路圖製作，茲說明如下：

一、情境規劃作業

在情境規劃作業階段，就是具體而微的將前述的情境分析結果，展現在規劃作業上。這時包括兩個子步驟，即計畫屬性分析與情境剛性分析，茲說明如下：

1. 計畫屬性分析

計畫屬性分析是將技術缺口的內涵，提出數項可行的技術解決計畫方案，再依照若干計畫屬性來進行評量，藉以決定出適當的技術解決計畫方案。

基本上，常見的計畫屬性包括：策略重要性、商業價值、商業機會與商業風險、技術地位與技術可獲得性等四者。這時可以透過屬性權重法，來評量上述計畫方案的優劣性。茲說明如下：

(1) 策略重要性：指該項計畫方案的重要性高低，一般而論，重要性可以從和家庭目標一致性、和個人目標一致性、和個人管理哲學的一致性等三個方面來進行評量。

(2) 商業價值：指該項計畫方案所能產生的商業利益，通常以薪資提升金額、財務獲利情形、業績金額，或升遷可能性等指標來評量。重點在金錢收入、效益貢獻等層面。

(3) 商業機會和商業風險：指該項計畫方案所帶來的機會和威脅。機會是指現在是不是一個適當的時間點，而威脅則是指計畫方案所產生的財務風險和技術風險的高低情形。

(4) 技術地位和技術可獲得性：指該項計畫方案所帶來的個人技術聲望和
地位，以及為取得該項技術資源的難易程度情形。

　　以下同樣接著就「愛家邊緣人（情境3）」情境，所帶出的生涯技術
缺口為例，進行該生涯技術缺口的計畫方案屬性分析。這時便提出語言專
業技術、企劃專業技術、業務專業技術、財務專業技術、行政能力技術等
五種生涯技術缺口的培育計畫，並進行計畫方案屬性分析，分別給出最高
5分至最低1分的分數，可以得知企劃專業技術的得分最高，成為在愛家邊
緣人情境下，最需要優先執行的計畫方案。如圖11-10說明如下：

項目	語言專業技術	企劃專業技術	業務專業技術	財務專業技術	行政能力技術
說明	英語、第二外國語	創意、統計、經濟分析	人際、EQ、說服技巧	證照、財務分析、財務管理流程	行政流程SOP、負責任
策略重要性	4	5	2	3	1
商業價值	2	5	3	4	1
商業機會與風險	1	5	2	4	3
技術地位與可獲得性	3	4	2	5	1
加總	10	19	9	16	6
排序	3	1	4	2	5

圖11-10　計畫方案屬性分析

2. 情境剛性分析

　　在情境剛性分析（scenario robustness analysis）的階段，就是在個別
的情境中，分別執行特定情境下的計畫方案屬性分析。然後依照情境個
數，重覆進行3次（或4次）後，再將結果彙整在單一的表格上，便構成情
境剛性分析。意思是這個結果適用在各個不同的情境中，而具備有環境變
化上僵固性（rigidity）的剛性效果。

　　以下便整合「明日之星」、「愛家邊緣人」、「社交派對王」三個情境所帶出的生涯技術缺口為例，界定該技術缺口計畫屬性分析的情境剛性分析。結果可知在三個情境之中，財務專業技術的加總分數（14分），反而高於原先的企劃專業技術的加總分數（13分），財務專業技術反而成為最後的技術解決計畫方案，如圖11-11說明如下：

項目	語言專業技術	企劃專業技術	業務專業技術	財務專業技術	行政能力技術
明日之星	2	4	1	5	3
愛家邊緣人	3	5	2	4	1
社交派對王	3	4	2	5	1
加總	8	13	5	14	5
次序	3	2	5	1	4

圖11-11　情境剛性分析

二、生涯規劃道路圖製作

　　在生涯規劃道路圖製作階段，便是具體的將上述的情境剛性分析結果，具體展現在生涯規劃道路圖的製作上。生涯規劃道路圖便是將未來的情境規劃期間中，所需要取得的專業技術細項的時程，依照不同時間軸加以展開的圖示。這時便包括四個子步驟：技術功能界定、技術成分界定、關鍵成分界定，與技術發展道路圖展開，茲扼要說明如下：

1. 技術功能界定：指界定該項財務專業技術的技術內涵，說明其中主要的技術子項目，也就是所帶出的功能項目。例如，承前例的財務專業技術產品（技術），即可界定為分析財務現況、分析財務工具、評估財務投資表現、調整投資組合四項。從而其所帶出的功能項目為環境分析、風險分析、確定投資目標、制定投資組合等四者。

2. 技術成分界定：指界定該項財務專業技術的技術成分內涵，通常包括特定能力的認定，以及所需具備的特殊要件等。例如，承前例財務專業技術產品的技術成分內涵，便可以界定為基本分析能力、財務談判

能力、財務業務能力、財務會計能力、財務分析能力、危機處理能力、統計處理能力等七項。

3. **關鍵成分界定**：指界定該項財務專業技術的關鍵技術成分。即是從上述的成分屬性中，挑選出現階段最需要從事補強的關鍵技術成分項目。例如，承前例財務企劃產品的關鍵技術成分，便可以界定為財務業務能力、財務分析能力、危機處理能力等三項。

4. **技術發展道路圖展開**：指展開該項財務專業技術的技術發展道路圖，即將技術成分視為縱軸，時間次序視為橫軸，所描繪建構出的當事人所需的技術發展道路圖。在其間的各項技術成分，更可以根據個人在這方面技術發展的難易度，和是否為關鍵技術成分，自我評量出在各階段中技術的純熟程度。

　　茲以情境剛性分析所帶出的財務專業技術為例，界定該當事人欲發展財務專業技術時，在未來五年中的生涯技術發展道路圖。如圖11-12說明如下：

成分＼年	第一年	第二年	第三年	第四年	第五年
基本分析能力	--- 專業 --->				
財務談判能力	---- 界定 ----	--------------	---- 架構 ----	--------------	--- 成形 --->
財務業務能力	---- 初階 ----	---- 中階 ----	--------------	--- 進階 --->	
財務會計能力	---- 界定 ----		---- 架構 ----		--- 成形 --->
財務分析能力	--- 摸索 ----	--------------	--- 熟練 --->		
危機處理能力	---- 練習 ----		---- 改善 ----		--- 專業 --->
統計處理能力	---- 熟悉 ----	--- 純熟 --->			

圖11-12　生涯技術發展道路圖

【本章註釋】

11-1　情境分析的詳細內容，請參閱Tucker, K. (1999), "Scenario Planning," Association Management, 51(4): 70-75、Schwartz, P. (1996), The Art of the Long View: Planning for the Future in an Uncertain World, New York: John Wiley & Sons, Inc，以及陳澤義著（民109），《科技與創新管理（六版）》，臺北市：華泰文化。

11-2　「求上帝指教我們怎樣數算自己的日子，好叫我們得著智慧的心」，原文出自大衛詩篇，第90篇第12節。

11-3　生涯規劃道路圖的方法論係取自技術道路圖（technology roadmap），請參閱Willyard, C.H. and C.W. McClees (1987), "Motorola's Technology Roadmap Process," Research Management, Sept/Oct: 13-19.以及Groenveld, P. (1997), "Roadmapping Integrates Business and Technology," Research Technology Management, 40(5): 48-55.

11-4　情境分析（scenario analysis）法係由美國加州史丹佛研究院所創立，係透過變動若干管理模式的假設條件，並參考外界可能的科技和政經發展趨勢，建置一套假想的將來情境，進而研判預測事件的未來發展可能方向。詳細內容請參見陳澤義著（民109），《科技與創新管理》（第六版），臺北市：華泰文化出版，第十四章的說明。

11-5　李維特的結構模式請參考Levitt, Theodore (1991), *Thinking About Management*, 1991, New York: The Free Press.

11-6　生涯規劃道路圖的方法論係取自技術道路圖（technology roadmap），請參閱Willyard, C.H. and C.W. McClees (1987), "Motorola's Technology Roadmap Process," Research Management, Sept/Oct: 13-19.以及Groenveld, P. (1997), "Roadmapping Integrates Business and Technology," Research Technology Management, 40(5): 48-55.

11-7　「殷勤籌劃的，足致豐裕；行事急躁的，都必缺乏」，原文出自所羅門王箴言，第21篇第5節。

第十二章　美滿的戀愛學分

【幸福宣言】：幸福戀愛宣言

在我今生的生命中，一切就是這樣幸福、快樂、希望和美滿。

我的生命每天都被更新。

我知道，生命其實很簡單，你給出什麼，就會得到什麼。

而你注意到什麼，它就會助長出什麼，

並且，生命最有力量的時刻，就是現在。

要用現在式，說出肯定句。

對外播下感恩、光明、信心的種子，

尋求和天、人、物、我都有和好的關係，

並收穫甜甜戀愛的美滿成果。

因為我深深知道，這些感恩、光明、信心的的種子，

必然會成為我的幸福戀愛養分。讓我真實的經歷到——

在上帝安排的生命中，每天都是美好、奇妙的。

12.1 從友情到愛情

事實上，不管做什麼事情，包括課室學習、工作經營、戀愛談感情，都是有其一定的方法和步驟。只要方向正確，加上按部就班，就會一步一腳印的達到目的。在感情戀愛上就是擄獲對方的心，發展屬於你們的幸福。事實上，從友情到愛情之路是有跡可循的。雙方感情的發展都會經過六個階段，剛認識階段、普通朋友階段、好朋友階段、曖昧階段、戀愛階段、論及婚嫁階段。茲說明如下（圖12-1）：

圖12-1　從友情到愛情

一、剛認識階段

　　剛認識階段是指雙方認識後，剛開始的前兩、三次會面的階段。這個時候的目標就是要互相認識，重點絕對是了解對方的基本資料。包括對方的家庭背景、興趣愛好、居住地點、課業或工作情形。同時自己也要分享本身的基本背景資料。目的是找到雙方彼此的共同點，包括興趣習慣、個性愛好、工作發展方向、生涯規劃等。這樣才能夠建立起共同的話題，並快速累積起初步的信任，以便順利的進入第二階段。

　　基本上，女生是吸引來的，也是追來的。這是在心理學上，基因進

化的基本常識。在動物界是雄性搏鬥，勝者爲王，牠才有權力和機會跟雌性交配，繁衍後代。因此，在男生跟女生的剛認識階段，必須留意以下兩點：

1. **男生要吸引女生**：男生要吸引女生，要建立好自己的「社交名片」。也就是透過社群媒體，建立好自己的個人檔案，展示自己的基本條件，包括姓名、照片、畢業學校、工作內容等。社交名片可以綜合展現出男生的氣質，用來吸引對方。上述吸引的過程，便可以使女生對男生有了良好的第一印象，這會使女生決定要不要繼續跟這位男生聊天。

2. **男生不要討好女生**：男生請不要討好女生，不要去當一隻「舔狗」。不要透過誇獎、送禮物、發紅包，來討好女生，這樣只會引起女生的反感。因爲在這個時候你們只不過是普通朋友，該怎樣平分消費就請清楚算帳吧；也因爲在剛認識的初期，男生越是急著要出手付錢，就越會暴露出男生自己本身的需求感。這很像是餓虎撲向一隻小羊，這只會引起女生的自我防衛機制，對男生保持高度警戒。因爲在這時候，若女生是很少人追，她會想你爲什麼要無緣無故誇獎她，並送她禮物，從而認定這是一個套路，而直接將你三振。而這時若女生是很多人追，她會認定男人都是一樣，都是舔狗，而先將你派司掉。

二、普通朋友階段

在普通朋友階段，雙方是見面兩、三次以後，彼此有著初步的信任感。在這個時候，雙方既是朋友身分，就用朋友身分來相處，就可以舒適自然了。男生在這個時候通常會過分的緊張，其實這點大可不必。因爲在這個階段的目標是，增加互動溝通的順利和流暢，以便進一步深化雙方的認識程度。男生這時可以自然的邀請女生吃飯或聊天，這個時候男生無需進入曖昧，而是男生要多去肯定對方的性格，讚美對方，並支持對方的一些決定，以便建立好朋友間的相互信任。在男生跟女生的普通朋友階段，必須留意以下兩點：

1. **男生要關注女生**：「關注」是以「旁觀者」的角度，表現出友善和有

興趣的態度。這會和對方產生情緒共鳴，使對方感受到自然和舒適。例如，現在下雨了。男生關注則說，下雨了，這會涼爽一些，也會讓人頭腦可以清醒一點。又如，當女生有大型物品需要搬到家中。男生關注則是說，這麼大件的東西，放在家裡，一定會改變家裡其他物品的位置，這感覺會很有趣。因為這時候男生跟女生並不熟絡，男生透過適當的關注，給女生有個安全距離的空間，這點會使女生感到十分舒適，而不會產生壓迫感。當然，若是對方在這時提出請求，暗示需要你的關心和協助。例如，這個物品好重，我搬不動咧。這時的你自然不要錯過這個機會，主動說出你可以幫忙，並且提供應該有的協助。

2. **男生不要關心女生**：「關心」則是以「參與者」的角度，介入對方的生活細節。例如，現在下雨了。男生關心則是說，我借妳一把傘；或是說，我開車送妳回家吧，還蠻順路的。又如，當女生有大型物品需要搬到家中。男生關心則是說，需要我幫忙搬嗎？如果男生跟對方不熟，只是剛認識而已，男生就去關心對方，這會破壞彼此的安全距離，讓對方覺得你是舔狗，感覺男生是別有用心。這很快就會產生自我防衛心理，不利於進入後面的好朋友和曖昧階段。

三、好朋友階段

在好朋友階段，是比普通朋友更進一步的好朋友或熟識階段。這個時候，雙方不只是分享日常生活的事情，而是進一步分享到內心裡的想法。也就是雙方分享祕密、訴說壓力和傾吐心事，也談談彼此的愛情觀和感情觀，更進一步強化信任感和安全感。這個時候你們之間的關係，就會達到「朋友以上，戀人未滿」的情形。在男生跟女生的好朋友階段，必須留意以下兩點：

1. **男生要有原則，要有基本底線**：在好朋友階段，基本上男生可以關心女生，也可以討好女生。但是男生需要自己尊重自己，男生要有自己做人處事的基本原則。當然，在這個階段，男生在生活細節的小地方上，或許可以做一些讓步，做一些無傷大雅的調整。

2. 男生不要失去原則，去當一隻舔狗：在好朋友階段，男生千萬不要就變成一隻舔狗，一昧的放棄自己的原則和底線。這樣反而會讓女生看不起男生，進而踐踏到男生的自尊。若是這樣，男生所付出的關心和包容，則反而會變得沒有價值了。而這種不平衡的好朋友關係，是不會長久維持的。

四、曖昧階段

在曖昧階段，基本上是一個戀愛實習期間，是正式戀愛的前期。當至少有一方願意，就有一方就會使用曖昧圖案、小暱稱、情侶話語、手部肢體接觸等小技巧，來試探對方。也就是有一方去做「撩人」、調情的手段，來試探對方的友情底線。申言之，曖昧關係是一個過程，它包括四個階段：

1. 好感：好感是來自於雙方的外貌、魅力等元素，來構成曖昧的基礎。基本上，好感是曖昧關係的開始，這也是雙方互相給對方機會的結果。

2. 試探：試探是一點一點的越界，來測試對方的底線和原則。例如，幫對方背包包、綁鞋帶、共食食物、觸碰手部和身體等，來測試對方是否會明顯的抗拒或逃開。

3. 氣氛：氣氛是一種激情的感覺，表現出刺激、新鮮、興奮、有趣的氛圍。氣氛是雙方所製造出來的情境，是在情感上各取所需的一種沉溺狀態。

4. 維持：維持是期待並盼望下一次的接觸。在這個時候，雙方便確定成立了曖昧關係。而曖昧關係發展過程的前提，是雙方都有共同的意願，只是彼此心照不宣的推動進程罷了。此時，如果有一方捅破那最後一層的窗戶紙，就會立馬進入戀愛階段。

在曖昧的氣氛或維持階段，男生便可以用心的建立起彼此的安全感，也就是需要「釋放可得性」。做法上就是，男生要讓女生明顯感覺到你對她的好感。這個時候，男生並非直接「告白」對方，而是透過一些輸出性的個人化標準，來暗示對方。例如，男生可以告訴女生，他喜歡身材微胖

的，個性大大咧咧的女孩子。在這個時候，若女生對男生有好感，通常就會自動的對號入座，內心暗暗竊喜，而成就這一次的曖昧。總之，在雙方的曖昧階段，必須留意以下兩點：

(1) **男生要出手大方，要自然且熟捻**：男生跟女生已經是朋友之上，戀人未滿了，男生請大方一點，該請客就請客。因為她已經是你的準女朋友了，你不對她好，你要對誰好呢，不是嗎！

(2) **男生不要扭捏作態**：在曖昧階段，男女生之間已經是朋友之上，戀人未滿，男生自然要大方請客。因為這個時候男生跟女生已經十分熟捻，男生請千萬不要扭捏作態，假裝彼此不熟。

五、戀愛階段

在戀愛階段，是雙方的感情已經鋪陳妥當。只要有一方尋找合適的機會，捅破這一層關係窗戶紙，就會馬上進入正式戀愛階段。在此時，只要有一方透過告白、親密牽手或擁抱、深情親吻、給出承諾，就會進入正式戀愛的情侶關係，並且在發展成熟之後，水到渠成的會見雙方的家長。

在戀愛階段，親吻是情感發展重要的里程碑。當男人親吻妳，說明他已經愛上了妳！首先，親吻額頭是代表敬愛和尊重；親吻手是代表呵護和疼惜；而直接親吻嘴唇則是代表愛意和慾望。聰明的女生，需要加以分辨。在雙方的戀愛階段，必須留意以下兩點：

1. **要會經營感情**：男女生都要努力經營感情，此時需要先透過表白來確認關係，進而一方在付出感情的同時，也要讓另一方學習為對方投入情感、時間和金錢。讓情感的天平繼續維持平衡，這樣的戀愛發展才能夠長久維持。

2. **不要一昧付出感情**：男女生不要只有單方面的自己投入金錢、時間、感情，而對方都只有享受，沒有付出。這種情感發展是失衡的、不健康的，無法維持長久。

六、論及婚嫁階段

最後，即是論及婚嫁，此時即是需要以長期的眼光，慎重考慮是否要和對方結婚建立家庭，進而進入下一章「美滿家庭生活」的內容，此不贅

述。

　　基本上，只要按部就班，按照階段和步驟一步一步的去做，就會達成目標。也就不會形成「方法不對，努力白費」的無效情形。而通常最常犯的錯誤是，在一開始的剛認識階段，男生就急著要進入曖昧階段，或戀愛階段。這是因對方在情感上尚未準備妥當，就會將情況搞得很尷尬。

12.2 男女擇偶的標準

　　男生選女生，女生也在挑男生？挑對人就一帆風順，春風得意。挑錯人就如臨深淵，甚至是粉身碎骨。「凡事慎始」，在感情追尋上也是如此。因此，與其倉促進入一段感情，更需要先去了解男女方的擇偶標準，這點十分重要，以下加以說明。

　　有云：「方向不對，努力白費」。這告訴我們要先認識對方最在意的事情，來當做你的努力方向。所謂最在意的事情，就是對方的核心需求，是對方最不能改變，也最無法放掉的擇偶標準。

　　因此，感情追求需要學習判斷目標，做好行銷的市場區隔和產品定位，才不會白費力氣、時間、金錢，還傷透身心。基本上，無論是男生或女生，大都可以分成以下五種類型，分別是事業型、家庭型、物質型、浪漫型、心靈型，說明如下（圖12-2）：

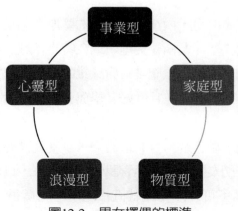

圖12-2　男女擇偶的標準

一、事業型

事業型的人看重的是，一顆聰明的頭腦和上進的心志，偏愛勾勒出美好的未來。因此，追求者需要特別的努力，投入工作事業生涯，才能有機會，才能夠配得上對方，與對方同步前行。

二、家庭型

家庭型的人看重的是，穩定的家居生活老實，偏愛歲月靜好的安心和踏實。因此，追求者需要有時間多陪對方，共同融入家居生活中的柴米油鹽醬醋茶，和日常生活互動中。

三、物質型

物質型的人看重的是，金錢所帶來的物質利益，偏愛虛榮與名牌價值，愛慕豪宅房舍、豪華名車、黃金鑽石、名牌包包、珍寶收藏和俱樂部生活等。因此，追求者需要有足夠的口袋深度，才能夠撐搭起物質享用的浮華世界。

四、浪漫型

浪漫型的人看重的是，浪漫氣氛與情調所帶來的愉悅心情，偏愛帥哥或美女，注重眼緣。浪漫型的人喜歡幽默風趣，善於打情罵俏的對象。因此，追求者需要有水準以上的外表，透過「外貌協會」和「談情說愛」，來營造浪漫氛圍，才能夠打動對方。

五、心靈型

心靈型的人看重的是，內在心靈知性的豐厚與滿足，所帶出的思想上的心靈契合，偏愛文學、藝術、史地，或在特定領域的專研。心靈型的人喜歡有深度知性內涵，而討厭膚淺附庸風雅的假文青。因此，追求者需要是一個人生意義的追尋者，並且愛好文學與藝術，並對特定領域有精深專研的文士。

必須指出的是，要了解對方的核心需求，就先需要透過剛認識階段、普通朋友階段、好朋友階段來收集資訊，了解對方，以便決定是否要進一步追求對方。千萬不可以剛認識就直接追求，這樣很可能會追求錯誤的

人。對方的核心需求是你所不能及的，最後不僅白忙一場，還傷痕累累。

　　一個迷思，通常男生在碰到喜歡的女生時，就會瘋狂的送花、送禮物、送早餐等，付出他的金錢、時間、情感在對方的身上，盡力對女生好，來表達他的愛意和追求。這樣做，女生就會愛上男生嗎？事實上，感情真的不是這樣追來的！

　　我們來看，女生通常是怎麼挑選男生的？女生或者會因為男生一時的瘋狂追求而受到感動；但是，很抱歉，女生不會因為這樣就愛上男生。況且這個感動也是非常短暫，不會維持的很久。

　　因為女生擇偶，是會考慮這個男生，能不能夠配不配得上她。男生擇偶亦同。這時就有四道關卡，分別是紅線關、情緒關、安全關、空缺關。說明如下（圖12-3）：

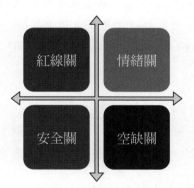

圖12-3　篩選配偶的四道關卡

一、紅線關

　　第一關是紅線關。所謂紅線關，就是一方會畫出一條紅線，看另一方是否能夠超越這條紅線。也就是看這個男生配不配得上她。這個紅線通常是指男生的基本條件，或稱硬體條件。包括身高、收入、學歷、工作、長相、家庭背景、眼緣等。更仔細的說，紅線關包括盤點下面各點：

1. 社會身分：指學歷、工作、收入、家世等物質條件，是帶出去很有面子的那一種。

2. **外在打扮**：指外貌、身高、衣著等外表條件，是視覺上容易產生景仰感受的那一種。

3. **思想層次**：指口才、文采、思維等才藝條件，是見多識廣、相處生活有情調的那一種。

4. **姿態氣場**：指自信、勇氣、堅定等管理條件，是符合女人慕強，能夠提供強大氣場的那一種。

如果男生的基本條件低於她的紅線，例如學歷太低、身材太矮、沒有工作等，她就會覺得男生不配，她就懶得搭理你，而只是在敷衍你。這就是女生對男生設定的准入門檻，因此男人要有Guts，不要只是當舔狗，那不值得。

當然，若是男生只覺得自己的基本條件不夠高，那就必須要先自行優化。所謂自行優化就是將其中的一兩項基本條件，提升其功能，或是讓對方以為你未來會有這些基本條件。例如男生努力考上公職、鍛鍊身體等，而唯有價值匹配才是雙方能夠長久發展的重要條件。

二、情緒關

第二關是情緒關，有別於紅線關的硬體條件，情緒關就是指你的軟體條件。軟體條件主要包括人品、個性、口才、幽默感等。這主要就是表現在有生活情趣，會聊天上面，是在考驗男生的情商高低。也就是女生會看跟這個男生接觸時有沒有感覺。

「男人不壞，女人不愛」。這裡的「壞」是指男人會挑動女人的情緒，就是第二關所指的情緒關。讓女生喜歡上男生的祕密是什麼呢？就是要讓女生的情緒有波動。而「好男人」是指鋼鐵直男，直來直往，無法挑動女生的情緒，就只能等著被發一張「好人卡」，將他三振掉，這就顯出情緒關的重要。

具體的說，情緒關是指女生看她跟男生在一起聊天或生活的時候，有沒有產生一種戀愛的感覺，也就是男生有沒有一種讓女生喜歡他的能力。男生是否會「撩」女生，會聊天，挑動女生的心動情緒，挑動情緒起伏，讓女生的心跳加速，提供女生滿滿的情緒價值。

三、安全關

第三關是安全關，看男生能不能夠提供安全感。基本上，基於先天上男生的體力優於女生。在這樣一個自然的生物條件下，女生一般都會希望能夠有一個更強大的男生來保護她。然後女生能夠被征服，有足夠的安全感，女生能夠依偎在男生的身邊，做一個小女人。也就是女生會看這個男生的內心是否強大，自信心是否足夠。

例如，女生會做一些簡單的考驗，例如，拒絕你的邀約、誇獎別的男生、突然不回覆你，或是提個問題來考驗男生。若是男生心慌意亂，手足無措，或是開始表白，或是一直說話，很可能就通不過這一關。若是男生能夠處之泰然，不動如山，好整以暇的面對，就可以通過這一關。特別是女生會想到以後要從戀愛走到婚姻，她會看男生是否能夠給女生和小孩一個穩定的生活，有足夠的安全感。也就是看男生是否忠誠、靠譜，而不是一個渣男。

四、空缺關

最後就是空缺關，就是指空缺價值，也就是一方找到對方心之所嚮往的需要，也就是「核心需求」。空缺價值是一個能夠讓對方淪陷，死心踏地愛你的獨有價值。具體的說，空缺價值是對方從小長到大，都一直渴望獲得的事物。也因著這些空缺價值的存在，在女生心中會形成一種潛意識，潛移默化的影響著她的一生，這也是女生內心安全感的最深層來源。這是其他對手絕對無法複製的特定價值，當然也就會是你才會有的獨特價值。又基於匹配空缺才是稀有，也就是當一個人缺少什麼，而你擁有她缺少的那一部分，你就是特別稀有，也只有你才可以配得上她，這就是你對她的空缺價值。

例如，從小缺少父愛的女生，會喜歡找大她很多歲的男人；乖乖牌女生，會喜歡找那些愛打架鬧事的野少男；從小被父母批評嫌棄的女生，會喜歡甜言蜜語誇獎她的暖男；從小家境窮困的女生，就很可能會比較物質，會喜歡有錢的男生。

總言之，紅線觀、情緒觀、安全觀都是一般必須要通過的關卡，而空

缺關則是在特定時空下，能夠特別加分的關卡。

【幸福詩篇】杜甫江南逢李龜年

> 青山橫北郭，白水遶東城。
> 此地一為別，孤蓬萬里征。
> 浮雲遊子意，落日故人情。
> 揮手自茲去，蕭蕭斑馬鳴。

——李白送友人

這首古詩，是描述在青山綠水間的送別友人，加上藍天浮雲和落日餘暉的場景，更加深若干的離情依依的氛圍。此情此景，相互交融，打動人的心弦。然而，透過詩人李白的款款深情，感懷筆觸，以及「浮雲遊子意，落日故人情」的千古佳句的帶動下，讀者必然能夠感受到，雖然朋友即將遠行，氣氛若有哀戚，但李白仍以正向幸福看待此事，記語「遊子意」和「故人情」，來寓意未來的無限可能。

12.3戀愛約會寶典

在提出一些基本的原則性議題之後，第三節則是提出一些實戰性的議題，即所謂的戀愛約會寶典。以提供在戀愛的過程中，雙方能夠發展出美滿戀情的果實。

基本上，一個人喜歡不喜歡你，適合不適合你。在雙方接觸聊天的時候，三個感覺早已告訴你，請你千萬別忽略了！這是彼此相處時，適合不適合的訊號。說明如下（圖12-4）：

一、一開始的舒適

雙方在剛認識階段和普通朋友階段，因著神祕感而互相吸引，因著聊天接觸，在逐步解開神祕感的過程中，覺得舒適、愉快，這就透露著雙方

合適朝向好朋友階段發展的訊號。

二、再來的自然

　　雙方在普通朋友階段，因著獨特感和信任感的吸引力，繼續相互吸引，自然進入好朋友階段，彼此信任的分享心事，這已經透露出雙方合適發展的訊號。

三、簡單的幸福

　　雙方在好朋友階段，在分享心事和壓力的過程，經歷到被呵護、被關心、被照顧、被在乎、被接納的簡單幸福，進而能夠突破個人心態和世俗偏見。這更是雙方十分適合的感覺，可以繼續朝向曖昧階段和戀愛階段，並發出約會的邀約。

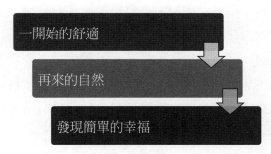

一開始的舒適

再來的自然

發現簡單的幸福

圖12-4　男女相處時，適合與否的三個訊號

　　男生和女生聊天的基本公式：「分享自己＋描述狀態＋加上感覺」。這也是一套萬能公式，說明如下：

1. 分享自己

　　分享自己就是揭露自己目前的狀態，提供一些談話的基本資料，也就是自己現在正在做什麼事情，心情是如何等。請記得不要倒給對方一大堆的資訊，一股腦的全盤托出自己的現況細節，這會讓對方感到心情沉重。要記得這個時候你是在和對方聊天，你的目的是引出一個話題，讓對方可以接下去說話。例如：「我現在工作不忙」、「我準備明天要出差」、「我今天待在家裡，因為身體不舒服」。

2. 描述狀態

　　描述狀態就是具體的說明自己現在正在做的事情的內容，或是現在的內在心情等，這可以是當下的人、事、時、地、物的內容。但記得不要使用流水帳的報導，這樣太無趣。而是要像新聞記者一樣，重點扼要的描述，讓對方有如親臨現場的樣態即可。例如：「我不知道要做什麼，閒的發慌」、「我忙的天昏地暗，都沒有時間吃飯」、「我生病在家裡，全身軟綿綿」。

3. 加上感覺

　　加上感覺就是更進一步的強化狀態描述的內心感受。這可以是當下的心情，要強調自己的喜、怒、哀、樂的各種感覺，好讓對方有感同身受的感覺，這樣就容易調動對方的情緒，使對方情緒波動，進而產生共情。例如：「我閒的發慌，這種感覺很不是滋味」、「我忙壞了，食不知味」、「我病了，我討厭自己生病」。

　　例如，女生說：「最近工作太忙了。」男生請不要回答說：「要記得多休息，多喝水，注意身體健康。或是你在忙些什麼，我可以幫你點什麼嗎？」因為女生這時並不是要你給她意見，她只是心情不好，發發牢騷，要找人發洩情緒。

　　這時候男生要這樣回答：「我最近工作很輕鬆，因為疫情工作在家中上班，你是不是很羨慕啊！」這個時候男生是從分享自己的工作，開啟話題。

　　接著女生回答：「唉啊！你太幸福了啊！真想跟你換一換！」這個時候女生開始有感覺了。

　　男生再接著回答：「幸福什麼啊！我整天在家無聊死了！我感覺妳這樣忙一點挺好的啊！」這個時候男生是描述工作的細節並加上感覺。

　　女生接著回答：「好啊，那你來試試看，給你忙到吐血啊！」這個時候女生的情緒已經波動了，開始產生共情了。

　　男生再繼續回答：「哇，妳這麼忙還有空跟我聊天，那我要好好獎勵妳一下喔！」

　　女生接著回答：「那要獎勵什麼呢！」這個時候男生已經成功的調動

起女生的情緒。

　　男生再繼續回答：「等妳忙完了呢，獎勵妳見見我，然後一起吃個火鍋！」這個時候男生已經成功的發出邀約。

　　若是男生想要發出一段邀約，記得要用敘述句，再加上一個選項來邀約對方；而不是單純的使用疑問句邀約，這樣可以大大提高邀約成功的機率。理由是使用疑問句是將主動權拋給對方決定，因此有一半的機會會被拒絕。而使用敘述句則是牢牢的將主動權握在自己手裡，同時拋出兩個選項，無論對方選擇哪一個選項都可完成約會。例如：

　　男生：「妳想要吃火鍋嗎？」這是疑問句型式的低價值邀請，這很可能慘遭拒絕而沒有下文。反之，如果，

　　男生：「我發現一家火鍋店，我們去吧！」這是敘述句型式的高價值邀約，記得主詞是我們，而不是你或我，這時是將兩個人框在一起，在無形中已經拉近彼此的距離。然後，

　　男生接著說：「明天或後天妳哪一天方便！」這是選擇題型式的邀請，重點是只有兩個選項。不管女生是選擇哪一個，這時男生都能完成邀請。

　　再另外舉一個例子。女生現在正在讀書準備考試或是工作簡報。

　　男生：「考好我請妳吃火鍋！」這是敘述句型式的高價值邀約，請吃飯是往男女朋友的方向來發展。

　　男生再說：「若是考不好，那我只能帶妳看電影囉！」這是敘述句型式的高價值邀約，請看電影同樣是往男女朋友的方向來發展。

　　另外，男生：「若是妳能請我喝奶茶的話，我就帶妳抓娃娃！」這同樣是敘述句型式的高價值邀約，重點是不會帶給對方壓力，對方也需要投入（買奶茶），同時可以在輕鬆的氣氛下完成邀約。這是在雙方處於曖昧關係階段時，特別簡單又好用。

　　至於約會時的聊天話題，主要有三方面，說明如下：

1. **尋找共同的興趣**：例如，時尚、文藝、娛樂、美食等興趣。聊聊興趣的目的是要尋找、發現雙方的共同興趣，以便日後可以專門聊這些雙方都感到興趣的話題。

2. **激發對方的好奇心**：例如，吃火鍋時找到好吃又不會胖的方法；或吃美食後一起散步，計算步數，看看需要走幾步才可以消耗一定的卡路里。激發對方的好奇心是製造歡樂氣氛的通道，好奇心加上新鮮感，是可以使快樂加分的路徑。

3. **產生情緒的共鳴**：例如，談到雪，談到去年去日本玩看到下雪，發給對方一兩張照片，再談到小時候晚上在雪中看星星，你說，那是一種四下安靜我獨醒的樣子。對方也談到小時候在故鄉屋頂看星星，星星閃爍對照著安靜無人。這樣。於是雙方就產生了情緒共鳴。情緒共鳴是感情增溫的鎖鑰，雙方產生情緒共鳴便可以使情感有著可以銘刻的印記。

這裡繼續提出約會時的四點注意事項：

1. 男生表現要舒適自然，且毋需過分鋪張浪費

在約會時，男生切記不要過分緊張，得失心過重。男生只需要舒適且自然的應對即可，而毋需過分鋪張和浪費。因為根據期望確認理論，男生一開始就出手大方，這會引發女生的更高期望，期待男生請她去更高檔的餐廳，因而在往後的日子男生就需要投入更多的金錢、時間和服務，才能使女生滿足。因為男生一開始就耗費大量的子彈，在往後的日子裡需要投入更多的子彈，才能維持住既有的關係，否則女生會覺得男生十分虛假。而這樣不僅耗費男生相當大的金錢資源，也很容易導致女生不滿意而感情觸礁。

2. 男生要特別留意女生發出的言語訊號

在約會時，男生要特別留意女生發出的一些言語訊號。女生在對男生有好感的時候，會說這幾句話。例如：

女生說：「我好無聊！」這句話就是暗示著，女生想要讓男生多陪陪她，女生在無聊的時候，她會在第一時間想起你，而無聊就是思念的另外一種表達方式。

女生說：「想我了嗎？」這句話就是一種暗示，這是女人的矜持的表現，表示女生在想念你，但她又不好意思直接明講。

女生說：「我去找你」，這是她迫不及待的想要見你，這是思念的外

在表現。因爲思念一個人是沒有辦法藏得住的，也是沒有辦法去抵擋的。

3. 女生要確認男生是不是真心喜歡妳

在約會時，要想知道男生是不是眞心喜歡妳？問兩個問題就能測試出答案！第一個問題：「你覺得我怎麼樣？」第二個問題：「爲什麼你會這麼覺得呢？」這個時候重點在第二個問題，對方絕對不可以模糊帶過，對方需要具體舉出事實例證來說明原因，才能過關。

4. 約會結束分開時的處理要謹慎

在約會結束分開的時候，請不用說：「拜拜！」而是要說以下的話：「我會想念你，你也要想我喔！」「時間過得好快，捨不得你！」「要按時吃飯，身體最重要了！」「晚安，我想你，明天見囉！」最後再加上20秒的長擁抱即可，這可以讓戀情繼續保溫。

最後一點，也是最重要的事，男女雙方千萬要記得：不要被甜甜的戀愛沖昏了頭，因爲戀愛一旦開始的四個月之後，戀愛的新鮮感就會退去。這時若對方還一直想要跟你膩在一起，就表示對方是眞心喜歡你。而戀愛的終極考驗是婚姻，這是願意相守和堅持的一生承諾。雙方都需要睜大眼睛，用力找到可以相守一生的對象，進入婚姻，建立家庭，孕育下一代，然後慢慢變老，一生享有美滿的幸福歲月，願上帝賜福於您。

【古今中外】力行幸福管理的許文龍

奇美企業董事長許文龍先生，除在企業經營上大展長才，更將所獲得的利潤，投入奇美博物館和奇美醫院的興建，而奇美企業亦是幸福企業的標竿，這使得許文龍董事長成爲員工熱愛、企業同僚尊敬的人。

許文龍出生在臺灣南部鄉野間，是個不愛念書的小孩。他自二十二歲高工畢業後，成爲一位快樂的藍領工人，不久後便自行創業，同時經常到圖書館自學查考相關資料，從而在塑膠加工領域打出一片天。

　　許文龍董事長在管理奇美企業時，係以人為中心，重視人才和人際關係，他絕不輕易辭退員工，而是以生命共同體的雙贏共榮的觀念，善待每一位員工，因為每一位員工都是他的家人。他的名言：「我不拚第一，卻要拚第一幸福」，洋溢在他生命的每一個環節中，而他正字標記的微笑、歡樂的容顏，如陽光般照耀在南臺灣的土地上。

　　許文龍董事長更本著藝術文化是一個民族的根基與光榮，興建獨一無二的奇美博物館，並且蒐藏全球無出其右的小提琴。當然，還有原型比例的動物標本、防禦兵器、歐美字畫和其他樂器等，可說是琳瑯滿目，美不勝收。

第十三章　美滿家庭生活

> 【幸福宣言】：幸福家庭宣言
>
> 在我今生的生命中，一切就是這樣幸福、快樂和美滿。
>
> 我把自己心中的任何抗拒的模式，當作只是另外一件需釋放的事物。
>
> 它們再也影響不了我，因爲在我的想法中，意念就是力量。
>
> 我可以隨著上帝所賜生命中的意念流動，
>
> 肯定自己，也肯定自己被改變的方式。
>
> 我會盡最大的努力，每天都愈來愈輕鬆自在，來建立幸福家庭。
>
> 我因處在不斷變化的生命水流和韻律中而歡喜。
>
> 我尊重配偶差異，正確對待我的配偶，積極說出愛的語言，並化解各種衝突。
>
> 建立起幸福的美滿家庭。
>
> 我選擇今天成爲美好的一天，
>
> 在上帝安排給我的生命中，每天都是美好的、有價值的。

13.1 方和圓的差異

　　男人與女人在先天上即有本質上的差異，相處本來就甚不易。更何況要步入婚姻，長久共同生活，更屬艱難。來自兩個不同原生家庭的兩個人，就像是圓形和方形的差異，要彼此共同生活，當然需要一段時間的磨合與適應。

一、人格特質的差異

　　D.I.S.C四相人格理論是由美國心理學家維廉・馬斯頓（William Moulton）所創設，用來解釋人與人之間的情緒反應（emotions of people）【13-1】。

　　首先，我們提供兩個準則來辨識你的主要人格特質。

　　第一個辨識準則是：「外向或內向」，這是行為反應上的差異。此時需要去問自己，「你在陌生人面前說話，會不會感到不自在？」若答案是「不會」，你就是「外向人格」；若答案是「會」，你就是「內向人格」。外向人格的人天生反應快速，思想快、說話快、反應快、動作快、主動積極且直接表達等；至於內向人格的人天生反應慢，思想慢、說話慢、反應慢、動作慢、被動消極且間接暗示等。

　　第二個辨識準則是：「理性或感性」，這是觀念反應上的差異。此時需要去問自己，「你在做一件事情時，你習慣上會比較關心事情本身，還是比較關心人的感受？」若答案是「事情本身」，你就是「理性人格」；若答案是「人的感受」，你就是「感性人格」。理性人格的人天生重視事情對錯、任務結果、效率目的、價值意義、程序先後等；至於感性人格的人天生重視人際關係、感官氣氛、人與人的關係感受、希望不要有人受傷等。

　　在按照以上兩個準則辨識後，予以交叉相乘，我們便會產生「外向理性的D型人格」、「外向感性的I型人格」、「內向感性的S型人格」、「內向理性的C型人格」等四個主要人格特質，如圖13-1所示。茲分別說明如下：

圖13-1　四種人格特質

1.「外向理性的 D 型人格」

外向理性人格的人，天生目標導向，喜歡追求主導權，尋求成功的成就感，這是屬於「支配型（diminance），D型」的人格特質。他們執行力強，喜歡領袖群倫，發號施令，享受成就感和方向感。他們喜歡別人這樣的說話：「讓我們比一比誰先做完它」，享受競賽的快感。他們很討厭輸的感覺，是個喜歡融入比賽競爭氛圍的戰將。

例如，《西遊記》中的孫悟空不服輸，喜歡找人挑戰，甚至挑戰天庭規條，並且以管控欺負沙悟淨為樂，尋求主導權，為明顯的支配型（D型）人格。另外，《水滸傳》中的王倫天王，強逼八十萬禁軍統領的豹子頭林沖低頭，又拒絕宋江入夥，極盡控管梁山泊之事，後來被林沖所殺，王倫是為支配型（D型）人格，當然，豹子頭林沖也是屬支配型。至於三國時代的曹操，在十八路諸侯中稱雄，目標清晰且有條不紊的逐步統一北方，並嚴格管控下屬，為支配型（D型）人格。

2.「外向感性的 I 型人格」

外向感性人格的人，天生關係導向，喜歡追求被認同感，尋求創意與自由，這是屬於「影響型（influence），I型」的人格特質。他們表現力強，喜歡不停的說話，並轉換話題，享受認同感和歸屬感。他們喜歡別人這樣的說話：「你做得十分出色，再秀一段給我們看一看」，享受參與其中且被認同的喜悅。他們注意力容易分散，是個花蝴蝶喜歡蜻蜓點水的歡樂散播者。

例如，《西遊記》中的豬八戒，喜歡主動搭訕陌生女子，愛拈花惹草，並且善於表達，用花言巧語來迷惑女子，被孫悟空或唐三藏抓到時又狡辯說一堆理由，為明顯的影響型（I型）人格。另外，《水滸傳》中的山東呼保義宋江，原為鄆城縣押司，平日廣交朋友仗義執言，有及時雨宋江美名，為人四海不喜拘束。後因九江潯陽樓醉寫反詩案被下在監牢，後來被救出入夥成為梁山泊之主，宋江為明顯的影響型（I型）人格。至於三國時代的劉備、關羽與張飛，在桃園三結義，喜歡廣交朋友。劉備更是

在多次決斷時感情用事，並以百姓爲念；關羽義釋曹操，並大意失荊州；張飛酒後多誤事，甚至在劉備三顧茅廬時，想要放火燒房屋。故三人皆具影響型（I型）人格。

3.「內向感性的 S 型人格」

內向感性人格的人，天生和睦導向，喜歡追求安全感，尋求和諧與穩定，這是屬於「穩定型（steadiness），S型」的人格特質。他們害怕衝突，不喜歡隨意說話，更不喜歡高聲說話，反而是享受在穩定感和安全感之中。他們喜歡別人這樣的說話：「沒有關係，你慢慢的做，我們會等你」，享受支持與成全他人的喜悅。他們很難拒絕別人，也不會隨便轉換團體，是團體中重要的安定力量。

例如，《西遊記》中的沙悟淨，是個安穩做事的僧人，話不多說且不愛找人搭訕，不愛環境變動，是個標準的穩定型（S型）人格。另外，《水滸傳》中的河北玉麒麟盧俊義，原來被吳用用計騙至梁山泊，但不願入夥改變環境。後來回北京受奸人陷害入死牢，被梁山泊好漢救出，不得以才入夥，爲108條好漢的第二把交椅，盧俊義爲明顯的穩定型（S型）人格。至於三國時代的孫權，長年待在江東，爲穩定型S型。

4.「內向理性的 C 型人格」

內向理性人格的人，天生品質導向，喜歡追求眞實感，尋求人事物的價值感，這是屬於「服從型（compliance），C型」的人格特質。他們邏輯分析力強，喜歡追求資訊的正確性，因專業而受人尊重，享受正確性和完美感。他們喜歡別人這樣的說話：「你的數據資料十分正確，沒有人可以反駁它」，享受人事物的正確性與完美感。他們很討厭被別人弄亂的感覺，是個喜歡按照規定辦事的專家。

例如，《西遊記》中的唐三藏，律己甚嚴，守規矩服從佛門戒令，並且不擅長與陌生人搭訕，是個標準的服從型（C型）人格。另外，《水滸傳》中的智多星吳用，足智多謀，斷事理性，爲服從型（C型）人格。至於三國中的諸葛亮鞠躬盡瘁死而後已，順從劉備知遇之恩，死在北伐魏國的五丈原軍中，明顯爲服從型（C型）人格。

二、生活型態的差異

　　人與人之間，本來就具有差異，在家庭生活的近距離密切互動中，自然會容易產生衝突，此即所謂的差異帶來衝突。從最基本的個性外向與內向差異、喜愛運動與整天宅在家差異、快速精準與慢活步調差異、謹慎小心與大而化之差異等。

　　在戀愛時期，由於還迷戀對方，仍然會欣賞對方的差異，享受彼此間的差異在其中。然而在結婚之後，必須面對日常生活的現實，結果是雙方的差異形成衝突，若是有一方要強迫另一方順從，結果自然會遭遇激烈的反抗，吵架對罵聲不斷，僅能忍受彼此間的差異。試想，任一方的生活習慣與個性係從小就已養成，已經伴隨個人至少二十多年，如何能夠為了對方（認識不過數年）就全然改變，此十分不近人情。茲說明各種生活型態上的差異如下：

1. 新婚期

(1) 生活習慣不一樣

　　雙方係來自於不同的成長背景，以及次文化，表現在生活習慣細節上的差異。例如，牙膏用夾子夾住好完全擠光、洗澡完畢拖鞋豎立晾乾、

(2) 理財觀念不一樣

　　雙方對於錢財管理的想法不同，包括要怎樣將薪水收入放入家用共同帳戶中、共管錢財的比例、決定花錢的方式等。最常見的是較具有經濟能力的一方，可以下達命令來表達權力。特別是賺得多的一方，強調可以花更多的錢。

(3) 家事分攤認知不一樣

　　在普遍是雙薪家庭的時代，婚後要怎樣共同分攤家事，則需要大費周章。特別是有一方認定做家事是對方應盡義務時，或是有一方的工作需要經常加班時，這個情況將會更加嚴重且難解。

2. 育兒期

(1) 教養觀念不一樣

　　當家庭有了新生命，情況就更加複雜，因為這時涉及兩代之間教養上

的各種牽連。例如，孩子要喝何種牌子的奶粉、孩子生病要去小診所還是直闖大醫院、孩子要上什麼樣的才藝班等。特別是若有一方將自己孩提時代未滿足的需要投射在孩子身上，期望孩子來完成自己未竟的夢想，將會使情況更趨嚴苛。

(2)性關係需求不一樣

男方多會要求較多的性愛次數，女方則多半會想要減少性事次數。實際上，同床才能同心，分床則會分心。

(3)對對方的尊重不一樣

通常是男方會一味敷衍女方，說「我正在忙」、「我沒有空」、「妳煩不煩啦」、「好啦好啦，妳有完沒完」。女方則是緊迫盯人，嘮嘮叨叨的給對方壓力，說「你有沒有在聽」、「你總是這樣對我」、「你人在哪裡」。

3. 空巢期

(1)人生發展歷程不一樣

子女因就讀大學、當兵、工作、結婚等，陸續離家之後，家庭進入空巢期，此時因雙方人生發展歷程不一樣，如男方的中年危機與女方的空巢危機，則很容易成為婚姻破碎的致命因子。在空巢時期，此時家中僅剩兩老成天對望，雙方則是從早先的相看兩不厭，反倒成為愈看愈討厭的情形。這時，男方則是步入中年危機，在工作上有英雄無用武之處的失落感，而為了重振雄風，經常需要他人的肯定。此時在夫妻雙方關係空洞化的時間點，第三者自有趁虛而入的可能，結果則是「臨老入花叢」的老來俏外遇。

(2)生活自理能力不一樣

基本上，男方面對生活瑣事的自理能力若嚴重不足，形成過於倚賴女方的壓力，此時女方很可能不願意為這個家繼續承擔下去。係因以前是孩子尚未成年，故咬牙苦撐；如今子女皆已成年，女方內心嚮往自由，不願意繼續被旁邊的這位糟老頭子繼續折磨，結果則是一方斷然放棄家庭，臨老離婚收場。

【習作練習】

　　1. 請兩個人一組，彼此檢查自己和對方是屬於哪一種人格特質。

　　2. 請用250個字做自我介紹，並且至少說出自己五個人格「優點」，
　　　以及兩個待改善的缺點。

13.2正確對待親密家人

　　正確對待親密家人是幸福生活的基礎，需要了解、理解和諒解，而不是去改變對方。要知道你的配偶已經用這種生活方式至少20年以上，而夫妻雙方認識只不過幾年。一方根本沒有立場要對方改變，此點必須注意。

一、幸福生活需要正確對待

　　幸福婚姻的祕訣，在於能夠「和好」，向對方說：「對不起」，

　　也就是幸福婚姻是兩個善於饒恕之人的結合。

　　與神和好也與人和好，你們之間有正確且合宜的關係。

　　不饒恕就有如破唱片的經常運轉，苦水經常倒帶，

　　對方一直是你的「心上人」，念念不忘對方傷害你的事情。

　　人是不會主動改變的，除非他感受到愛與接納。

　　這就是幸福家庭的祕訣。

　　人與人之間，就是一種緣分；

　　心與心之間，就是一種流動；

　　愛與愛之間，就是一股信任；

　　情與情之間，就是一顆真心；

　　對與對之間，就是一個個性；

　　錯與錯之間，就是一個原諒。

　　人人有自尊，個個有苦衷；想法、看法、做法都不相同。

　　理念不同、想法不同、做法也不一樣，這就是人格個性。

　　不必改變別人，只需正確對待他人就行，家人更要如此。

在日常生活中，家庭生活是最貼近個人性格的，家人包括祖父母、父母（或雙親）、配偶、伴侶、兄弟姊妹、子女、養子女等，都是最親近的生活對象。在家人面前，我們的情緒表現也是最爲直接。完全不戴假面具，此和工作或其他場合明顯不同。因此，要有幸福美滿的家庭生活，我們需要學會三件事，即正確對待家人，製造說對的話的快樂；透過五種愛的語言，積極創造快樂時光；以及學會化解衝突，重拾快樂時光。

我們需要面對這個事實，努力說對的話，隨時隨地說出造就人的好話。更清楚的說，我們的每一位家人，都是活生生的個體。他們有自己的個性和風格，有不同的人格特質。因此，我們需要「客製化」的正確對待家人，對不同的家人，使用不同的說話方式，才能說對的話，不會發生錯誤對待的憾事。也就是讓我們做自己人格特質的主人，並且能夠包容與成全對方，成就快樂幸福的家庭生活。

在了解自己與對方的人格特質之後，很重要的一點就是要接納自己的特質，尊重對方的特質，而不要去改變對方。就是要正確對待對方，產生正確對待的快樂。

兩個人的人格特質若彼此不同，這並不是奇怪的事，而是要我們彼此互補。因爲按照我們人的罪性，我們都是自以爲聰明，能夠了解這件事，就直接進行評論，這樣就會帶來雙方關係上的誤解，產生關係緊張和衝突行動，甚至是關係破裂，難以修復。

相反的，若是我們能夠了解對方，願意理解對方做事的動機，以及內心的需求，那諒解便會如影隨形的隨之而來。而當家人之間能夠彼此理解和諒解，達成接納、包容與成全，那便是一種幸福，一種被理解的幸福。

例如，當支配型（D型）的孩童到處亂跑，不願在家乖乖寫功課時，父母親大聲卻大聲斥責，沒有正確對待對方，結果是雙方關係緊張與爭吵。這個時候，父母若能給予競賽刺激說：「我們來比賽看誰先寫完數學，贏得人可以先選電視臺」，啟動孩童追求主導權的支配性格，相信會引發支配型孩童的成就動機，奮力完成數學作業，正確對待對方，達到雙贏的效果。

二、正確對待的方法

具體的說，我們需要做到以下三件事情，即了解、理解與諒解，來正確對待對方【13-2】，如圖13-2所示，茲說明如下：

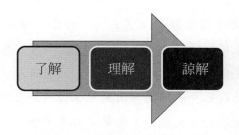

圖13-2　正確對待的美滿

1. 了解

了解就是看懂自己和對方是誰，著重在外面可見的行為現象，來判定人格特質。先去了解自己和對方的人格特質，願意去辨識和釐清我們的個性屬性，用點心思去發現和了解我們個性上的「優點和限制」。在這個階段，我們需要去欣賞我們的人格特質，進而完全接納我們的人格特質。

例如，筆者是內向理性的服從型（C型）人格，平時不愛招呼陌生人，具有深沉專注事務的特點，加上律己較嚴，自我管理較佳，是為優點。然而要留意不要過度自我控告，透過自我評估來貶損自己，以及落入完美主義的窠臼中。妻子彝璇則是外向感性的影響型（I型）人格，表達力強，高度追求創意與自由，生活上不喜歡受拘束，是屬於標準的樂天派。

2. 理解

了解就是去知道自己和對方為什麼會這樣做，著重在內在不可見的感受與動機，據以看見前因後果和是非對錯。要去理解對方的個性內涵，願意放下自己原先的先入為主觀念，進而探究對方如此說話或行動的原因，

也就是對方可能的說話或行為「動機」，乃至於對於某些事物的特定感受。在這個階段，我們需要去合理解讀對方的說話與行為動機，進而能夠認同對方的內在需求以及外在行為。

例如，當筆者看自己能夠又寫成《幸福學：學幸福》一書時，背後則是高度自我要求的動機驅使。因此，筆者需要經常對自己說：「澤義，你做得很棒，你是個勤勞奮鬥的好孩子」，並適時在「小七」買罐飲料犒賞自己，正確對待自己；而不要再用其他原因，如大學生不買教科書等理由，來批評、貶損自己。同樣的，當筆者看妻子整天怡然自得，連下班走在回家路上都會自得其樂，拍風景照在臉書PO文分享，同時也不喜歡我同樣的話說兩遍。這時筆者要理解到妻子她的自由感受，以及背後的創新動機，進而多去認同、欣賞她的作品，以及節制自己說話不要太過於囉嗦、嘮叨。

3. 諒解

諒解就是去看清楚，原來你不是故意的，你這樣做是有原因的。著重在原諒與饒恕自己和對方的無心之過。要去諒解對方的想法感受以及情緒反應，願意接受對方這個人，進而能夠包容整件事情的來龍去脈，帶來成全對方與合一交流。在這個階段，我們需要去包容對方的說話與行為動機，進而能夠賞識對方的內在心思意念與情緒反應，成為鑑賞人際關係的達人。

例如，當妻子聽到筆者同樣的話卻說上三遍，重複交代她待辦事項時，成熟的她業已理解到這是我追求人事物的和諧的動機使然，因此能夠諒解到這是我的服從型（C型）人格特質，從而能夠正確對待對方，包容我的嘮叨。

總之，做好了解、理解和諒解，就是要正確對待對方。這就像是撫摸貓咪的毛時，要順著毛的方向撫摸，這樣貓咪才會感到舒服，對你百依百

順；而不要反方向來撫摸，這樣貓咪會感到不舒服，對你咬牙切齒。至於錯誤對待對方，更像是踩住小狗的尾巴，卻要小狗聽話躺下一般，這時小狗必然是痛得汪汪叫，奮力掙脫，甚至會回過來反咬你一口。

三、正確對待相處的共通原則

1. 要做智慧人

房屋因智慧建造，又因聰明立穩。智慧人建立家室，愚昧人親手拆毀，智慧人大有能力。

智慧能力是來自於愛的能力，愛是需要學習的。因為有愛，才會有能力，有能力回轉、悔改、改變。家庭之愛是學習成長的愛。愛是需要學習的，它不會自然發生與成長，需要在環境壓力中，個人有能力，有自覺的努力調整。

例如，要做智慧人，先要知道對方（配偶）所要的是什麼，是一位妻子，而不是一個女傭。

你希望你的家成為什麼，成為皇宮，而非工廠，先生就是家中的國王，你了解對方（你的先生）的需要嗎。例如，先生說，以前我期待回家，如今，我害怕回家，因為太太有潔癖，把家變成工廠，變成軍營。我回家好像當兵一樣，這個家就像軍營，就像是工廠一樣，有做不完的家事，我一刻不得閒，逼得我沒有辦法喘氣。

2. 要把握機會

要愛惜光陰。要把握機會擁抱，把握家人能夠在一起的相處機會。學習才能使我們有能力，乃至於危機處理能力。危機就是危險加上機會，是因為有危險的發生，才會有機會來解套。故是危機也是轉機。

在這個時候就要打破惡性循環（crazy cycle），你做相同的事情，卻期待有不一樣的結果，這是不可能的。要增加活力循環（energizing cycle），做出新的行為，建立新習慣，以帶出好的結果。當有好的行為產生，才有機會產生好的習慣。事實上，只要有一方改變，另外一方就會跟著改變了。而一方表示軟弱的時候，另外一方表示我感覺到被愛與被接納。

3. 要明白上帝的心意

上帝的心意是家庭是親密的場所。而親密是溝通加上衝突的加減乘除，親密等於溝通加上衝突，再減去批評指責。在這個時候，家人之間要勇敢面對衝突。因為以下兩個理由：

(1)練習「說了，你就不會離開我」

(a)溝通加上衝突

家人就是需要經常在一起談談心事，這是愛情與親情的真義。說了表示親密，並且承擔可能的衝突。說了，你可能會離開我。因為敢說真實話，敢去面對可能的衝突。衝突是願意去面對，吵架表示仍然有互動，若是雙方都不說話，則連互動的意願都沒有了。

(b)減去批評指責

批評指責是指出對方的不是，目的是要對方按照我的意見來做。批評指責是因為我們只是看見對方的微塵，而看不見自己眼前的樑木。這個時候，我們需要練習快快的聽，慢慢的說，慢慢的動怒，以免衝突的惡化。不要等到衝突的痛苦，才會痛定思痛的悔改，就怕已經太遲。

(2)練習「若是不說，我就會離開你」

若是不說，我就會離開你。這是因為彼此不說真話，家人之間已經形同陌路，彼此之間已經是老死不相往來，或是徒具表面的膚淺關係。

【幸福詩篇】遊子吟

> 慈母手中線，遊子身上衣；
> 臨行密密縫，意恐遲遲歸。
> 誰言寸草心，報得三春暉。

——孟郊

孟郊（751～814）字東野。孟郊自年少即努力科舉求取功名，然卻屢試落第不中，直到46歲方考上進士，50歲才被選上溧陽尉，此篇〈遊子吟〉為其力作。

慈愛的母親在孩子身上懷抱期望，今在孩子行將出遠門時，將內心的期望化做一針一線的衣服縫製，唯恐孩子著涼受凍，一方面期許孩子功成名就，衣錦榮歸；然又掛心不知何年何月方能回鄉，母親這份慈愛與期望，實非做子女的所能報答。

上帝照顧每一個人的方式之一是透過母親。母親關愛子女，呵護子女，是天性的自然流露，就像遊子吟中的慈母，將自己的大愛心思與殷切期盼，全然化做一針一線，為人子女的在穿上這件衣裳後，定能感受到母愛的偉大。

13.3 多存些愛的存款

一、愛的存款

雙方之間的愛情水位高低有如到銀行的存款和提款行動，代表著你們之間的愛的存款水平。當你給對方一次愛的行動，就相當於在雙方的存款簿上，存進一筆愛的款項；而當你得罪對方或讓對方失望一次，就相當於在雙方的存款簿上，提出一筆愛的款項。

此時，若是雙方之間的愛情水位高漲，例如已有1,000萬元，則萬一雙方之間發生一次傷害事件，提款100萬元，則雙方之間的愛情水位仍然有900萬元，此次負面事件影響不大。相反的，若是雙方之間的愛情水位甚低，例如僅有50萬元，則萬一雙方之間發生一次傷害事件，提款100萬元，則雙方之間的愛情水位則蕩然無存（−50萬元），此次負面事件影響深遠。因為愛情存款不足，此時一件區區小事，恐將成為壓垮駱駝的最後一根稻草，不可不慎。

至於如何快速累積愛的存款呢，一個有效的方法是「存一進百」，要投其所好，而非給己所要。即愛要做在對方的需要之上，也就是需要愛在對方看重的地方上，絕對不要「自己做到流汗，反而被對方嫌到流唾（臺語）」。

　　一個人會快樂，兩個人（夫妻）則會成長，三個人以上（夫妻加上兒女）則是邁向成熟，這是自古不變的真理。事實上，婚姻雖然不能有後門，但是卻有天梯，只要雙方同心協力，一起爬天梯，自然會有美滿的結果。有道是：「花若盛開，蝴蝶自來；人若精彩，天自安排。」美滿婚姻的結果絕對是我們眼睛未曾看見，耳朵未曾聽見，內心也未曾想到的，而是超過我們所求所想的美好。

二、創造愛的存款

　　創造愛的存款就是積極向對方表達關愛，努力提升彼此間的愛情存款。表達關愛就是愛的溝通，是將關愛表達出來的方式。關愛是需要表達出來的，因為未經表達的關愛，對於接受者而言，其效果等於零。正如你們的信心，如果沒有表達出來就是死的，即信心沒有行為是死的。而表達出來則是需要言語和行動做為工具。

　　五種表達關愛的方法，又名五種愛的言語（5 love languages）。包括肯定的言詞、精心的分享、創意的禮物、貼心的服務、身體的接觸【13-3】等，如圖13-3所示，茲說明如下：

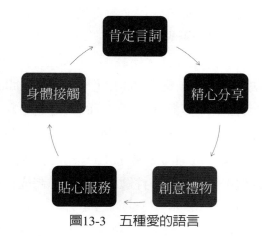

圖13-3　五種愛的語言

1. 肯定的言詞

　　肯定的言詞就是支持、欣賞、肯定對方，這是一種表達關愛對方的

話語，因爲愛在心裡口就要開，千萬不要愛在心裡口難開。例如，更肯定的使用「很好」、「超讚」、「非常棒」等的言詞，取代中性、模稜兩可的「不錯」、「普通」、「還可以」等說法。此外，千萬不要用「死」、「鬼」等的惡毒字眼來咒罵對方，例如，使用「去死」、「鬼打架」、「爛死了」、「死到哪裡去了」等負面話語。事實上，耶穌也是使用肯定的言詞，例如，「平平安安的去吧」、「放心吧」等。

　　肯定的言詞更需要經常欣賞對方的優點，看別人比自己強。我們要學習多看對方的優點，少看對方的缺點。況且所謂的「缺點」，其實只是優點的過度使用而已，故無需將焦點放在對方的缺點上。反倒是應當將眼光全然集中在對方的「優點」之上，如此方能看見對方最美好的一面，看別人比自己強，進而發出由衷的讚美與讚嘆之情。同時切記，若是不得已要提對方的一個缺點之時，需要先行提出三個對方的優點，使對方樂在其中，方足以使對方在面對你的指責時，有足夠的承受力量。事實上，彼此間的任何差異，更是帶來豐盛祝福的機會，從而我們可以將差異轉成祝福。

2. 精心的分享

　　肯定的言詞就是用心的對待對方，這裡主要包括兩種層次的分享。第一是精心的交談，交流分享生活上的瑣事，表達關心和在乎對方，這絕對是家人之間最難能可貴的甜蜜時光。第二是精心的陪伴，因爲時間是最珍貴的資源，願意花時間和對方在一起，就是愛的表示。對於深陷忙碌漩渦的現代人，單純的陪伴更是最高級的境界。特別是手機等3C產品無孔不入，經常會打斷破壞陪伴的和諧氣氛，因此，在親密家人共處的時光，將手機適度關機或轉成震動，更是成就精心陪伴的重要條件，需要加以留意。事實上，上帝也是差派祂的兒子耶穌，道成肉身來世界上，又差遣聖靈無時無刻的來陪伴你我，這更是上帝對我們的精心分享。

3. 創意的禮物

　　創意的禮物不在乎禮物的大小與貴重與否，而是留意到對方的眞實需要，以及對對方具有特別意義的禮物，而不管對方是否已經擁有類似的物品。例如，爲對方畫一幅畫，做爲心意的表達，使對方心動，成爲對方珍

愛的創意禮物。事實上，上帝也為我們預備創意的聖誕禮物，就是祂的兒子降臨來到世間。

4. 貼心的服務

　　貼心的服務是針對方的特定需要所做的窩心服務。例如，對方身心俱疲返家，立即給予對方愛的按摩，以及準備熱水洗澡；或是某人月事來潮時，對方特地外出為其買一碗熱騰騰的紅豆小湯圓，暖身又補血。事實上，上帝也是差派祂的兒子耶穌，為門徒洗腳服事。惟此時仍需注意個人應負的責任界線，不可一味付出，從而使對方錯失長大成熟的機會。例如，媽媽為兒女做牛做馬，照顧得無微不至，承擔過多，然卻使兒女成為媽寶，永遠長不大。此外，家事服務也不可使用金錢報償做為對價，例如，洗碗給予十元，買醬油給予五元等，如此會使家事服務變質，淪為工作服務的另一戰場，將情感的關愛意義喪失殆盡。事實上，所謂「家事」，就是「家裡面的事情」，故只要是家中人，就需要一起來承擔它，來表示對這個家的愛，而不是需要用金錢為對價來鼓勵對方做，不管是摺衣服、擺碗筷、買衛生紙或倒垃圾等家事，都是一樣的。

5. 身體的接觸

　　身體的接觸指肢體的撫觸，包括握手、拍肩、擁抱、親吻等關愛動作。基本上，每一個人都喜歡肢體的碰觸，因為適度的身體碰觸會激發快樂的酵素，使個人感到興奮而愉悅，而擁抱對方更是最熱情的方式之一。基本上，適度的肢體碰觸，如擁抱對方是件好事，可以表達關愛。然而在東方社會則往往是「知易行難」，需要特別用心去突破。

　　至於愛的存款要如何進行呢。基於智慧婦女建立家室，愚昧婦女親手拆毀，故需要有智慧、有計畫的去進行，不可莽撞亂行。基本上，以下是一般的原則：

1. 在對方萬分忙碌之時，需要安排精心的分享。例如，安排生日派對或是燭光晚餐。

2. 在對方十分疲累之時，需要安排貼心的服務。例如，為對方按摩或是放熱洗澡水。

3. 在對方努力創業之時，需要安排肯定的言語。例如，言詞鼓勵對方或

是正面強化行動。

4. 在對方遠行很久未見面之時，需要多做身體的接觸。例如，爲緊緊擁抱或是性事纏綿。

5. 在生活平淡無奇之時，需要安排創意的禮物。例如，結婚週年禮物或是生日禮物等。

最後，關愛的行動是需要眞心的表達的，因爲關愛如果不是出於眞心，這就如同是鳴的鑼、響的鈸一樣。這不是爲了執行規定，也不是爲了落實責任，更不是爲了達成承諾，而僅僅是內心關愛的表示。同時，愛的表達也需要及時，關愛絕對不是開立遠期支票，而是要珍惜現在。不是等到退休後，再帶對方去環遊世界；而是這個禮拜六，就陪她去附近公園散步；只要是還有機會，就要用心去做，這樣便不會後悔。因爲，我們彼此相愛，不是只在口舌和言語上，總要在行爲和誠實上【13-4】。

二、美滿不假外求

我們每一天都會碰到許多事件，這其中涵蓋了若干問題，而當我們的心思意念朝向問題的本身時，我們人的本性會很想集中精神在環境上，即專注在問題上，我們會很想將自己和問題結合，好像自己需要馬上戰勝問題。在這個時候，我們的聰明才智會爲了處理問題而快速運轉，全身變得緊張僵直。除非我們能夠馬上解決問題，否則我們會籠罩在挫敗感之中。

在此時，我們便是已經陷入問題系統之中，失焦而看不見上帝那一隻看不見的手，也就是沒有辦法以超然的角度，從上帝外在的角度來處理問題。

若是在問題或難題臨到時，試著和上帝討論對話，並且以上帝的眼光來重新看待問題。這樣一來，便會在我們和我們的緊張憂慮之間，放入一個緩衝劑，從而我們能夠「跳出三界外，不在五行中」，用上帝的眼光來看事情。我們便會發出會心微笑，或許是淡然處之，甚至是大笑三聲，從而能夠溫柔靈巧地處理每天的各種問題。

在我們的每一天當中，時時刻刻都會有一些決策點，一天當中有許多時間是我們必須馬上做出小小的決定。例如，決定吃哪一種口味的早餐、

走路時要走快一點還是慢慢走、要不要快跑幾步衝上公車、電梯門快關了，要不要一個箭步衝進去、要不要點開微信、臉書或簡訊等社群軟體、中午要跟誰吃午餐等。在這個時候，我們需要一些基本原則，來幫助自己做出更好的決定，而且不會因為小小事情不如人意而悶悶不樂，甚至情緒抓狂。多數人的決定是藉由習慣性反應、自利或是刻意討好別人來決定。這樣一來，便容易失去快樂的心情，而沒有辦法做到常常喜樂。

在這個時候，我們要想辦法將上帝拍進我們的相機中，心中想到上帝，看上帝一眼，在靈光一閃中，想一想最好怎樣做，上帝會開心。於是我們便能夠做出正確的決定，在這個時候，上帝同在的喜樂便會湧流在我們的心中。

13.4 解開各樣的衝突

前段提及，在日常生活中，特別是家庭生活中，經常會碰撞到不同的意見，發生爭吵衝突自是不可避免。然而衝突並非全屬負向，而有其進步發展和提振效能的正面意涵。因此，我們宜允許發生衝突，且積極管理面對衝突。

一、衝突管理

衝突管理是發生衝突後，所需要的處理方案和建設性解決機制，此即羅賓森（Robbinson）的衝突管理模式（conflict management model）。其方法包括：營造和解氣氛、訴諸更高層次目標、研擬創意解決方案、增添供給化解衝突與堅守認知公平【13-5】。此有如大衛王所著詩篇第23篇，〈牧羊人之歌〉【13-6】的內容，如圖13-4所示，茲說明如下：

1. 營造和解氣氛

營造和解氣氛即主動用溫和話語協調和緩和氣氛，正面舒緩雙方的爭吵，並導引雙方表述意見和解決方案，從中試圖化解。

此時，與我方意見不同的人為對手，在對方面前擺設平臺，指設宴安排聚餐飯局，讓衝突雙方共聚一堂，當做調解與處理爭吵的舞臺。這是因

圖13-4　衝突化解方式

爲在用餐時，通常是歡樂輕鬆的時光，例如，午餐聚餐、晚餐消夜、假日聚餐、甚至是慶功歡宴、同學會聚餐、結婚喜宴等，許多爭執較易在此時化解。這是〈牧羊人之歌〉第五節前段的內容：「在我敵人面前，你爲我擺設筵席」。

2. 訴諸更高層次目標

在適當場合中，我們若訴諸更高層次目標，可提高衝突者的自尊以處理紛爭，即能促使對方願意爲更高層次的目標努力，放下現階段的一時損失。這時是訴求更高層次目標的意義，有如用膏油塗抹對方一樣的委以重任，授予使命，來提升對方的自尊心。就是先聚焦在超然目標，例如共同抵抗外來威脅，凝聚共識，並轉移現在的衝突點，同時爲創意的處理方案鋪路。這是〈牧羊人之歌〉第五節中段的內容：「你用油膏了我的頭」。

例如，筆者在中華經濟研究院工作三年時，考上博士班後不久便結婚，後來妻子懷孕了。妻子原本從事青少年輔導的工作，這時我們面臨五個目標間（研究院工作、攻讀博士班、青少年輔導、夫妻相處磨合、生兒育女）的衝突拉扯中。妻子和我深度溝通，提到更高層次的目標，即有品質的教養。基於「六歲定終身」的理論，六歲前的教養業已決定孩子終身的人格發展，若孩子在六歲以前，能夠獲得完整的父母關愛，便能使他擁有足夠安全感，更有信心的進入學校和社會。同時思索，好好教養自己的

兒女，防患未然，更勝於補破網般的進行不良青少年的輔導。

在這個更高目標的指導下，妻子毅然辭去工作，在家教養兩個小孩直到六歲，再重回工作現場，這個決定一舉解決日後七年間，在家中可能屢屢會不斷發生的壓力衝突。

3. 研擬創意解決方案

在雙方輪流表達自己觀點，同時檢驗事實、澄清雙方誤會或探索彼此善意之後。便可擬定創意解決方法，來引導各方善意並考慮到彼此的尊嚴，雙方皆有下臺階來解決衝突。這時需要多方協調和溝通，探知各方立場、心情感受和共通利益，提出各方皆能接受的創意解決方案，或是最低限度的折衷方案。這是〈牧羊人之歌〉第五節中段的內容：「你用油膏了我的頭」。

例如，筆者在求學期間，曾經和同班同學共同追求一位女子，即將發生二搶一的爭奪衝突。班上當完兵的蕭同學適時挺身而出，約我們當事人一起到北車附近的咖啡廳相聚，先行營造和解氣氛。蕭同學對筆者耳提面命說：「感情是一時的，同窗情誼是恆久的。我盼望你們之間以後還是朋友，不要為這件事，傷害彼此的感情」。他提出一個創意解決方案，即由女方當場選擇一人繼續交往。立時快刀斬亂麻，即時化解一場可能的紛爭，此舉高明令人拍案叫絕。

4. 增加供給解決衝突

由於衝突多來自於供給少於需求。因此，我們若能夠把餅做大，增加供給量來滿足對方需求，便能夠化解衝突。這是指我們從外界獲得資源，並分配到各方需求中。即增加供應，使雙方福杯飽滿，甚至滿溢。這是〈牧羊人之歌〉第五節後段的內容：「使我的福杯滿溢」。

5. 堅守認知公平

衝突管理的最高原則是使各方都能感受到認知公平（perceived justice），在物質面、心理面、時間面等多個層面，使衝突各方都能感受

到調解所帶來的結果公平、程序公平和互動公平。從而各方皆能滿意，雙方恢復和好。除非是情非得已，才找雙方都能信任的第三方，甚至是當地法院來裁決，堅守認知公平。

此時衝突各方都能認知到恩惠和慈愛氣氛，這意謂著管理衝突需要使各方感受到恩惠和慈愛。首先是恩惠，指衝突化解後，能獲得物質上的恩惠，獲得結果公平；再來是慈愛，指衝突化解過程中，能獲得善意對待，如真心對待，獲得程序公平和互動公平。使衝突方能滿意，再次享有快樂，重拾歡顏，一如待在天國中，直到永遠。這就是〈牧羊人之歌〉第六節的內容：「我一生一世必有恩惠慈愛隨著我；我且要住在耶和華的殿中，直到永遠」。

二、道歉的角色

道歉是指承認錯誤，這是衝突發生後，進行補償的第一步動作，也就是將失誤設下停損點，是一絕佳方法，Lovelock指出，衝突補救的最高指導原則，第一是道歉，第二是道歉，第三還是道歉【13-7】。

基本上，道歉、承認錯誤並補償對方，即是積極的解決方式。解釋原因可歸因於內部原因或外部原因，內部原因是自己不好；外部原因可能是因為天氣不佳，或有颱風地震，紅綠燈太多，所以遲到。不當的歸因反而會導致對方的不滿，在解釋時需要特別注意。

例如，每當妻子和我發生衝突時，在爆發爭吵之後，我學會以下五點：

1. 雙方不要同時生氣

在發生爭吵時，要馬上煞車，不要繼續吵下去，也就是不要雙方同時發脾氣。這樣便能大大減少發生大吵大鬧的惡性爭吵情形，而是有一方會等到對方發完脾氣，情緒回復正常後，再行跟對方發脾氣，以使對方能夠接住這份情緒，這一點十分重要。

2. 位階為大的先行道歉

在家庭中，身為戶長的我要先行道歉，因為既然為一家之主，正如一國之君，在百姓蒼生（配偶與家人）民不聊生時，應當「下詔罪己」一

樣。

3. 先為氣氛不佳來道歉

　　基本上，與配偶或家人間的爭吵多屬芝麻綠豆的小事，如買錯或買貴了日常用品，或東西擺錯位置以至於找不著等，因此，需要先為氣氛不佳來道歉。我就說：「親愛的，我今天沒能給妳一個快樂的晚上，我向妳道歉」。這樣一來就能大事化小，小事化無，使對方破涕為笑，化干戈為玉帛。

4. 當天爭吵當天道歉

　　發生爭吵衝突時，基於今日事今日畢的原則，需要及時道歉，而不應該長期冷戰，拖延時間或拉長戰線。因為這有如每天需要行大解，以使腸道暢通，避免發生便祕堵塞腸道不通的情形，傷害身體健康。故發生爭吵衝突的當下，我都當下就去道歉。

5. 先行道歉非常重要

　　若是可行就直接向對方道歉，若是一時拉不下面子，就先為氣氛道歉。我便說：「親愛的，我把今天的氣氛搞砸了，我向妳道歉」，而當我先道歉後，就給對方一個下臺階。妻子便回說：「沒有關係，下次小心點就好，事實上，我也沒有注意到」。這樣一來，衝突爭吵的壓力已經化解了一大半。

　　葛里翰說，幸福婚姻的祕訣在於能夠「和好」，向對方道歉，說：「對不起，我錯了」，來勝過人的罪性，罪性就是心中因反對而反對的力量。也就是幸福婚姻是兩個善於饒恕之人的結合，與上帝和好也與配偶和好，兩人之間有正確且合宜的關係。不饒恕對方就有如破唱片經常運轉，苦水經常倒帶，把對方一直當做你的「心上人」，念念不忘對方曾經傷害過你的事情。事實上，配偶或家人是不會主動改變的，除非他感受到愛和接納。面對配偶或家人，只要能夠有效化解衝突，重拾快樂歡顏，則天底下沒有什麼不能解決的事情，幸福美滿的婚姻與家庭生活自然指日可待，並且能夠維持長久的年日，共勉之。

三、靠上帝喜樂

如果，上述所說明的事情無法令你快樂美滿，那最終的祕訣在於「靠上帝喜樂」，為什麼？因為上帝愛你，祂要你天天開心，常常喜樂，這是上帝的心意，並且祂已經先行簽好一份契約，給你一個約定，就是聖經「新約」。這就有如我們買賣房屋、買賣汽車都需要簽訂契約一樣。簽約的目的在於保障交易安全，保證雙方都會履行承諾，不會食言不履行。而在簽約的時候都會有抵押品，當作保證。這就有如我們向銀行貸款時，需要有房屋或田地做抵押一樣。同樣地，上帝和你簽訂新約，抵押品就是上帝的兒子，耶穌身上的血。因此，你就可以放心的和上帝簽約，把自己身上的重擔交給上帝，將每一天日常生活的壓力交託給上帝。如此一來，喜樂的泉源便會油然而生，有如挪去石頭以後，泉水自然而然的湧流而出一般。

最後，我們愛，是因為上帝愛我們。甚至能夠做到人要離開父母，與妻子聯合，二人成為一體的境地【13-8】。我們只要將自己變成一個插頭，插入上帝愛的大插座中，就永遠不會斷電，心中的愛就永遠不會枯竭。

【習作練習】

1. 請用300個字寫下最近你所發生的衝突或爭吵情形，並且至少提出可行的兩種化解衝突的方法，如果時間可以重新來過的話。
2. 請兩個人為一組，彼此向對方做出一種愛的言語的練習。

【古今中外】迪士尼的樂觀再思

華德迪士尼（Walt Disney）和他的好朋友烏比先生，在年輕時創立歡笑卡通公司，從事製作動畫電影，他們製作「愛麗絲夢遊仙境」成功引領世人進入童話世界，造就每一個孩童的快樂童年。但就在迪士尼事業經營才剛起步、站穩腳步的同時。紐約地區影片發行人米茲由於龐大的商業利益，用高薪挖角歡笑卡通公司的動畫師和製片技術專家，這使得華德迪士尼必須退出動畫電影市場，宣告失敗。

面對商場血淋淋的競爭，華德迪士尼平靜的返回洛杉磯老家，他勇敢接受這次挫敗，不逃避和掩蓋，反而是將這次失敗當做通往下一次成功的一項敲門磚。在回家的火車上，他安靜思考，獲得上帝賜給他米老鼠的靈感，華德迪士尼後來被稱做「米老鼠之父」。

米老鼠代表華德迪士尼的性格，開朗樂觀、誠實善良、冒險積極的人生態度，加上一點點創新挑戰自己的信念。人們喜歡看米老鼠，就是喜歡華德迪士尼。這告訴你，勇敢展現自我特質才是影響別人，導致成功的關鍵元素，這是上帝放在我們每個人生命中的A計畫。

甚至，影片錄音商人包羅斯高薪挖角動畫專家烏比，他是華德迪士尼的事業夥伴，這對華德迪士尼更是重大打擊。然而，他透過米老鼠米奇來說明心路歷程：「米奇先生是好人，他不會傷害別人，雖然有時會遭遇困難，但他積極樂觀、沉著應付，最後定會化險為夷的。」

真的，華德迪士尼不久後就製作出「三隻小豬」動畫影片，告訴世人辛勤工作的人（指小豬），一定會得到報酬，詭詐的人（指大野狼）一定會遭到報應。隨後，因「唐老鴨」、「白雪公主」、「木偶奇遇記」等片接連上市，華德迪士尼創立的迪士尼事業更加壯大。這個真實故事為積極樂觀面對挑戰，勇敢面對知覺犧牲，提供最佳的例證。

【本章注釋】

13-1　D.I.S.C的四相人格理論是由美國心理學家維廉‧馬斯頓（William Moulton）於1928年所提出。敬請參閱Moulton, W.M. (2015), *Emotions of Normal People*, NY: The Amazon Bookstore.

13-2　有關了解、理解與諒解的內容，敬請參閱劉大明（民104），《性格管理學》一至十講，中壢：自編講義。

13-3　五種愛的語言係由蓋瑞（Gary Chapman）博士於2010年所提出，詳細內容敬請參閱，Gary, C. (2015), *The 5 Love Languages: The Secret to Love that Lasts*, NY:

Amazon Bookstore.

13-4　「我們彼此相愛，不是只在口舌和言語上，總要在行爲和誠實上」。原文出自《聖經‧約翰壹書》3章18節。

13-5　衝突管理模式（conflict management model）的內涵，出自羅賓森（Robbinson），請參見Robbins, S. P. (2009), *Organization Behavior, the eleventh edition*, Prentice-Hall, Inc；亦請參閱陳澤義（民101），《影響力是通往世界的窗戶》，臺北市：聯經出版，第五篇之一衝突帶出機會。

13-6　《大衛詩篇》第23篇，〈牧羊人之歌〉的全部內容（共六節）爲：「耶和華是我的牧者，我必不致缺乏。他使我躺臥在青草地上，領我在可安歇的水邊。他使我的靈魂甦醒，爲自己的名引導我走義路。我雖然行過死蔭的幽谷，也不怕遭害，因爲你與我同在；你的杖，你的竿，都安慰我。在我敵人面前，你爲我擺設筵席；你用油膏了我的頭，使我的福杯滿溢。我一生一世必有恩惠慈愛隨著我；我且要住在耶和華的殿中，直到永遠」。

13-7　有關道歉的服務補償基本原則，請參見Lovelock, C.H. (2010), *Service Marketing: People, Technology, Strategy*. 7th ed., Prentice-Hall, Inc. 以及陳澤義（民104），服務管理（五版），臺北市：華泰文化。

13-8　「我們愛，是因爲上帝愛我們」。原文出自《聖經‧約翰壹書》4章19節。以及「人要離開父母，與妻子聯合，二人成爲一體」。原文出自《聖經‧創世紀》2章24節。

第肆篇 練習幸福人生眞善美

每個人都有幸福的DNA，本書就是一本練習幸福的完全手冊，幸福DNA的三個內涵要素是快樂、希望和美滿，成就幸福美滿的家庭生活，而這一切都需要你我多加練習。此外，做對的事更是幸福人生的關鍵要素，需要你我特別留意。

　　仔細看幸福的「福」這個字，左邊是「神」的部首，右邊是「一口田」的筆順，故真正的幸福是自我接受並享有「神賜一口田」的福氣，也就是擁有一顆知足的心。因此，只要有顆心滿意足的心，你我都會是幸福人，都會做幸福的事。

　　最後，且讓我們如鷹展翅上騰，勇敢飛往世界的高處，擴大人生的視野，做自己幸福人生的CEO，完成上帝在你身上的命定之路，加油。

第十四章 算命是美夢或是惡夢

【幸福宣言】：生涯成就宣言

在我今生的生命中，一切就是這樣幸福、快樂和美滿。

我和創造我的上帝是相連結的。

我內在擁有成功的一切要素。

現在上帝讓成功的方程式流經過我，並彰顯在我的生涯歷程中。

不論上帝引導我去做什麼，都會成功。

我從每個經驗中學習，在各個領域中平衡發展。

我能一次又一次地成功，獲得一次又一次的光榮。

我的道路由一連串的踏腳石所組成，通往更大的成功。

在上帝安排給我的生命中，每天都是美好、奇妙的。

14.1 算命的鏡花水月

俗話說：「人生不如意十之八九」。

因此有人在歷經挫折滄桑之後，就覺得命運無常，難以琢磨，

進入「窮算命，富燒香」的人生常模。

繼而不免長嘆「生死由命，富貴在天」，

偏向宿命論，任由命運擺弄，消極墮落，甚至自生自滅。

或謂命運是可知可測，只要掌握命理本質和論命法則，

人人皆可預測自己命運。

然而，事實果真是如此？本節將述說分明。

一、算命的分類

算命（fortune-telling）又稱命理，顧名思義，即是透過若干特定資

訊，通常是當事人的出生年月日「數字」的命理（numerology）資訊，來估算某個人的未來命運，包括在事業前程、家庭婚姻、外出遠行、身體健康等各個層面。算命或命理可以滿足若干人對於未知的恐懼，期盼能夠藉由「趨吉避凶」的改命或改運的手段，達成心想事成的希望美夢。特別是人生遭逢困境時，特別是窮途潦倒時，算命每每成為當事人唯一能夠倚賴的鏡花水月，故有「窮算命、富燒香」一說，因此美滿人生亦與算命密切相關，故本書特闢專章說明。

廣義的算命，更包括「算命」、「相命」、「問命」、「蓋命」四種，說明如下：

「算命」：指狹義的算命，指參考某個人的出生時辰資訊，或姓名筆劃資訊，透過某種計算算式，來推算個人或家族的命運。如八字推命、紫微斗數、星座算命、姓名筆劃算命等。本章第一節即討論狹義的算命。

「相命」：指參考某個人身體部位的某些特徵，或陽宅與陰宅的位置，透過方位和磁場的資訊，來推算個人或家族的命運。如面相、手相、骨相、堪輿風水等。本章第二節即討論相命的迷思。

「問命」：指直接或間接透過靈界的指引，或個人直覺的啟示，來推算個人或家族的命運。如通靈算命、靈媒、塔羅牌、碟仙、錢仙等。本章第三節即討論問命的真相。

「蓋命」：指參考心理學的知識，加上察言觀色的技巧與江湖術士的各種雕蟲小技，來推算個人的命運，且多會以輪迴論點來美化蓋命的結果，不免有吹牛皮誤導對方的情形。本章第四節即討論輪迴的幻影。

而算命的「命」字，就是指「口令」而言，因為命字是口字加令字的合體。此時，當事人係接受算命先生下達的一道口令，因而被其口令的威風所限制，需要按照所下的命令而行。就好像先前由臺北前往上海的班機，需要先經過香港機場轉機一樣。若是由目標規劃的角度言之，加上算命的口令後，明顯會壓縮原先「可行解」的空間，可知算命的魅力所在。

二、算命的出生生辰資料

在狹義的算命中，常見生辰八字的四柱推命、紫微斗數命盤算命、巴

比倫的西洋星座算命，都是採用當事人的出生時辰做為投入資料，據以建立基礎，來求算其未來的一生命運，此時出生時刻便十分重要。

因為在八字的四柱算命中，係以生辰八字（birthdates）（即出生年、月、日、時等四柱）的四柱（poster）時間點，來推算當事人的一生命運，乃至於當事人的十年大運（decade grand canal）和各年流年（fleeting time）等細節。另在紫微斗數算命中，係以此一出生時辰點來建立當事人的紫微斗數命盤，並以此命盤推定其本宮命格，搭配三方四正，即財帛宮、事業宮與遷移宮，乃至於其餘的宮位，共12個宮位，搭配各種主星，來代表當事人的一輩子命運。至於在西洋星座算命中，則是以出生時刻推定其太陽星座，代表其與黃道面上某個星辰的直線位置，再推算其月亮上升星座，乃至於代表理性智慧的水星星座，以及代表情感感性的金星星座，乃至於太陽系其餘的星系等相對星座所屬，據以推定當事人的命運靈動。此點在八字算命、紫微斗數算命、星座算命中俱是如此。

然而，此處便衍生一個疑點，為什麼是使用當事人「出生」的時間點呢？為什麼不是「站起來」開始走路的那一個時辰呢？又為什麼不是「說話」，即開始說出「爸爸或媽媽」的那一個時辰呢？若說出生這一天是當事人的生命起源時刻，那麼由於在醫學中，業已確認人們在母胎中就已經孕育生命，這由母體的胎動現象即可證明。而生命的起源應該是個人受孕的時刻，也就是父親的精子和母親的卵子，開始結合的那一個時刻，因為那是個人開始有新生命的時刻。若以傳統的農曆年計算，我們在出生時分就已經算是一歲，即為另一旁證（圖14-1）。

然而，就目前的科技而言，精子與卵子結合的正確時刻沒有人會知道，只有生命的創造者上帝才知道，自然也沒有算命所使用的資料庫存在。此即隱祕的事是屬耶和華上帝的；唯有明顯的事是永遠屬於我們和我們子孫的，好叫我們遵行這上帝律法書上的一切話【14-1】。

因此，對於狹義算命一事，我們可以斷言，基於「錯誤的資料必然產生錯誤的產出結果（garbage in, garbage out）」，業已動搖狹義算命的理論基礎。這也就是算命經常會呈現是是非非，以及似是而非的迷霧般結果之主因。

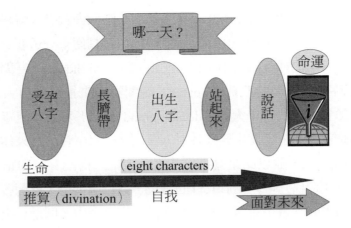

圖14-1 算命的出生時刻

三、算命的母群體與樣本

再者，算命的推論亦可以從統計學中的母體和樣本來探討。例如，在西洋星座算命中，太陽星座中屬天蠍座的人，個性是敢愛敢恨，做決定也是堅定果斷；若是屬雙子座的人，個性是風流倜儻，喜愛作詩撰文，喜愛唱歌跳舞，文筆也如行雲流水般的流暢。因為太陽星座屬天蠍座或雙子座人都有此種個性風格，所以這些對於天蠍座或雙子座的斷言，亦即根據母體推論後的結果。也就是以這些人為樣本，其係代表某個母體的情形。

此時，我們便要問一個問題？這種斷言的母體是何群體？經進一步查證，星座是從何處發源呢？答案是巴比倫，「巴比倫占星學」一詞即代表西洋星座算命的發源處。又巴比倫何所指？即為底格里斯河和幼發拉底河所交會的美索不達米亞平原，屬現今伊拉克、伊朗地界。在此處為回教世界的核心地塊，亦為伊拉克強人海珊總統的政權所在，也是伊斯蘭國（IS）恐怖組織的地界。在該地人口中，信奉回教的比率已超過99%，其中極少人信奉基督教、佛道或是其他宗教，所以西洋星座算命的母體明顯是回教世界，其係代表回教徒的生活準則和生活方式。

至於東方的紫微斗數和八字算命，此為春秋戰國時代「九流十家」中，陰陽家的產物，歷史上的時間點則是介於東周末年與秦朝、西漢初年

之間。在那時，古中國人口中，多是信奉民間祖先信仰、巫術或是五行德運的初始宗教。因爲此時道教與佛教皆尚未創立，基督教也尚未傳入中國大陸。所以紫微斗數和八字算命的母體明顯是古代中國大陸，其代表民間祖先信仰者等的生活準則和生活方式，其理甚明。

　　站在學術的立場，某一個母體的推論結果，如果要應用到其他母體中，需要先行檢視此二個母體的相似性，方能爲之斷，這也就是研究方法上的理論模型「一般化（generalization）」的推論原理【14-2】。換句話說，現代人若是要應用西洋星座算命、紫微斗數算命、八字算命等工具來推算個人的命運，自然需要檢視自己所處的國家與算命所源的地區，彼此之間的世界觀、文化、生活方式是否有顯著的差異，若是兩者間具有顯著差異，則不宜使用此一算命工具【14-3】。如此才不會錯把馮京當馬涼，畫虎不成反類犬，不僅貽笑大方，也會耽誤當事人的大好前程。

　　申言之，就西洋星座算命而言，臺灣的風俗與文化，和回教世界的風俗與文化，相距何只八千里遠。若遽然採用西洋星座算命來推論命運的結果，必將使當事人陷入更加迷茫的境地，因爲使用不當的模型來推論耳；至於紫微斗數與八字算命，雖是古代中國的產物，但由於西風東漸下，臺灣的風俗與文化受歐美西化的影響頗深，加上全球化國際觀、美式都會生活、佛教與道教信仰等，皆已明顯改變臺灣的樣貌。若遽然採用紫微斗數、八字算命的結果，同樣的，也是使當事人導向錯繆、曲解的不當推論之中。

　　更進一步，不管是西洋星座算命、紫微斗數算命或八字算命的母體，即回教世界和秦漢中國，其有一個明顯的現象，就是當中幾乎沒有信奉基督教或天主教的居民。也就是全部都是使用未信上帝的人爲樣本，其代表著世人按照自我中心的「自我律」行動之結果。這是與上帝無關、是地上來的律，是有罪的律，故缺乏平安。基於基督教或天主教皆強調上帝差派耶穌降世爲人，爲要洗淨世人的罪惡，赦免其原罪。換句話說，就是以「生命律」來取代「自我律」。因爲世人原本係以自我律來生活作息，爲人處事；當人相信耶穌基督後，便會有上帝生命流入其中，形成生命律來過新生活。此即耶穌所說：從天上來的是在萬有之上；從地上來的是屬乎

地，他所說的也是屬乎地。從天上來的是在萬有之上。以及賜生命聖靈的律，在基督耶穌裡釋放了我，使我脫離罪和死的律了【14-4】。所以從天上來的就是生命律，然而地上來的就是自我律，所以兩個律是不相同的，這兩個律是互相抗爭的。

對一個天然人而言（未信上帝的人），若算命算得很準、這或許沒有錯，因為統計學的大數法則與中央極限定理，那是自我律，遵照自我律運行的結果；但是對相信基督或上帝的人，基督耶穌業已將他從罪和死亡中拉出來，帶他進入上帝國度中，從而進入上帝的生命律當中，故過去算命的自我律便不再準確，算命先生所斷言的事就不會發生在他身上，因為他已經脫離算命的挾制。此即若有人在基督裡，他就是新造的人，舊事已過，都變成新的了【14-5】。

例如，在民國76年12月我信上帝後，上帝感動我要考博士班，但是我想那一年紫微命盤流年的三方四正沒有文昌、文曲，沒有功名運，所以我不想考。但是上帝卻感動我的主管和牧師，要我報名。真的很奇妙，上帝讓我考上交通大學管理博士班。後來，上帝使我在民國78年5月結婚，其實那一年紫微命盤流年的婚姻宮沒有紅鸞星、天喜星，那是很快也很奇妙的事情。又在民國79年和81年分別生下兩個男孩，但是我的子女宮是落陷化忌，命主無男丁、只要懷男胎就會早產，這幾乎是鐵律，後來只有禱告上帝，上帝做奇妙大事，第一胎順利產下男孩，第二胎再次順產男孩，真是奇妙。上帝做奇妙大事，打破紫微斗數算命的命定，所以許多事情都被上帝介入而改變。

14.2 相命的是是非非

一、堪輿風水

在相命中，係以方位和磁場為基礎，來推論當事人或家族的命運。其

中以地理堪輿的風水命理為主，另外，面相、手相、骨相亦屬相命的範疇。

堪輿風水（geomantic omen; feng-shui）是直接由五行方位來相論土地，即臨場校察地理形勢，透過方位與磁場，即透過龍、穴、砂、水、向的地理五訣，進行覓龍、察砂、觀水、點穴、立向的精密工程，據以斷定當事人（多指陽宅），或其子孫（多指陰宅）的命運吉凶。其明顯是根據陰陽五行（five position）和羅盤方位的五行方位之術，做為其核心學理根據，其理至明，圖14-2即說明堪輿風水與姓名學。

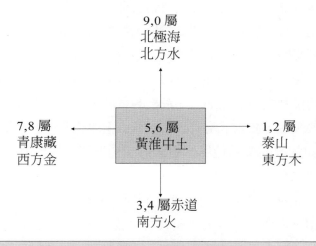

缺金補金（錞），缺木補木（楟），缺土補土（埠）

圖14-2　風水堪輿與姓名學

所謂的陰陽五行，係指「木、火、土、金、水」的五種物質的運轉靈動，從而五行方位即是將陰陽五行搭配方位，即「東、南、中、西、北」，進而成為「東方木，西方金，中方土，南方火，北方水」。

然而，果真東方是木，西方是金，南方是火，北方是水，中方是土嗎？如仔細探究，可知其與中國大陸的中原地勢息息相關，說明如下：

首先，所謂的「東方木」是站在中原地區而言。更仔細說是秦都咸陽（今陝西省西安）和東周都雒邑（今河南省洛陽）的地界，此時古代君王

每年皆需到山東省的泰山祭祀上天，因泰山地多種植森林故屬木，且山東省位於河南省與陝西省之東方，故稱「東方木」。

再者，「西方金」也是站在中原地區的角度，所謂的西出陽關無故人，意指從萬里長城嘉峪關往西方而行，盡是塞外荒漠之地，即是當今新疆、青海、西康的地界，此地位居中原之西邊，經年吹襲強勁的西風，猶如肅殺金絲般的刺透面龐，令人縮首而避。加上金是肅殺之氣的統稱，故云「西方金」。

三者，「中方土」更是站在中原地區的角度，直指中原地區的黃淮平原，甚至是黃土高原，包括當今的河南省全部和陝西省的關中地區，其富藏豐富的沃土，且土質肥沃，利於耕種，是萬物生產的本源，進而孕育出當時的古中國文明，故云「中方土」。

最後，「南方火」與「北方水」則是站在中原地區，如由中原往南行，則是抵達炎熱的瘴癘之地，如荊襄的楚地、南蠻的滇貴地區等。因天候炎熱如火般炙熱，故云「南方火」。若由中原往北行，則是到達寒冷的冰漠荒原，如匈奴的蒙古地界、更北的北極海等。因天候寒凍如水般冰冷，故云「北方水」。

同樣的，站在學術的立場，某一個模式的研究結果，如果要能應用到其他地域中，需要先行檢視該模式的一般化（generalization）能力，方能爲之斷【14-6】。若以堪輿風水的五行方位言，一個簡易的方式，即是需檢視臺灣地區的五行方位，是否符合堪輿風水的「東方木」、「南方火」、「中方土」、「西方金」、「北方水」之推論。

首先，在臺灣的西半部，即嘉南平原，其土壤肥沃爲魚米之鄉，富藏豐富的沃土，故臺灣明顯並非「西方金」，反而應是多土的「西方土」。至於在臺灣的東半部，即後山的花東地界，其多遭颱風直接侵擾，樹木多在初生時即遭颱風吹倒，多難以長成大樹，故臺灣明顯並非「東方木」，反而應是多風的「東方金」。至於臺灣的中心地區，即中央山脈，其多神木森林資源，樹木繁多且茂密栽植，故臺灣明顯並非「中方土」，反而應是多木的「中方木」。最後，至於「南方火」與「北方水」，因臺灣位於北半球，北方的雙北和基隆較爲寒冷，南方的臺南與高雄較爲炎熱，故則

「南方火」與「北方水」係爲合理的推論。

　　此外，若將相命地點轉換至美國地區，其西岸是陽光加州，明顯不是「西方金」，反而應是肥沃的「西方土」；其東岸是紐約州和華盛頓州，應是「東方金」，而非「東方木」。至於若將地點轉換至南半球的澳洲，其北岸是較接近赤道的達爾文和布里斯本，故澳洲明顯不是「北方水」，反而應是炎熱的「北方火」；澳洲南岸則是較接近南極的墨爾本和雪梨，應是寒冷的「南方水」，而非「南方火」。此點恰與傳統五行方位剛好相反，此點說明堪輿風水的五行方位僅能適用在中國的中原地區，無法一般化應用到世界上的其他地區。

二、姓名學

　　姓名學（nameology; authroponymy）是計算個人的姓名筆畫，探求其中的五行靈動，搭配五行方位，進而推論其吉凶的方式。在姓名學中，係先將姓名筆畫計算出來，再將姓與假成（1畫）相加成「天格」，姓與名字的第一個字相加成「人格」，名字的第一個字和第二個字相加成「地格」，姓與名字的第一個字、第二個字相加成「總格」。分別代表一個人的先天、前半生、後半生，以及一輩子的命運。

　　在姓名學中，很重要的是姓名筆畫，在其中，尾數1畫與2畫屬「木」的靈動，並啟動五行方位，而成爲「東方木」；尾數3畫與4畫屬「火」的靈動，啟動五行方位成爲「南方火」；尾數5畫與6畫屬「土」的靈動，而爲「中方土」；尾數7畫與8畫屬「金」的靈動，而爲「西方金」；尾數9畫與0畫屬「水」的靈動，而爲「北方水」。準此，姓名學與堪輿風水一樣，皆有「五行方位」上的問題。

　　申言之，姓名學啟動五行相生的「木生火、火生土、土生金、金生水、水生木」之靈動，以及五行相剋的「木剋土、土剋水、水剋火、火剋金、金剋木」之靈動機制。並搭配生辰時刻的五行生剋靈動，缺木補木，缺火補火，缺土補土，缺金補金，缺水補水的舉動。此在姓名命名或改運改名中經常出現，即如原有的亭亭玉立的「亭」字，在需要補木時即改成「楟」字；需要補火時即改成「煷」字；需要補土時即改成「堷」字；需

要補金時即改成「錞」字；需要補水時即改成「淳」字，其餘類推。所以我們在自己或他人的姓名中，可以見到許多稀奇古怪的名字，此泰半是經由算命先生命名或是改名後的產物。

　　由此可知，堪輿風水與姓名學雖為古代中國文明的產物，看似可以依循運用。然其僅適用在中國的中原地區，該模式明顯無法一般化，故不宜運用在其他地區，此值得有識者再思。

【幸福詩篇】水調歌頭

明月幾時有，把酒問青天。

不知天上宮闕，今夕是何年。

我欲乘風歸去，唯恐瓊樓玉宇，高處不勝寒。

起舞弄清影，何似在人間。

轉朱閣，低綺戶，照無眠。

不應有恨，何事長向別時圓。

人有悲歡離合，月有陰晴圓缺，此事古難全。

但願人長久，千里共嬋娟。

—— 蘇軾

〈水調歌頭〉是蘇軾懷念遠方的弟弟蘇轍而作。詞中高度展現作者對恆常宇宙和多變社會的整合理解與洞察，是蘇東坡豁達世界觀和對明月、對世人觀察後的一個小小總結。

　　詞中前半段呈現詞人由超凡出世到熱愛生命的心思意念，側重在天上的事物。後半段則化實景為寓意，將景物思情，呈現詞人對人世間悲歡離合的解讀，側重在人間的事物。

　　全詞高度運用形象描繪和浪漫主義的遐想，緊扣中秋明月的描繪、抒情和說理，從天上到人間、從明月到世人、從空間勾勒到時間連結，從事多面向的思考，將自己對兄弟的情感，昇華提高到探索人生達觀的信念高度，表達蘇軾樂觀高遠的人生追尋和美滿人生信念。

蘇軾洞悉古今人事變遷，感慨宇宙更迭，厭煩宦海浮沉。反呈現皓月當空，堅持孤高曠遠的意境，滲入濃厚的反思情懷，展現崇高的人生美滿理念，是達到人和上帝、人和大自然、人和周遭他人的緊密結合。

14.3 問命的眞相破解

問命主要係直接向他方詢問命運，即爲通靈算命、靈媒、塔羅牌、碟仙、錢仙等。本節統稱通靈算命並說明如下（圖14-3）：

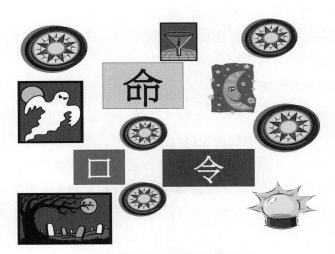

圖14-3　通靈算命的背後

一、通靈算命的意義

通靈算命（psychic fortune）係透過靈界的力量，打開天眼或天耳，獲得天眼通或天耳通等某些神通。即如天眼通、天耳通、他心通、宿命通、神足通、漏盡通，六神通的特異能力，藉以直接或間接看見靈界的傳導或啟示，來推算被算命人的個人或家族的命運。其中天耳通（dibbasota）係能聽到極遠方的聲音，包括言語或其他音頻等，或是能聽到靈界音律，或是跨過障礙物（例如牆壁）聽到聲音。天眼通（dibba-cakkhu）則是能看見極遠方的事物，或能透視障礙物或身體；不受光源明暗影響。通靈算命即藉由修定力或靈媒力傳導，即如源自佛教自身禪定或道教廟宇乩童起乩通靈般，得到超越凡人所擁有的神祕力量，即獲得超越感官知覺的超能力或特異功能，可得知神明或靈界所傳送的資訊。

此時算命先生則是先打通大小周天的孔道，將靈界的力量導入己身內，使自己身體的頻率與靈界相同，藉以能夠直接接收靈界所發出的資訊。此即先打通任督二脈，煉成丹道的周天，即為道教的「小周天功法」。掌握「火種」來啟動任督二脈，並循「周天」來運行，從而將自身陽氣或內氣運送至氣海穴。而小周天係指氣行周天，大周天係指神行周天。個人本身為一個小天地，氣血周流復始，一晝夜是為一周天。而大小周天中所謂的「氣行」和「神行」，皆是在「定中」後運行，即禪定狀態中，兩者僅是功夫深淺度的差異。

二、通靈算命的後果

基於人類為萬物之靈，故人有「靈體」存在。加上這個世界上有甚多靈體存在，各種活物與動物也都有其靈體。人類與各樣活物身體軀殼裡面住的是為靈體，一旦死亡而生命終結，靈體自然就離開身軀。靈體看不到、摸不著，也無法測量、複製，但靈體是有能量的，因宇宙本身就是一團大能量的結合體，而各樣活物都有其能量，故靈界中靈體的奧祕是一塊未知的領域。

《聖經》中也說上帝是個靈，撒旦也是具體的靈體，而有所謂的聖靈與邪靈之分。因此，在通靈算命時，算命先生與被算命者所接觸的靈是何方神聖，這是必須先行確認的重點。因為人們若是接觸到奇怪的靈，輕則沾染骯髒汙穢、乖謬錯誤，重則被其挾制思想，疾病纏身，甚至是控制身軀，產生無法預測的後果。

通靈算命其實就是「靈接觸」後的算命，真的並非一定就是件「好」事，也未必一定通到的就是神本身。因為在靈界有許多他方世界的神靈與

其靈體存在，因此，通靈算命極可能是通到未知的靈體中，進而與其牽連。而若是與其牽連的愈深，神靈就愈會經常來，甚至是整天來拜訪，這中間自然有其一定的因果關聯。因此，我們認為這世界上一切的靈不可都相信，總要試驗那些靈是出於上帝的不是，因為世上有許多的靈存在。凡靈認耶穌基督是成了肉身來的，就是出於上帝的；從此你們可以認出上帝的靈來【14-7】。

　　然而，被算命者皆有某種心態，只要準確就好，只要算命算得準即是好的，有如飛蛾撲火般的深信不疑。也就是只相信有通靈能力的算命師，不管是通神明、通靈界、還是養小鬼，只要夠準確就是好的，就如中國已故鄧小平總理所說的：「不管是黑貓、白貓，只要是會抓老鼠的就是好貓」。然而，果真是如此嗎？因為通靈算命係由靈界直接獲取資訊，故其準確性通常會最高，也最被世人相信，因為靈界握有掌握人類世界的力量。然而通靈算命最可能受靈界所挾制，甚至是被它控制，產生難以預測的後果，不可不慎乎。正印證著古訓：有一條路人以為正，至終成為死亡之路【14-8】，此點真的值得再思。

　　例如，筆者在讀政治大學時，參加中醫社，學會排八字和紫微斗數，後來在軍中參加內丹功社，學會通靈算命，算命為時近十年。後來算命算到走火入魔，心神不寧，必須藉助安眠藥才能入睡，也因而暴瘦。民國76年12月16日，我到彰化田尾的縱貫公路，自殺未遂。當晚我到東海大學附近旅館，在旅館我聽著朋友送我的錄音卡帶，聽到耶穌降生的福音，我隨之邀請耶穌進到我生命中。那一天晚上，我竟然第一次獲得平安的睡眠。在77年2月28日，我參加教會聚會，在牧師和三十多位弟兄姊妹的同心祈禱下，上帝趕出我身上的惡靈，我的失眠症狀奇蹟似的好轉。感謝上帝，祂使我重新獲得自由【14-9】。

14.4 輪迴人生的幻影

一、輪迴的意義內涵

　　最後，許多人會將希望寄託於來生，盼望透過輪迴（transmigration）與轉世（reincarnation）來獲得解脫與報償，這也是算命先生在吹噓蓋命時經常使用的技巧，而經常借用「六道輪迴」的佛教學說來運用。

　　所謂的六道輪迴，即表明天地之間共有六道，由上而下依序即為「天道」、「阿修羅道」、「人道」、「畜牲道」、「餓鬼道」、「地獄道」。這六道自然天成，且恆久存在，不會變形或衰竭消失（圖14-4）。

　　在各道中間的生物若是在今生被評為表現良好，則可向上晉升一級。例如，若在「人道」中的某個人表現良好，則在下輩子便可投胎轉世成為「阿修羅道」中的阿修羅，此即向上晉升一道；反之，「人道」中的某個人若表現不佳，則在下輩子便會投胎轉世成為「畜牲道」中的畜牲，此即向下降貶一道，其餘類推。因此，在六道輪迴的大架構下，各道中的生物得以生生不息，綿延無盡。各道中的生物若有遭受冤屈的事件，亦會在輪

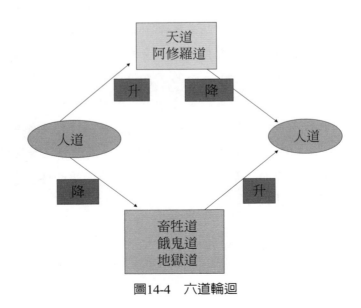

圖14-4　六道輪迴

迴中獲得平反，此即所謂的因果輪迴，報應不爽的論述，此提供在今生飽受社會欺壓榨取的中下階層，以及在今生中了無盼望的人士，能夠受到慰藉，將其未竟的希望寄託於來生，即下輩子的轉世投胎中。

基本上，六道輪迴提供社會中的下階層人士，繼續奮鬥向上的動力，此點看似順理成章，也取得社會「轉型正義」上的合理論述地位，此毋庸置疑。

二、輪迴的疑點

經進一步探究，六道輪迴有諸多疑點，待有識者正視，茲舉其中三點說明如下：

首先，六道輪迴的前提，是此六道的生物數目，在時間變動過程中，需呈現穩定波動的收斂數列狀態，而非日益增加或日益減少的發散數列狀態，以免此一六道輪迴的隔離不被破壞。試想，若是某一道中生物的數目大幅成長，即數列呈現出發散數列的狀態，長此以往，六道輪迴便無法繼續維持，而必須消滅一道，變成五道輪迴，甚至是成為四道輪迴或三道輪迴，此即違背六道輪迴的基本架構。

申言之，此六道生物的晉升或降貶的數量分布，係遵循著常態分配（normal distribution），即晉升數量和降貶數量應當大致相當，藉以維持該道生物總數量的穩定。此點推論十分合理，此即若某班級學生的考試成績，大部分同學皆落在60～89分的範圍，不致會受到獎懲。而60分以下的不及格學生，其應予受懲；以及90分以上的優等生，其應予受獎，此兩者的數目皆不會太多，且不會明顯增長，藉以維持此一階層的安定。準此，人道中的人類數目，其變動數量應當不至於過大，此種假設論述，基本上合於理性的邏輯推論。

然而，基於其他五道的數量難以測量，僅人道的數目能夠得知。故就人道中的人類數目而言，在西元1900年，全球僅有三億的人口數，在1970年即已突破40億人口的大關，在2012年時，更已超過70億人，且現正繼續不斷的增加當中。如以全球平均壽命70歲來推估，在六道輪迴的架構下，每七十年人類應該投胎轉世一次，從1900年至1970年，人口數目整整成長

13倍；而1900年至2023年，人口數目更已成長了26倍。這告訴我們人道正以數倍增加的速度在擴增中，也已經壓縮到其上「阿修羅道」，與其下「畜牲道」的生存空間。如此一來，六道輪迴的大架構不啻是岌岌可危，或已經淪為五道輪迴也說不一定。

再者，六道輪迴若是成立，則在1900年代死去的上一代人類，應該僅有不到十分之一的人會繼續投胎成為人類，而其餘十分之九的人則不是晉升轉成阿修羅，就是降貶成為畜牲。總之，能夠繼續成為人類的比例甚低。然而，世間聽聞的投胎轉世或活佛轉世者皆宣稱，其前世皆為上輩子的富賈人士或高官貴紳。然無人宣稱其前世為貓狗等畜牲，或阿修羅被貶降為人，或是平民百姓繼續轉世等。此一說法明顯已經與六道輪迴的學理背道而馳。

三者，若成立六道輪迴，則我們家中的祖先多半已經轉世成為阿修羅，或降貶成為畜牲，而能夠繼續成為人類的比率應該不到十分之一。不論何者，總之這些祖先十分之九已不再是我們家中的祖先，那祭祖或敬祖的對象又是誰呢？換言之，六道輪迴與祭祖行為兩者是互相矛盾，不能夠同時成立的。由此可知，六道輪迴的論述實在難以通過較為嚴謹的理性思辨檢驗，其理至明。

因此，我們可以做以下的注解，佛教教義中的「因果輪迴」，因果部分殆無疑義，因為數學中的函數關係，如應變數是自變數的函數，其為因果關係的表現。至於輪迴部分實有待商榷，應該加以保留或放棄，因果與輪迴兩者實應區別處理，方為正辦。

【習作練習】

1. 算命先生常說的下面句子，請說明其邏輯上的盲點：

(a) 雙方差三歲時不適宜結婚。

(b) 女方29歲不適宜結婚。

(c) 人歲數逢九（如39歲、49歲、59歲等）時容易死亡。

【古今中外】麥克・喬丹的 NBA 之路

　　麥克・喬丹是美國芝加哥公牛隊員，是美國國家籃球協會（NBA）最偉大球員之一。身高6英尺6英寸，主打得分後衛或小前鋒，被稱做全世界最棒的籃球運動員，也是NBA史上第一位擁有「世紀運動員」稱號的巨星。

　　喬丹1963年生在紐約的布魯克林貧民區，他是個黑人。喬丹的父親是位工人，憑著勞力賺取微薄的薪資，無法因應喬丹和四個兄弟姊妹的龐大家用，貧窮和被人歧視是家常便飯，喬丹似乎沒有什麼未來。

　　在喬丹13歲的那一天，他學到這輩子永遠難忘的功課。喬丹的父親將一件舊衣服交在喬丹的手上說：「你看，這一件舊衣服能賣多少錢？」喬丹回答說：「應該有1塊美元。」喬丹的父親說：「你若是能賣2塊美元，就可以幫爸爸、媽媽一個忙！」喬丹點點頭，拿著舊衣服，但是心中沒有多大把握。喬丹先用清水將衣服洗乾淨，並用刷子刷平衣服，然後放在一塊大木板上，等太陽曬乾它。隔天，喬丹帶著衣服到地鐵車站開始叫賣，六個小時之後，他終於以2美元賣出這件舊衣服。喬丹手中緊緊握住這兩美元，快步跑回家。

　　半個月後，喬丹的父親又將一件舊衣服交在喬丹的手上說：「想想看，怎樣才能將這件舊衣服賣到20美元？」「這不可能的，這件舊衣服最多值2美元！」喬丹回答說。「你何不試一試，一定會有辦法的！」喬丹的父親鼓勵他。於是喬丹去找他的表哥，他正在學畫畫，喬丹的表哥在衣服上畫了一隻米老鼠和調皮可愛的唐老鴨。喬丹刻意到一間貴族子弟就讀的學校門口賣這件衣服。後來，一位管家來接送小少爺，並為他家的小少爺，用20美元買下這件衣服，另外加上5美元的小費。25美元，對喬丹的父親來說，這可是一個月的薪水呢。

　　一個禮拜後，喬丹的父親又將一件舊衣服交在喬丹的手上：「你能夠將這件舊衣服賣到200美元嗎？」喬丹的父親慢慢說道。喬丹堅定的點了點頭，收下這件衣服。60天後，電影《霹靂嬌娃》的女主角拉

佛西小姐來到紐約市舉行記者招待會進行宣傳。會後喬丹用力推開維安人員，衝到拉佛西小姐的身邊，高舉著舊衣服請她簽名。拉佛西小姐一看是位純真可愛的小男孩，便爽快地簽下自己的名字。喬丹興奮地拿著這件衣服，大叫著：「拉佛西小姐親筆簽名的運動衫，售價200美元！」現場開始競價，後來一位大商人用1,200美元的價格，搶購這件運動衫。喬丹衝回家中，全家人一起狂歡。

喬丹的父親不禁老淚縱橫說：「好孩子，沒有想到你真的做到了，你太棒了，我以你為榮。」

幾分鐘後，喬丹的父親問道：「好孩子，從賣這些舊衣服之中，你知道了些什麼事情？」喬丹回答說：「只要肯動腦筋，一定會有好方法的。」喬丹的父親說：「你說的很好，但這不是我的本意。」「一件只值一、兩塊美元的衣服，都可以高貴成這樣，何況是我們活生生的人呢，我們都是上帝創造的子民，只不過黑些、窮些，那又算得了什麼呢？」喬丹的父親繼續說道。

這個時候，喬丹的心中不禁升起一輪紅日，「這樣的一件舊衣服都可以這樣高貴，我又何必看輕自己呢？」從那天之後，喬丹用心學習，奮發向上，勤練球技，對未來滿懷希望。20年後，麥克·喬丹就成為家喻戶曉的世界級籃球巨星。

【本章注釋】

14-1 「隱祕的事是屬耶和華上帝的；唯有明顯的事是永遠屬於我們和我們子孫的，好叫我們遵行這上帝律法書上的一切話」，原文出自《聖經·申命記》29章29節。

14-2 詳細內容敬請參閱，陳澤義（民105），《研究方法：解決問題導向》，臺北市：普林斯頓國際出版，一書的第12章，實證結果（一）：讓證據說話。

14-3 詳細內容敬請參閱，陳澤義（民105），《國際企業管理：理論與實務》，臺北市：普林斯頓國際出版，一書的第3章，文化與跨國管理。

14-4 「從天上來的是在萬有之上；從地上來的是屬乎地，他所說的也是屬乎地。從

天上來的是在萬有之上」，原文出自《聖經‧約翰福音》3章31節。以及「賜生命聖靈的律，在基督耶穌裡釋放了我，使我脫離罪和死的律了」，原文出自《聖經‧羅馬書》8章2節。

14-5　「若有人在基督裡，他就是新造的人，舊事已過，都變成新的了」，原文出自《聖經‧哥林多後書》5章17節。

14-6　詳細內容敬請參閱，陳澤義（民105），《研究方法：解決問題導向》，臺北市：普林斯頓國際出版，一書的第12章，實證結果（一）：讓證據說話。

14-7　「親愛的弟兄啊，一切的靈，你們不可都信，總要試驗那些靈是出於神的不是，因為世上有許多假先知已經出來了。凡靈認耶穌基督是成了肉身來的，就是出於神的；從此你們可以認出神的靈來」，原文出自《聖經‧約翰壹書》4章1-2節。

14-8　「有一條路人以為正，至終成為死亡之路」，原文出自《所羅門王箴言》14章12節。

14-9　詳細內容敬請參閱，周逸衡等著（民85），《靈魂Call-out：解讀靈魂完全手冊》，臺北市：商周文化出版。一書中的「我的靈魂之旅」專章，第252-264頁。

第十五章　做自己幸福人生的CEO

【幸福宣言】：幸福人生CEO宣言

在我今生的生命中，一切就是這樣幸福、快樂和美滿。

我和創造我的上帝是相連結的。

我靠著上帝，能做自己幸福人生的CEO。

現在我必如鷹展翅上騰，活出美好亮麗的風采，翱翔在生涯的歷程裡，並彰顯在我生命中。

在上帝的引導下，我會去做對的事，這是十分關鍵的。

我能從每一次的經驗中成長，逐步踏上我的命定之路。

這生命的視野，能夠伴我在一次又一次的努力下，獲得命定的光彩。

我的道路是由一連串的快樂、希望和美滿的踏腳石所組成，通往屬於我的幸福。

在上帝安排給我的生命中，每天都是美好、奇妙的。

幸福人生，就是快樂、希望、美滿的生命，並且能夠知足感恩。

幸福人生，就是成熟的生命，並且知道生命的本相。

幸福人生，就是面對現實能夠微微笑，也就是能夠跨過障礙並注視著未來。

幸福人生，就是在自己身上有一只天平，在那上面來面對上帝，並且衡量善與惡。

幸福人生，就是有公平正義、有真理、有理智，就是有始有終、誠實不欺、表裡如一、心思純正，並且對於權利和義務同等重視。

幸福人生，就是知道自己本身的價值，自己所能做到的和自己所應該做到的。

最後，幸福人生，就是生活的本身，雨果先生如是說，

且讓我們透過如鷹展翅上騰，活潑亮麗的生活在世界中，預約幸福美滿的人生。

15.1 如鷹展翅上騰

我們必如鷹展翅上騰，活出美好的幸福風采，翱翔在全新的國度裡，疲乏的，上帝賜下能力；軟弱的，上帝加上力量。我們等候上帝的必重新得力，必如鷹展翅再上騰【15-1】。

例如，筆者在就讀建成國中時，國文課的張惠老師要我們寫作文，題目是：「長大之後你想要做些什麼事情？」這時大家多半是懵懵懂懂的，寫得不知所云，張惠老師說：「老師希望你們做個有用的人，也要做個誠實的人。」現在回想起來，真是至理之言。只要我們能夠誠實面對自己，以誠待人，相信必然會對國家社會有所貢獻，只要我們能夠持守誠實的內心，並以此為樂，不活在他人的價值觀裡，如此我們就離幸福不遠了。

一、老鷹志在飛往高處

1. 上帝希望我們是豐富滿足

上帝的原始心意是美好的，上帝希望我們是幸福、豐富和滿足的，從上帝創造人類後的話語就可以知道，上帝說：「要生養眾多遍滿地面，治理這地，也要管理地面上、海中和空中的一切活物。」【15-2】這裡提示了兩個要點：

第一，上帝在乎我們有美好的人際關係，如此我們才能「生養眾多遍滿地面」。關係感是孕育一切生命的本源，只有在愛的關係中，我們才能放鬆自己，放心的生養下一代，以至於生養眾多成為大群。這是第壹篇快樂生活的基礎。

第二，上帝在乎我們有清晰的價值感，如此我們才能「治理並管理全地」，成為全地的管理者，完成上帝交付給我們的人生使命，做自己幸福

人生的CEO。以上兩點更與馬斯洛的「人類需求層級」相仿，這也是第貳篇希望生機和第參篇美滿生命的根基。

2. 關係感與價值感的神奇力量

在馬斯洛的人類需求層級中，係先有生理與安全需求，然後是愛與歸屬的需求，最後則是自我尊榮與自我實現的需求。在上帝的眼光中，我們一旦能夠存活，自然生理與安全需求已經得到滿足，再來便是另外三個需求，此可歸類爲關係感與價值感，茲說明如下：

第一，關係感：馬斯洛的愛與歸屬之需求，即是關係感，是在美好人際關係上的關係需求，也就是上帝所說的生養眾多遍滿地面。再重複一遍，這是第壹篇快樂生活的基礎。

第二，價值感：馬斯洛的自我尊榮與自我實現的需求，即是價值感，也就是上帝所說的治理這地，也要管理全地。關係感與價值感是人們一生追逐的目標所在，自是必然的道理。再重複一遍，這是第貳篇希望生機和第參篇美滿生命的根基。

本書即以此來總結，強調擁有關係感與價值感，展開雙翼，邁向成熟的重要。就像是一隻老鷹，幼鷹在鷹巢中長大爲成鷹，後來老鷹引領小鷹離開鷹巢開始飛翔，隨後即搭載氣流，乘風飛翔。而在小鷹飛翔之際，兩翼分別是關係感和價值感，裝載著滿滿的父母家庭之愛和自己志在高處的使命感，一步一步將自己推向高處，唯有在關係感和價值感兩者皆相互調和妥善時，老鷹便能乘風而上，展翅高飛。

3. 老鷹不同於烏鴉、母雞和火雞

老鷹與烏鴉、母雞、火雞不同，老鷹善於飛翔，特別善於飛得高、飛得遠。老鷹志在展翅上騰，飛往高處，飛上青天。

老鷹不是一隻烏鴉。烏鴉善於擔任傳聲筒，傳達地面上的一切消息，所以有大嘴巴、烏鴉嘴的稱呼。這是烏鴉的特質，把我們帶向地面人世間的紛紛擾擾。

老鷹也不是一隻麻雀。麻雀動作快，可以對外面環境快速做出反應。但是經常是前撲後躍，又回到原點，而形成徒勞無功的情況。因此，麻雀會把我們帶向無邊忙碌，反而失去前進的方向。

老鷹更不是一隻母雞或火雞。母雞和火雞都是短視、目光短淺，只顧眼前的利益，善於發出響聲，牠們都習慣啄地面，抖落激起陣陣灰塵，製造打鬥氣氛，進而從中獲取利益，可能反而失去更上層樓的格局和機會。母雞和火雞都是把我們帶向地面上的紛爭擾攘。

我們有如一隻老鷹，志在飛往高處。因此不要過得好像是一隻烏鴉、麻雀、母雞、火雞，只是沉溺於短淺視野，在淺薄世界中打滾，進而失去展翅翱翔，飛向天際的氣概。

老鷹飛翔在高崗，只有老鷹能夠飛得更高，飛到高處，來擺脫烏鴉、麻雀、母雞、火雞們的糾纏。因此，所有屬於地面人世間的各樣人文氣息、人聲鼎沸、烏煙瘴氣、人事紛擾等，都留在地面上，不再揚起到高飛的老鷹身上。此時老鷹即已展翅高飛，展現出「振衣千仞崗，濯足萬里流」的不可一世氣概。

此外，上帝創造完每一件產品，祂都說：「好」，上帝看每一件事物都是好的【15-3】。上帝並不創造瑕疵品。所以我們都是最棒的，我們必然能擁有與眾不同的人生。所以，我們是上帝所創造的，有如一隻老鷹，上帝要帶領我們飛向高處，這是上帝對我們最初的心意。因此，我們絕對是獨特的。正如每隻老鷹都長得不一樣，外型、長度、體積、翎毛長短、甚至是眼神、眼毛顏色各不相同，亦即世界上並沒有任何人是和我們完全一模一樣的，所以我們是與眾不同的，我們必然會有自己獨特差異的地方。所以，我們要存著上帝所加給我們信心的大小，看自己看得合乎中道【15-4】。而這正是我們自信心的源頭，我們要相信自己是上帝的傑作，是如假包換的唯一藝術珍品。

二、鷹眼銳利專注目標

老鷹以銳利鷹眼，專注特定目標，方能期於有成，此時老鷹即不需理會他人的批評和嘲弄、不分心在紛爭和吵鬧中、不浪費寶貴時間和精力，並且看清楚眼前目標和方向，如此方可竟其全功。這是第參篇美滿生命的要旨。茲說明如下：

1. 不要理會他人的批評和嘲弄

事實的真相是，我們無需使每一個人都對我們滿意，這一點一滴都沒有必要，事實上也不可能做到，因此不要理會他人的批評和嘲弄。

我們不可能使周圍全部的人都欣賞你，這其中一定會有人不欣賞我們的能力、才幹、興趣，而在我們的背後或甚至是在面前，說好說歹，批評和嘲弄我們。特別是老鷹愈來愈成功，身分和地位愈來愈高時，在我們周圍的人，他們或是出於嫉妒，或是出於眼紅，或是只是尋開心，他們就想要千方百計的把我們從高位上拉扯下來，這是因為他們見不得我們好，他們也不喜歡有人比他們好，因此他們便會開始惡意中傷或誹謗我們，散播不實傳言，打擊或中傷我們，甚至違法亂紀，無所不用其極。

在這個時候的我們，需要採取「不理睬」的斷然做法，不要理會這些無理的批評和嘲弄。因為我們存在的價值，事實上並不需要由這一群人來定奪或肯定，我們的價值是由上帝決定。我們同時也無需得到這群人的肯定，理由是即令我們缺少這一群人的肯定，也不會影響我們一分一毫的價值。所以，我們不需介入他人對我們的批評與各樣論斷話語。

因此，只要我們認為這是對的事情，是對大多數人有利的事情，是上帝要我們做的事，是能夠對上帝交帳負責的事情，那就勇敢去做吧，去完成吧，不要在乎他人的各種眼光。

例如，《聖經·舊約》亞伯拉罕剛要離開家鄉吾珥，前往迦南美地時，也是不理會他人的冷言冷語與惡意批評，毅然決然的前往他鄉。

2. 不要分心在各種紛爭和吵鬧當中

事實上，我們不可能會使周圍所有的人都喜歡你，一定會有反對我們的人士存在。這是我們必須認清的事實，也是我們必須接受的冷酷現實，因此，不要分心在各種紛爭和吵鬧當中。

更有甚者，那一群不喜歡我們的有心人士，還會刻意製造若干紛爭或擾亂的事情，來打斷我們的既定計畫，甚至趁亂打劫，寄望能夠從中謀取利益。

　　我們不需要分心在這些事情上，甚至使我們的計畫或工作因而停下，這是很不值得的，也一點都沒有價值。反而，我們只要專心在上帝對我們的召喚上，專心在上帝要你完成的事情上。因為各樣的紛爭或擾亂，它們就像是一顆煙幕彈，打在地面上，只會揚起陣陣灰塵，以及混亂擾人聲響，以此阻礙老鷹的視線，使老鷹無法向上高飛。所以，我們就只管向上高飛，向著高處翱翔吧，千萬不要理會這些煙霧和「詐」彈，以及無謂的噪音和擾亂。

　　例如，《聖經·舊約》尼西米蒙上帝召喚修蓋城牆，他不理睬參巴拉、多比雅等人所製造的紛爭和擾亂，堅持不下來參與協商，不停止修造城牆工程，終於能夠在五十二天就將修造城牆完工，完成上帝託付。

3. 不要浪費寶貴的時間和精力給其他閒雜人

　　還有，外面世界每天都發生許多事情，每件事情似乎皆向我們招手，告訴我們說：「點我點我，或是選我選我，不要放掉我。」因此，不要浪費寶貴時間和精力給那些閒雜人。

　　此時我們若回應這其中的諸多閒雜事情，就會花費我們相當多寶貴時間和精力。事實上，這絕對沒有必要。因為時間是我們最寶貴的資源，我們千萬不要隨便浪費這寶貴的光陰。

　　例如，耶穌也是很多次都不理會法利賽人和文士的挑釁和詢問，專心傳揚福音，完成上帝託負的使命。

　　雨果說：「那怕是一個最英勇的人，一旦奪去他珍貴的理想，都會落到一個境界裡去，這是生活空虛的結果。生活就好比旅行，理想是旅行的路線，失去路線，只好停止前進。生活既然沒有目的，精力也自然就枯竭。」

　　我們要看清眼前的目標與方向，上帝創造老鷹有一雙銳利的眼睛，即是要老鷹看清楚擺在前面的目標和方向，也只有看清楚目標和方向的老

鷹，才能夠堅定不移的飛往上帝爲牠預備好的生命目標，不偏不倚。我們更需要專注在上帝對我們的召喚上，用心且專心的完成上帝對我們的召喚。

此時，若我們能夠說：「我爲此而生，也爲此來到世間，特要爲眞理做見證。」【15-5】不迴避此一問題，就能堅定奔向生命目標，完成人生使命。

三、展翅揚帆，鵬程萬里，Just Do It

柏拉圖說：「一個人要想成爲一個偉大的人，就不應該只有愛他自己，也不應該只有愛自己的事情，而應該只去愛公正的事情，不論那件事情碰巧是他做的，還是別人做的。」「而當我們熱愛這個世界時，才算是眞正的生活在這個世界上，」泰戈爾如是說。

因此，我們需要忘記背後、努力面前，脫去容易纏裹住我們的各樣包袱，直接跑向目標標竿，展翅揚帆，鵬程萬里。保羅說：「我只有一件事，就是忘記背後，努力面前，向著標竿直跑，爲要得從上帝來的冠冕。」【15-6】只要我們能夠堅持到底，相信成功必會在我們不遠的彼岸，等著我們攀登。誠所謂，我們要擴張自己帳幕之地，張大我們居所的幔子，不要限止；要放長你的繩子，堅固你的橛子【15-7】。這是第肆篇幸福人生的鎖鑰。

總之，爲人處事的眞正自由絕非暴虎馮河、野馬亂竄，而是有如老鷹展翅高飛般，在翅膀一下一上規律擺動，構成美麗循環中完成任務。在其中，翅膀向下幫助老鷹跳出自我毀滅的向下沉淪衝動，翅膀向上則幫助老鷹推動氣流上升，飛向更高天際。如此藉由兩翼高舉，進而兩翼高飛，使老鷹得以飛進自由，邁向卓越。此時，來一段小小故事做爲本段的結束：

知榮是位多次獲獎的設計師，有一天，年輕人冠宇向他請教成功的祕訣，知榮約他到辦公室碰頭。

冠宇依約到知榮的辦公室，這時知榮辦公室的房門大開，裡面都是散落一地的設計作品和器具。冠宇正感到意外，這時知榮便說：「請你先在

門外稍待一分鐘，我先收拾好你再進來。」便將房門關上。

　　一分鐘後，知榮再次開門，請冠宇就座，這時，但見窗明几淨，百物皆歸位，全室煥然一新，桌上還有兩杯剛泡好的綠茶。

　　冠宇在驚訝中，連連稱許知榮是如何在一分鐘就收拾乾淨的，還沒有問成功的祕訣，知榮就說：「好了，你可以回去了。」

　　冠宇說：「可是，這個，我的問題都還沒有問呢？」

　　「這已經夠了，你進來也已經一分鐘了。」

　　「一分鐘，」冠宇搔一搔頭，突然若有所思，說道：「只要一分鐘，可以做出很多的事情。」原來設計師絕對不是只會設計產品，不會收拾器具的。

【幸福詩篇】賦得古原草送別

> 離離原上草，一歲一枯榮。
> 野火燒不盡，春風吹又生。
> 遠芳侵古道，晴翠接荒城。
> 又送王孫去，萋萋滿別情。

——白居易

　　白居易字樂天，山西太原人，為晚唐唐憲宗元和年間的進士，官位最高至刑部尚書，唯曾被貶為江州司馬。白居易長於作詩，其詩平易近人，以老嫗能解著稱。晚年居香山，縱情詩酒，號醉吟先生，又稱香山居士。

　　此詩題名「賦得古原草送別」，是白居易16歲自江南入京求仕時的應試詩。其中的「野火燒不盡，春風吹又生」是此詩的中心思想和生命力所在。這十個字寫出旺盛的天賦生命，看似微不足道，但可攜手形成不容小覷的力量。而一歲一枯榮的離離原上草，正是在每個人的心底，它是滿懷真情而生，欣欣向榮的生命力，永遠是不屈不撓的捍衛真理，誠為做自己幸福人生CEO的真實力量。

15.2倫理道德不八股

　　本書到現在爲止，所有的提醒都是幫助我們快樂、希望、美滿的往上提升，登上人生的頂峰。而只有勇敢的去做該做的事，搭上眞理的順風車，才能使我們長久待在高處，不會往下掉落。因此，做對的事，也就是遵守倫理與道德，才是幸福人生的關鍵要素。而倫理道德永遠都不會八股，不會過時，不會退流行。

　　具體而言，在生命體驗上，培養知足常樂的「快樂活力」；在未來生機上，培養就是樂觀的「希望動力」；在生活層面上，達成工作、家庭、健康、社會兼顧的「美滿實力」，預約幸福美好人生。這些都是使我們朝向更穩妥的位置前進。然而，若是我們在大學和人生生涯中，無法去做對的事，違反眞理的順風，即沒有秉持正直與誠信原則來爲人處事。那麼，就算擁有最精進的快樂心態和技巧，及打死不退的樂觀確保知能，但若失去最核心的誠信基礎，便會使所有待人接物過程，有如建築在沙土上的高樓大廈，禁不起風吹雨淋和地震颱風的考驗，便會倒塌，並且倒塌得很大【15-8】。因爲，說謊的言語有若包著糖衣的毒藥，一旦吞服下肚，便有如倒塌的骨牌，會一發不可收拾，覆水難收，這在幸福行動的要素內涵上十分重要，有識者不可不愼。

　　此時若問我們，要怎樣才能隨時警醒，不致由雲端墜落到地面？著實發人深省。具體來說，即使是一枝原子筆也絕對不要偷。若我們沒有高度警戒，守護自己的內心，那麼金錢、權力、名望、性誘惑，將會把我們推下無底深淵。

一、倫理、道德與道德決策

　　眞理的順風是在實際生活環境中，去做對的事情，實現眞正的倫理標準（ethics standard）與道德水平（moral level）。例如，是否外遇發生婚外情、是否收受賄賂和索取賄賂、是否闖紅燈、是否使用盜版、是否偷竊物品等，上述道德行動皆需要立即判斷，而此種判斷並無很多時間可仔細思考，需要在很短時間內做決定。而此種短時間內進行的道德決策，足能

反映出一個人眞正的價值觀，即爲眞理的順風。也唯有乘著順風起飛，方能展翅翱翔在天際。

　　外在道德表現和內在正直內心，必然會在日常生活中，需要在有限時間內下決定時表現出來。因爲憑著我們外在行爲舉措，便能認出內在心裡的眞實寫照，並且可知：「憑著我們所結出的果子，就可以認出我們來。」【15-9】亦即即令有滿腹經綸的道德學理，卻無法付諸實踐，此爲無用無益的。

　　但丁說：「道德常常能塡補智慧的缺陷，而智慧卻永遠塡補不了道德的缺陷。」更指出品德重於才幹的重要性。勞倫斯說：「每個人都必須按自己心靈的良心來生活，但不是按任何理想。使良心屈從於信條，或理念，或傳統，甚至是內在衝動，那是我們的墮落。」

　　例如，臺灣大學哲學系林火旺教授曾帶著他的小兒子到便利商店買東西，買完後他對著他的兒子說：「請等我一會兒，我要進去還錢給他。」兒子不懂而問他：「爸爸，你爲什麼要還錢給他。」林教授說：「因爲店員多找我一些錢。」兒子又接著問他：「既然店員他不知道，你爲什麼還要還錢給他？難道你不喜歡擁有多一點錢嗎？」林教授說：「我當然喜歡擁有多一點錢，但是不能夠用不誠實的方法得到這些錢。」事實上，金錢能夠再多一點，這是大部分人喜歡的事情，但是一旦違反「誠實」的道德規範，我們就應該放下個人的喜好。

　　至於影響世人能否達到符合社會道德標準的道德決策，端視道德強度（moral intensity）的四個層面，即社會共識、親近程度、結果的嚴重性，和結果發生機率而定。其中前兩項是事前的道德意圖層次，後兩者是當下的道德知覺層次。此分別代表第一層和第二層的保護傘，可用來保護當事人面對攸關道德的決策問題時，做出合理決策。縱使有滿腹道德概念或道德理論，卻未能實際執行，那是沒有用的。

　　道德決策（moral decision）指我們在做此一決策的當下，必然會面對兩種或三種以上的不同價值觀的選擇【15-10】。例如，選擇獲取利益，

還是維護社會公義，抑或是保住平等價值等。事實上，這些價值觀之間，是彼此互斥，必須進行取捨的。需知道德決策影響至爲深遠，直指可使父母喜笑，或家門蒙羞，端在一念之間。正如所羅門王說：「智慧之子使父親歡樂，愚昧之子使母親蒙羞。」【15-11】

　　道德決策的例子如在面對招標決標或決定人事的當時，究竟是要公平投標或審查應徵者，抑或是透過有力人士請託或關說，此是很多人皆會面臨的道德決策。

　　在此種情形下，我們如何做出合乎倫理道德的抉擇，在實際運作上，瓊斯（1995）提出有三道安全保護傘保護人們，它們是社會共識和親近程度、考量結果的嚴重性和結果發生機率、倫理道德評估等，如圖15-1所示，茲說明如下：

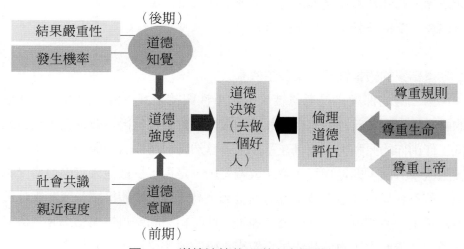

圖15-1　道德決策的三道安全保護傘

資料來源：修改自陳澤義（2012）。

1. 社會共識和親近程度

　　第一層的保護傘是社會共識與親近程度兩者。在社會共識方面，基於社會周遭的人士並不會互相約束關說或請託，也因此缺乏此方面的社會共識，以致我們陷入錯誤道德決策的迷思。在親近程度方面，則基於道德

決策後的受害人與加害人之間的心理相近程度較為疏遠，故不致影響既定決策。基於請託或關說多是不肖人士得利，而受害人則十分廣泛，包括各地前來的應徵者、各業人士，而企業內部的人員亦在受害者之列，然而受害人則被歸類為間接性受害，關係較不明顯，因此，若單由此面向十分容易使我們做出不當的決策舉動。因此，社會共識與親近程度的事前道德意圖，實難以對諸如人事或標案的請託、關說等行為加以約束。

　　例如，在基隆市長張榮通關說案中，基隆市長張榮通涉入一件縱放酒駕人犯的關說案。張市長貴為地方首長，更間接代表基隆市的民意，但是張榮通卻利用市長權力及威望從事不法行為。雖然在臺灣社會風氣下，民意代表關說事件可說是屢見不鮮，此為一種錯誤的社會現象，然而一旦違背法律，此種行為即應被懲處。另外，國民黨祕書長林益世涉入索賄關說中鋼公司下腳廢料案，亦是如出一轍。

2. 考量結果的嚴重性和結果發生機率

　　第二層的保護傘是考量結果的嚴重性與結果發生機率兩者。在結果的嚴重性方面，若我們認為請託或關說行為會影響日後社會聲望，甚至減低工作創作的原動力，並且在意後果，自然轉而選擇公平競爭。至於結果發生機率方面，則是指每次請託或關說後，是否容易被他人發現並遭受處罰。若不容易被其他人發現且處罰金額不高，自然會使得請託或關說行為經常發生，我們就不會進行公平競爭。此時結果的嚴重性與結果發生機率的道德知覺層面，對於我們是否做出正確的道德決策，影響相當關鍵。

　　例如，在中華職業棒球員打假球案中，中華職棒自從1990年開打至今，各種大小的球員打假球案層出不窮，浮出檯面的事件可能僅是少數個案，即令被舉發並接受法律制裁。然這些不法簽賭集團從中所謀取的龐大利益，卻與他們所接受的法律刑罰，極可能不成比例。因此，中華職棒球員的打假球問題，若要斬草除根，可能還有一段很長的路要走。

3. 倫理道德評估

第三層的保護傘是倫理道德評估，即我們會審視倫理基本原則來做決策。即考量西方倫理的「自由、平等、博愛」三大支柱，也就是三個尊重，「尊重規則、尊重生命、尊重上帝」來做決斷，如圖15-2所示，茲說明如下：

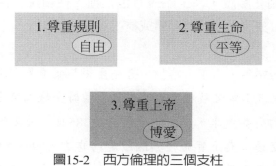

圖15-2　西方倫理的三個支柱

(1) 尊重規則

尊敬規則（respect the rule）指遵守各種法令規章與遊戲規則，不破壞商業交易與生活次序。即強調當事人的「自由」應該以不破壞他人的自由為前提限制。準此，在生活行為上，即不會做出請託關說，甚至是下載盜版音樂、闖紅燈、插隊、賄賂、作弊、說謊話等不當行為。

例如，亞都麗緻飯店嚴長壽總裁，年輕時曾待過美國運通的旅行部門，有一次嚴長壽負責採購辦公室設備，他和貿易商會談後，業已完成簽約手續，在臨行前貿易商塞給嚴長壽一個信封袋，他急忙想要退還，但是貿易商已經離開。嚴長壽打開信封，內有八張1,000元的鈔票，在當時是他兩個月的薪水，嚴長壽不假思索就將信封袋交給總經理，總經理則認定事情已經辦理妥當，便將這筆錢轉給公司的福利委員會。30天後訂貨送達，嚴長壽查驗後認為商品有瑕疵便要求退貨，貿易商很不滿意便差人傳話給總經理，總經理卻笑著回答對方：「這件事情的原委我們早已知道，您送的8,000元在我這裡，若是你們想要，你們可以拿回去，否則我們便

將這筆錢轉成員工的福利基金。」

(2) 尊重生命

尊重生命（respect the life）指尊重上帝所創造的每一個人，即尊重每一個人的人權，「平等」的對待世界上的每一個民族。準此，在生活行為上，就不會做請託關說，甚至歧視有色人種、性騷擾、性侵犯、欺負弱小、家庭暴力、刻薄對待弱勢團體或員工等不當情事。

例如，在1956年，馬丁・路德・金先生帶領蒙哥馬利城的黑人，成功抵制當地的公共汽車業者歧視黑人的舉動。當時全城五萬名黑人都響應而拒絕搭乘當地的公共汽車，雙方鬥爭僵持達385日，最後迫使美國最高法院宣布，若在交通工具上實施種族隔離是為非法。1963年8月，馬丁・路德・金先生更組織美國歷史上影響深遠的「自由進軍」運動，他率領二十多萬名黑人向首都華盛頓進軍，為美國的黑人爭取人權。他的一段知名演說〈我有一個夢想〉，更是篇傳頌千古的佳作。

(3) 尊重上帝

尊重上帝（respect the Lord）是西方倫理的核心，指敬重上帝所創造出來的這個世界，不去汙染和破壞自然環境，我們應當「博愛」的對待這個唯一的地球，以及在其上的每個生命。因此，在生活上，便不會有汙染環境、排放汙水、亂丟紙屑、虐待動物、過度使用塑膠袋等舉動。

透過上述三個具備內心省察意涵的防護傘，我們便能夠阻止做出不當的道德決策。

總之，西方倫理的基礎是上述的「三個尊重」，亦即尊重生命、尊重規則、尊重上帝，此正是歐美各國的立國精神與建國支柱，即自由、平等和博愛的所在。

至於東方倫理的基礎則是四維與八德，此為中華民族傳統文化精髓所在。在其中：

「禮」是「規規矩矩的態度」，即是尊重各樣的規條，遵守規則，非

禮就是破壞人際規則，侵犯到別人的身體自主權。

「義」是「正正當當的行為」，即是尊重各人的生命，去做公平正義的事情，持守正道到永遠。

「廉」是「清清白白的辨別」，即是強調分外之財，分文不取；亦即君子愛財、取之有道。

「恥」是「切切實實的覺悟」，即是勇敢認錯，具備知錯能改、善莫大焉的勇氣。

二、東方與西方倫理道德相互輝映

倫理與道德實為一個銅板的兩面，倫理是道德的原則，道德則是倫理的實踐【15-12】。中國傳統倫理的四維八德，其中的四維：禮、義、廉、恥，即為倫理的標準，至於忠、孝、仁、愛、信、義、和、平的八德，則是道德的表現。必須說明的是，東方倫理中的「禮、義、廉、恥」四維是倫理的精髓，有道是「國之四維，四維不彰，國乃滅亡」【15-13】。東方世界的禮、義、廉、恥，正與西方倫理的尊重規則、尊重生命、尊重上帝相互呼應，意義十分深遠，值得我們深思。因為尊重規則是孕育秩序的「自由」行動，尊重生命是平等對待的「民主」風範，尊重上帝則是仁民愛物的「博愛」展現。因此，東方倫理的禮義廉恥和西方倫理的自由、民主與博愛是相通的。

我們要做到「尊重規則、尊重生命、尊重上帝」。我們需要自我要求對所有的人事物做到誠實和真實，這是最高級的尊重。例如，尊重規則和尊重生命都是孔子所說：「己所不欲，勿施於人」【15-14】。也就是耶穌所說：「你們願意別人怎樣對待你們，你們也要怎樣對待別人。」【15-15】這些皆是指向尊重規則和尊重生命。因為這些都是一種延伸的自我尊重（self-respect），乃至於自我實現的行為【15-16】

貝多芬說：「把德行教給你們的孩子：使人幸福的是德行而非金錢。在患難中支持我的是道德，這是我的經驗之談。」亞里士多德也說：「遵照道德準則生活就是幸福的生活。」

　　例如，楊存中是南宋初期的抗金名將，當時他屢次立下戰功而位居高位，有一次他在女兒產子之際，利用職權「拔吳門良田千畝，以為粥米」，奪來給他的女兒，當時楊家的家庭教師寫一封密信給楊存中，信中寫道：「您現在有權有勢，卻私撥民田，別人當然不敢對你如何，但是等到你日後不再有如此權勢時，就難保你的平安。」楊存中在讀完此信後，便憬然體會到自己的過錯，連忙將私自挪撥給女兒的良田，全部退還給百姓，此便是楊存中知錯能改，善莫大焉的顯例。

　　富蘭克林說：「驕傲起初導致豐盈，然後反轉導致貧困，最後導致聲譽掃地。」若是犯錯，則因「人非聖賢，孰能無過」的古訓，需要透過「我們若認自己的罪，上帝是信實的，是公義的，必要赦免我們的罪，洗淨我們的不義」【15-17】的方式，承認錯誤，勇於改過。因為古有明訓：「知錯能改，善莫大焉」【15-18】。也因為耶穌已經為世人的罪惡被人釘死在十字架上，流出鮮血來洗淨世人罪惡，而耶穌在第三天後，更由死裡復活，戰勝死亡的權勢，藉由耶穌的復活生命，能帶給世人永遠的生命，此更是認定幸福要素內涵的另一省思。

　　現在，當你讀完這一章，我可以肯定的說，你就是幸福人，幸福美好的人生已經擺設在你眼前。在上帝的光中，在上帝沒有難成的事，依靠上帝，多加練習，深信你必然可以擁有快樂、希望、美滿的幸福人生，且讓我們拭目以待。

　　在此用一首曲名為「祝福」的70年代老歌做為本章的結束：「送你一份愛的禮物，我祝你幸福。不管你在何時，或是在何處，莫忘了我的祝福。人生的旅途，有甘有苦，要有堅強意志。付出你的智慧，流下你的汗珠，創造你的幸福。」願上帝賜福於您！

15.3 迎接美好的明天

　　在一生中做自己幸福人生CEO的實際做法，係由快樂、希望、美滿出發，把握個人在「生活、生機、生命」中的美好關係，自然能擁有幸福人

生的關鍵密碼，來迎接美好的明天。

　　首先在生命體驗上，培養知足常樂的「快樂活力」；再者在未來生機上，培養就是樂觀的「希望動力」；然後在生活層面上，達成工作、家庭、健康、社會兼顧的「美滿實力」，預約幸福美好人生。若是如此，便能把握個人在「快樂、希望、美滿」中間的美好串聯，自然能擁有幸福人生生涯漫步的關鍵密碼。

一、讓和好做為幸福生命的平臺

　　創立戴爾電腦的戴爾電腦總裁麥克‧戴爾（Dell），在某次畢業典禮中勉勵畢業生們：「在進入社會時，丟棄商店購買的地圖吧，要嘛自己畫一張」。因此，要做自己幸福人生的CEO，經營自己的生命藍圖，走自己人生的道路，為自己的生命負責任。

　　若是畫不出自己的生命地圖，那該如何，這時需要掌握下面關鍵字，當做地圖的基本架構。就是「天、人、物、我」四方面的和諧，如圖15-3所示。即做自己幸福人生的CEO，需關照我、人、物、天的四個層面：第一，我們要和自己和平相處，做你自己的好朋友，也就是要「和自己和好」；第二，我們要和別人和睦相處，做別人的好朋友，也就是要「和別人和好」；第三，我們要和四周環境和諧相處，保護生物，愛護環境，做萬物的好朋友，也就是要「和萬物和好」；第四，我們要和造物主上帝親密互動，做上帝的好朋友，也就是要「和上帝和好」。若是能夠這樣，我們便能夠在上帝所創造的世界當中，建立起天、人、物、我的美好和諧關係，從而做自己幸福人生的CEO，享有豐盛富足的生命【15-19】。

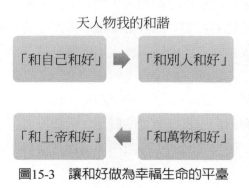

圖15-3　讓和好做為幸福生命的平臺

二、讓新思維做為 CEO 幸福人生的跳板

新思維就是要打破舊思維，改變既有的認知，若是能夠在理智和情感兩個層面，調整舊有的意念想法，如此便能夠建立新思維，改變人生的經驗。申言之，若要打破舊思維並建立新思維，則需要先行檢視我們在面對事件發生時，自己的思維認知方式，乃至於行動反應內涵。再決定要從哪一個階段來「解凍」、「改變」和「再凍」，此呼應李溫（Lewin）的變革管理模式（change management model）【15-20】。

新思維的建立即需要做好以下三件事情【15-21】：

1. 三個相信

第一是「三個相信」。首先，相信別人是和自己站在同一條陣線上，別人都期待大家能夠成功和富足，享有美好的人生。千萬要相信四周他人都是良善和美好的，在適當的時機，每個人都願意貢獻自己的一份心力。再者，相信適當的人際溝通安排，會較諸自然的巧遇機會更加珍貴，機遇固然是可遇不可求，這需要用心去創造適當的溝通機會，而不是光枯坐等待事情自然發生。三者，相信這個五光十色的世界背後，應當存在著一位美善的上帝，也就是造物主宰，上帝要賜福給這個世界。上帝是我們的牧者，我們必不致缺乏。上帝要使我們得到生命，並且享有更加豐盛的生命。千萬要相信我們到這個世界來，是要享受福氣的，而不是受罪還債的。以上三個相信是幸福管理者處理各項事務時的基本信念。

2. 兩個堅持

第二是「兩個堅持」。首先，堅持嚴以律己並且寬以待人，因為公道自在人心，若是自己能夠厚待他人，別人必會感激在心。再者，堅持謙虛自持並且看他人比自己強，因著心中謙卑自然不會有敵人，只要尊重他人，深信他人必定會尊重迴向回來。上述兩個堅持誠然是幸福管理者對待他人的基本原則。

這時，需要努力做對的事情：持守誠實、持守仁慈，如此一來便可配受別人尊敬，握有對自己良好感覺的關鍵。需要努力把事情做對：持守要具有生產力，持守要具有高的工作效率，這樣會使自己有良好的感覺。同

時需要有正確的思維：要思想正面的事物，使自己能對自我感覺良好。

　　例如，自己若看到公司的某個角落散落一地垃圾，過去多半視若無睹。因爲那時自己的思維充滿著「多一事不如少一事」、「多做多錯、少做少錯」的想法，自己心中便會解讀認知爲「這不干我的事，也不是我該負的責任」，因此便會走開，離開現場，並且還會唸唸有詞：「不知誰把這兒弄得如此髒亂。」

3. 一個改變

　　第三是「一個改變」。一個改變是先去改變自己，而不是改變別人。人類最大的挑戰是怎樣改變自己，好做成能夠感動自己，進而感動別人的橋樑。這時必須先問自己一個問題，爲什麼別人沒有辦法了解自己的付出，而總是對自己的辛苦或努力「無感」，而這正是需要自己用心突破的地方。也就是需要改變和別人溝通互動的方法，改變和別人互動的心態，勇於眞實【15-22】，用心體會能夠感動別人的方式，運用熱情和誠懇的內心來溝通對話，透過理解、熱忱、同理、共情，轉化他人的行動，感動對方，而這需要一步一腳印的努力。

　　繼續上面的例子，這時，若自己要打破思維，則自己要將思想調整成：「愛就是在別人的事情上，看見自己的責任」，從而自己便將心中的認知解讀成：「這可以是我的事，也是我應當擔負的責任」，因此自己會停下手中事務，將這處髒亂的角落整理乾淨。因爲自己的經驗係取決於自己的思想，而自己所體驗的生活，更可仰賴改變自己的想法和意念來改變。當碰到此路不通時，不要光是停在那裡生氣和抱怨。試著走其他的路，換個想法，運用改變法則（change rule），相信會有不同的結果。因爲我們不要效法這個世界，應該要心意更新而變化。

　　在此以筆者的經驗做個小結，每個禮拜天我都會到教會做禮拜，這時，我會將當週自己所發生的事情「重新歸零」。在做禮拜中，和上帝會面，在上帝面前交帳，把當週所遭遇到的事情都放下，讓上帝檢查。也讓上帝告訴我，應當繼續做哪些事，應當停止做哪些事。筆者「將心歸零」、「以終爲始」，放下自我得失，不再計較，不去比較，因此能夠手

寬心更寬。這時我會去思想：是否做到盡心、盡性、盡意、盡力，愛上帝，是否做到愛人如己。如此便會使我在禮拜一時，擁有全新的活力，也在接下來的六天，全力向前行，預約下一個豐收的歲月【15-23】。

三、命定之路

我們的生命實在有限，在我們的生命中，身強體壯的時間十分短暫，人生經驗的代價真是非常慘重，有時我們再回頭時候已經時不我予、成為百年身了。若是我們能夠記取前人的經驗和教訓，不要重蹈覆轍，那有多好。然而，這樣的人實在不多，大多數人總是闖過後才會恍然大悟，然而多半為時已晚。因此作者由衷希望讀者能夠「以人為鏡，可以知得失」，這也是本書中添加許多例證的理由。作者另行建議，先「內聖」再「外王」，自內而外，建立好我們的人際關係，「先修身，再齊家，然後才是治國和平天下」，自然是件水到渠成的事，這盼望能成為我們幸福人生的命定之路。

如何使人生幸福，了無遺憾，這不是件容易的事，需要提升眼界，擁有快樂、希望、美滿的智慧。最後，該做的都做了，該說的也都說完，我們只要將結果交給上帝，不要自己擔負結果重擔，便可以從自我要求中獲得釋放。作者相信若是能夠做到如此，我們必然能夠完成命定之路，做自己幸福人生的CEO，享有美好幸福的人生。最後提醒，在做自己幸福人生的CEO時，需要放下名利權位的慾望，以無私且無我的心思，洞察事情真相，迥然吾亦見真吾，若能如此，你必然可以明心見性，達到存心幸福的初心。此誠如：

上帝愛世人，甚至賜下祂的獨生兒子耶穌，
叫一切相信耶穌死裡復活的世人，
不至於滅亡，反而可以得到永遠的生命。【15-24】
這新生命宛如幼鷹在成熟成為老鷹時，
必須脫去全身羽毛，再換上全新的羽毛般，

得以重新鼓動雙翅，展翅上騰，

翱翔於天際之上。

【習作練習】

請試著爲自己要怎樣修好大學的學業、社團、戀愛、打工學分，並找到一份適合的工作，追求快樂、希望、美滿兼具的幸福人生，擬一份（大學）生涯企劃書。

【古今中外】堯舜禹的禪讓人生

在炎帝與黃帝之後，堯即帝位，史稱赤帝，堯定都平陽。堯聰明能幹又慈悲爲懷，謙讓守信。堯勤政愛民，事父母至孝，儉樸自持，在位達七十年之久。堯將帝位禪讓予舜，而不傳給嗣子。舜孝順父母，仁民愛物，舜勤儉公正，且知人善任，成爲治世，舜在位亦有五十三年。舜承繼往例，將帝位禪讓給禹，而非嗣子商。因爲禹治水有功，才德兼備，威望功勳俱佳。

在夏朝之前，有史稱「禪讓」的堯傳舜、舜傳禹之義舉，係因爲堯與舜皆認知到帝位並非屬於自己宗族，遂不眷戀名位，傳賢不傳子，而能萬古流芳，典範長存，傳世不朽。而堯、舜、禹的美德，更是幸福人生的另一樂章。

【本章注釋】

15-1　「展翅揚帆，鵬程萬里」，係祝福他人一帆風順，前途光明，得以揚帆遠航他方。至於「活出美好」的詳細內容請參閱林素畫、程珮然譯（民94），《活出美好》（約爾·歐斯汀著），臺北市：保羅文化出版。

15-2　「要生養眾多，遍滿地面，治理這地，也要管理海裡的魚、空中的鳥，和地上各樣行動的活物。」原文出自《聖經·創世紀》1章第28節。

15-3　「上帝著是好的」，原文出自《聖經·創世紀》1章10節。

15-4　「不要看自己過於所當看的，要照著上帝所分給各人信心的大小，看得合乎中

道。」原文出自《聖經・羅馬書》12章3節。

15-5 「你說我是王。我爲此而生，也爲此來到世間，特爲給眞理作見證。」原文出自《聖經・約翰福音》18章37節。

15-6 「我只有一件事，就是忘記背後，努力面前，向著標竿直跑。」原文出自《聖經・腓立比書》3章13節至14節。

15-7 「要擴張你帳幕之地，張大你居所的幔子，不要限止；要放長你的繩子，堅固你的橛子。」原文出自《聖經・以賽亞書》54章2節。

15-8 「那聽見我這些話而不實行的，就像一個愚蠢的人把房子蓋在沙土上，一遭受風吹，雨打，水沖，房子就倒塌了，而且倒塌得多麼慘重！」原文出自《聖經・馬太福音》7章26-27節。

15-9 「憑著他們所結的果子，就可以認出他們來。」原文出自《聖經・馬太福音》7章16節。

15-10 道德決策（Moral decision）的內涵以及道德強度的面向，原文出自瓊斯（Jones, 1991）。詳細內容請參閱Jones, Thomas M. (1991), Ethical decision making by individuals in organizations: An issue-contingent model, *Academy of Management Review*, 16, 366-395.

15-11 「智慧之子使父親歡樂，愚昧之子使母親擔憂。」原文出自《所羅門王箴言》10章1節。

15-12 「倫理是道德的原則，道德則是倫理的實踐」，出自Hosmer (1987)。詳細內容請參閱Hosmer, L.T., (1987), *The Ethics of Management*, NY: Irwin.

15-13 「禮、義、廉、恥，國之四維，四維不彰，國乃滅亡」，原文出自管仲《管子・牧民篇》以及顧炎武《廉恥》。

15-14 「己所不欲，勿施於人」，原文出自孔子《論語・顏淵篇》：「己所不欲，勿施於人。在邦無怨，在家無怨。」以及《論語・衛靈公篇》：「子貢問曰：『有一言而可以終身行之者乎？』子曰：『其恕乎！己所不欲，勿施於人。』」的相關文本。

15-15 「所以，無論何事，你們願意人怎樣待你們，你們也要怎樣待人，因爲這就是律法和先知的道理。」原文出自《聖經・馬太福音》7章第12節。

15-16 自我尊重和自我實現都是馬斯洛（Maslow）需求層級理論（demand hierarchy theory）的一個需求層級，出自馬斯洛（1977）。尊重規則、尊重生命、尊重上帝等美德更是一種終極的自我尊重和自我實現。詳細內容請參閱Maslow, A.H. (1977), *Motivation and Personality*, 3rd. ed., New Jersey: Pearson Education, Inc.

15-17 「我們若認自己的罪，上帝是信實的，是公義的，必要赦免我們的罪，洗淨我們的不義」，原文出自《聖經・約翰壹書》1章9節。

15-18 「知錯能改，善莫大焉」，原文出自春秋《左傳‧宣公二年》。當時齊靈公濫殺無辜廚師，只因其烹煮熊掌未能煮熟，後來臣子士季極力進諫，齊靈公遂悔悟，士季因而語出此言，內心感慨萬千。

15-19 有關天人物我和諧關係的詳細內容，亦請參閱吳信如譯（民99），《遇見心靈365》（古倫神父著），臺北市：南與北文化。以及吳妍儀譯（民96），《我們為什麼要活著？──尋找生命意義的11堂哲學必修課》（茱莉亞‧貝吉尼著），臺北市：麥田出版。

15-20 變革管理模式（change management model）的內涵，出自李溫（Lewin, 1951），請參見Lewin, K. (1951), *Field Theory in Social Change*, NY: Harper & Row.

15-21 改變態度的論點出自Maxwell, C. J. (2006), *The Winning Attitude: Your Key to Personal Success*, Tennessee: Thomas Nelson.

15-22 有關勇於真實做自己CEO的詳細內容，請參閱白崇亮（民102），《勇於真實》，臺北市：天下文化出版。

15-23 本章中不免會接觸到「天」或「神」的概念，在這裡，基督教或天主教意指上帝，回教意指阿拉，佛教意指佛或菩薩，道教意指神明或玉皇大帝，非任何特屬宗教或New Age思潮等則以上天稱之，由於眾說紛紜，莫衷一是，本書為簡化起見，在前述各章的敘述中，皆以「上帝」一詞替代之，並不再附注說明。係因為全球中基督教或天主教的信仰人口最多，以及作者個人的宗教信仰所致。作者並無獨尊基督教而歧視排斥其他宗教的意思，特此聲明。

15-24 「神愛世人，甚至將他的獨生子耶穌賜給他們，叫一切信他的不致滅亡，反得永生。因為神差他的兒子降世，不是要定世人的罪，乃是要叫世人因他得救」。原文出自《聖經‧約翰福音》3章第16-17節。

附 錄 工作價值觀（工作機構選擇）問卷

（一）請從各題的甲與乙中，選出一個最能說明你的性格敘述的題項：

（本大題共有28小題）

1. 甲、我想要滿足在高的經濟生活水平。
1. 乙、我盼望能夠對於別人有較大的影響力。

2. 甲、只有當我的工作績效自身具有價值時，我才會滿意。
2. 乙、我期望非常專精於我所從事的工作上。

3. 甲、我期望在工作中能充分使用我的創造力。
3. 乙、我看重能和我喜歡的人共同工作的機會。

4. 甲、我喜歡感覺到別人崇拜倚賴我。
4. 乙、說真的，我期望能夠賺很多錢。

5. 甲、我希望能夠擁有一個能夠充分領導他人的工作。
5. 乙、我看重能做一份對我有意義的工作，不管待遇如何。

6. 甲、我期望覺得自己得到一種很難能可貴的專業技能。
6. 乙、我期望創造一個人們只有和我來往的情形。

7. 甲、除非是賺很多的錢，否則我就會不滿足。
7. 乙、我期望能發揮我的所學，這樣我才會滿足。

8. 甲、我的工作是我尋找生命意義的一環。
8. 乙、我需要做個用我名字來命名生產的產品。

9. 甲、我希望能買得起我想要的任何事物。
9. 乙、一份長期穩定的工作最能夠吸引我。

10. 甲、我希望有一個能夠大大影響他人的工作。
10. 乙、在我的工作中，成為一位專家會讓我很快樂。

11. 甲、我看重我的工作對於社會有好的貢獻。
11. 乙、我看重在工作中和別人有美好人際關係。

12. 甲、在工作中和別人有美好的人際關係會令我很滿意。
12. 乙、我盼望能規劃我的工作，且對未來前途充滿希望。

13. 甲、我盼望能夠自由自在的花錢。
13. 乙、我盼望能夠在工作中有真正的變革。

14. 甲、說真的，我期望能夠在工作中指導別人。
14. 乙、我認為美好的工作人際關係十分重要。

15. 甲、我喜歡沉溺在成為一位專家的身分。
15. 乙、我只有在擁有一份安全的工作，我才能感到放心。

16. 甲、我盼望能夠追求財富。
16. 乙、我盼望透過工作來結交好朋友。

17. 甲、若是我認為工作的結果很有價值，我就會認真做。
17. 乙、當我知道我在退休時的身分地位，我會很高興。

18.甲、因工作中好的同事關係，我很難去換工作。
18.乙、我看重別人認為我很有成就的觀感。

19.甲、我喜歡全權負責來管理別人的事情。
19.乙、我喜歡創造發明一些先前沒有的事物。

20.甲、晚上我常做我認為重要的事，而非升遷加薪的事。
20.乙、我內心要追求大家的認可肯定。

21.甲、我盼望做些和他人不一樣的事情。
21.乙、在工作上我總是打出安全牌。

22.甲、我盼望別人仰仗我的領導。
22.乙、我非常看重我的社會地位。

23.甲、我希望我所創造的產品上有我的名字。
23.乙、我希望別人能夠認同肯定我的成就。

24.甲、我喜歡去承擔責任。
24.乙、我會很擔心在工作上有沒有前景規劃。

25.甲、我無時無刻為賺更多錢來做事。
25.乙、我把工作看做是達到個人成長的路徑。

26.甲、我盼望擁有高聲望的職位和工作。
26.乙、我盼望有份安穩的工作。

27.甲、只要有個美好的工作人際關係，其他的事都好說。
27.乙、我滿足於能夠有一番事業和貢獻。

28.甲、我羨慕隨著高職位所帶來的高社經地位。

28.乙、我想要擁有專家的資格身分。

工作價值觀問卷：答案卡

學校＿＿＿＿＿＿＿＿＿＿　　課程＿＿＿＿＿＿＿＿＿＿

姓名＿＿＿＿＿＿　學號＿＿＿＿＿＿　系級＿＿＿＿＿＿＿＿

（一）兩兩性格比較選擇（填選甲或乙）

題號	1	2	3	4	5	6	7
甲或乙							
題號	8	9	10	11	12	13	14
甲或乙							
題號	15	16	17	18	19	20	21
甲或乙							
題號	22	23	24	25	26	27	28
甲或乙							

（三）工作價值觀計分卡（以一選項得一分計）

區分	A	B	C	D	E	F	G	H
內容	物質報酬	權利和影響力	尋求意義	專精	創新	親和力	安全感	地位
以正字計分								
得分								

你的工作價值觀（工作機構選擇）結果：＿＿＿＿＿＿＿＿。

問卷的解說提示

工作價值觀選擇（或稱內在驅力）問卷：解說提示

(1)二十八道選擇題

題號	甲選項	乙選項	題號	甲選項	乙選項
1	A	B	19	D	G
2	C	D	20	A	F
3	E	F	22	C	G
4	H	A	23	F	G
5	B	C	24	B	E
6	D	E	25	C	H
7	A	D	26	E	G
8	C	E	27	B	H
9	A	G	29	E	H
10	B	D	30	B	G
11	C	F	33	A	C
12	F	H	34	H	G
13	A	E	35	F	D
14	B	F	36	H	D

(2)工作價值觀計分卡

區分	A	B	C	D	E	F	G	H
內容	物質報酬	權利和影響力	尋求意義	專精	創新	親和力	安全感	地位
得分								

(3)彙整成「名、利、權、意義」的四大標題

區分	名位		財利		權力		意義	
細目	地位	專精	物質	安全	權力	親和	意義	創新
代號	H	D	A	G	B	F	C	E
得分								

請挑選一項最合你的個性之論述（共25題）

1. (a)尊敬他人的、(b)有冒險精神的、(c)樂觀的、(d)隨和常照顧他人的。

2. (a)怕和人衝突的、(b)有生命活力的、(c)易受人利用的、(d)進取攻擊的。

3. (a)不屈不撓的、(b)順從的、(c)愛挑剔難取悅的、(d)愛玩的。

4. (a)對人親切的、(b)創新的、(c)謙卑的、(d)有說服力的。

5. (a)吸引人的、(b)敬畏上帝的、(c)討人喜歡的、(d)頑固的。

6. (a)勇敢的、(b)鼓舞人心的、(c)膽小的、(d)順服的。

7. (a)做事小心的、(b)有堅固信心的、(c)有說服力的、(d)溫柔和藹的。

8. (a)冷淡不關心的、(b)能適應環境的、(c)好議論的、(d)無憂無慮的。

9. (a)依靠他人的、(b)積極的、(c)知足的、(d)與人和睦的。

10. (a)樂意去做的、(b)興高采烈的、(c)愉快的、(d)熱心的。

11. (a)愛交際的、(b)有耐心的、(c)有自信心的、(d)說話溫柔的。

12. (a)大膽的、(b)易跟隨配合的、(c)忠心的、(d)迷人的。

13. (a)堅定不移的、(b)體貼的、(c)虛心接受建議的、(d)常快樂的。

14. (a)喜歡冒險的、(b)善於接納的、(c)說話中肯的、(d)真心實意的。

15. (a)有自信的、(b)寬容的、(c)有同情心的、(d)果斷獨斷的。

16. (a)喜歡和人一起的、(b)有活力的、(c)有教養的、(d)慈悲心腸的。

17. (a)會配合別人的、(b)謹慎的、(c)坦率發言的、(d)做事準確的。

18. (a)會自律的、(b)慷慨的、(c)有恆心的、(d)活潑的。

19. (a)多話的、(b)壓抑自己情緒的、(c)果斷的、(d)保守的。

20. (a)大膽的、(b)精確準確的、(c)快活的、(d)冷鎮靜定的。

21. (a)不安多變的、(b)易親近的、(c)受人歡迎的、(d)敬天愛人的。

22. (a)值得敬佩的、(b)服從的、(c)親切的、(d)堅強毅力的。

23. (a)優美精煉的、(b)天地不怕的、(c)知足的、(d)有外交手腕的。

24.(a)競爭好勝心的、(b)體貼的、(c)與人和睦的、(d)使人快樂的。

25.(a)好支配的、(b)會去影響他人的、(c)穩定穩健的、(d)服從謹慎的。

性格DISC：解說提示

題號	(a)	(b)	(c)	(d)
1	C	D	I	S
2	N	I	S	D
3	D	S	N	I
4	S	N	C	I
5	I	C	N	D
6	D	I	N	N
7	C	D	I	S
8	N	C	D	I
9	S	D	N	C
10	S	N	C	D
11	I	S	D	C
12	D	N	S	I
13	N	C	I	S
14	D	C	S	N
15	I	N	N	D
16	I	D	N	S
17	I	D	N	C
18	C	S	D	N
19	I	S	D	N
20	N	C	N	S
21	D	S	I	C
22	I	N	S	D
23	N	D	S	C
24	D	S	N	N
25	D	I	S	S

註：N代表無。

📖 參考文獻

- 王俞惠譯（民101），《自信思考術》（泉忠司曼著），臺北市：大牌出版。
- 白崇亮（民102），《勇於眞實》，臺北市：天下文化出版。
- 朱文儀、陳建男譯（民96），《策略管理》（第七版），查理斯·希爾、葛瑞斯·瓊絲著，臺北市：華泰文化出版。
- 李秀華譯（民101），《善惡的對決》（懷愛倫著），臺北市：時兆文化出版。
- 李家同（民84），《讓高牆倒下吧》，臺北市：聯經出版。
- 吳信如譯（民99），《遇見心靈365》（古倫神父著），臺北市：南與北文化。
- 吳信如譯（民97），《領導就是喚醒生命》（古倫神父著），臺北市：南與北文化。
- 吳妍儀譯（民96），《我們爲什麼要活著？——尋找生命意義的11堂哲學必修課》（茱莉亞·貝吉尼著），臺北市：麥田出版。
- 周逸衡等著（民85），《靈魂Call-out：解讀靈魂完全手冊》，臺北市：商周文化出版。
- 林佳龍、廖錦桂編著（民100），《零與無限大：許文龍幸福學》（許文龍口述），臺北市：早安財經文化。
- 林育珊譯（民97），《築人生的願景：成功的生涯規劃》（史特拉·寇提列著），臺北市：寂天文化。
- 林素吾、程珮然譯（民94），《活出美好》（約爾·歐斯汀著），臺北市：保羅文化出版。
- 洪翠薇譯（2009），《大學生了沒：聰明的讀書技巧》（Stella Cottrell著），臺北市：寂天文化出版。
- 洪蘭譯（民102），《邁向圓滿：掌握幸福的科學方法與練習計畫》（馬汀·賽利格曼著），臺北市：遠流出版。
- 洪蘭譯（民102），《練習樂觀、樂觀學習》（馬汀·賽利格曼著），

臺北市：遠流出版。

- 洪蘭譯（民102），《眞實的快樂》（馬汀・賽利格曼著），臺北市：遠流出版。
- 姜雪影譯（民98），《10、10、10：改變你生命的決策工具》（蘇西・威爾許著），臺北市：天下遠見出版。
- 施以諾（民92），《態度決定了你的高度》，臺北市：橄欖文化出版。
- 徐詩偉（民99），《管得少，是我故意的》，臺北市：早安財經文化出版。
- 桑田草譯（民102），《一次讀懂世界三大宗教》（探索歷史之迷會著），臺北市：商周出版。
- 張智淵譯（民103），《一句入魂的傳達力》（佐佐木圭一著），臺北市：大是文化出版。
- 張篤群、江麗美譯（民87），《耶穌談生活——熱情與喜樂的處世哲學》（羅莉・瓊斯著），臺北市：智庫文化出版。
- 許是祥譯（民80），《有效的管理者》（彼得・杜拉克著），臺北市：中華企管出版。
- 陳正芬譯（民100），《關懷的力量》（米爾頓・梅洛夫著）（三版），臺北市：經濟新潮社出版。
- 陳恩惠、吳蔓玲譯（民95），《態度：你的致勝關鍵》（約翰・麥斯威爾著），美國加州：基石文化出版。
- 陳澤義（民111），《管理與人生》（四版），臺北市：五南出版。
- 陳澤義（民111），《生涯規劃》（四版），臺北市：五南出版。
- 陳澤義（民109），《科技與創新管理》（六版），臺北市：華泰文化出版。
- 陳澤義（民105），《解決問題的能力》，臺北市：印刻雜誌出版。
- 陳澤義（民105），《研究方法：解決問題導向》，臺北市：普林斯頓國際出版。
- 陳澤義（民104），《溝通管理》，臺北市：五南圖書出版。

- 陳澤義（民107），《現代管理學：數位趨勢下的管理藝術》（三版），臺北市：普林斯頓國際出版。
- 陳澤義、曾忠蕙（民109），《國際行銷》（三版），臺北市：普林斯頓國際出版。
- 陳澤義（民108），《服務管理》（六版），臺北市：華泰文化出版。
- 陳澤義（民101），《影響力是通往世界的窗戶》，臺北市：聯經出版。
- 陳澤義（民100），《美好人生是管理出來的》，臺北市：聯經出版。
- 陳澤義、劉祥熹（民105），《國際企業管理：理論與實務》（三版），臺北市：普林斯頓國際出版。
- 陳澤義、陳啟斌（民107），《企業診斷與績效評估》（五版），臺北市：華泰文化出版。
- 陳澤義、張宏生（民99），《服務業行銷》（二版），臺北市：華泰文化出版。
- 郭亞維（民89），《哈佛校訓給大學生的啟示》，臺北市：文京閣出版。
- 趙婉君譯（民91），《哈佛經驗：如何讀大學》（萊特著），臺北市：立緒出版。
- 曹明星譯（民99），《黃金階梯：人生最重要的二十件事》（伍爾本著）（三版），臺北市：宇宙光出版。
- 彭明輝（民101），《生命是長期而持續的累積》，臺北市：聯經出版。
- 黃賀（民98），《組織行為：影響力的形成與發揮》，臺北市：前程出版。
- 詹麗茹譯（民84），《成熟亮麗的人生》（桃絲·卡內基著），臺北市：龍齡出版。
- 廖月娟譯（民101），《你要如何衡量你的人生》（克里斯汀生、歐沃斯、狄倫著），臺北市：天下文化出版。
- 鄭玉英、范瑞薇譯（民98），《辛克深度靈修之路》（約格·辛克

著），臺北市：南與北文化。

- 鄭淑芬譯（民99），《批判式思考：跳脫慣性的思考模式》（史特拉・寇提列著），臺北市：寂天文化。

- 謝明憲譯（民102），《創造生命的奇蹟》（露易絲・賀著），臺北市：方智出版。

- 謝凱蒂譯（民98），《讓天賦自由》（肯・羅賓森；盧・亞諾尼卡著），臺北市：天下文化出版。

- 魏郁如、王潔、陳佳慧譯（民98），《我的人生思考》（詹姆士，艾倫著），臺北市：立村文化出版。

- 關秀娟（民103），《懂得活：給都市人的快樂良方》，香港：經濟日報出版。

- 羅耀宗譯（民103），《聚焦第一張骨牌：卓越背後的超簡單原則》（蓋瑞・凱勒；傑伊・巴帕森著），臺北市：天下雜誌出版。

國家圖書館出版品預行編目資料

幸福學：學幸福/陳澤義著.--四版.--臺北
市：五南圖書出版股份有限公司, 2023.09
面；　公分
ISBN 978-626-366-497-5(平裝)

1.CST: 生活指導 2.CST: 幸福

177.2　　　　　　　　　112013503

1BZR

幸福學：學幸福

作　　者 ―	陳澤義(246.7)
發 行 人 ―	楊榮川
總 經 理 ―	楊士清
總 編 輯 ―	楊秀麗
副總編輯 ―	王俐文
責任編輯 ―	金明芬
封面設計 ―	陳亭瑋

出 版 者 ― 五南圖書出版股份有限公司

地　　址：106台北市大安區和平東路二段339號4樓

電　　話：(02)2705-5066　　傳　　真：(02)2706-6100

網　　址：https://www.wunan.com.tw

電子郵件：wunan@wunan.com.tw

劃撥帳號：01068953

戶　　名：五南圖書出版股份有限公司

法律顧問　林勝安律師

出版日期　2015年1月初版一刷
　　　　　2017年4月二版一刷
　　　　　2019年2月三版一刷
　　　　　2023年9月四版一刷

定　　價　新臺幣580元

經典永恆・名著常在

五十週年的獻禮——經典名著文庫

五南，五十年了，半個世紀，人生旅程的一大半，走過來了。

思索著，邁向百年的未來歷程，能為知識界、文化學術界作些什麼？

在速食文化的生態下，有什麼值得讓人雋永品味的？

歷代經典・當今名著，經過時間的洗禮，千錘百鍊，流傳至今，光芒耀人；

不僅使我們能領悟前人的智慧，同時也增深加廣我們思考的深度與視野。

我們決心投入巨資，有計畫的系統梳選，成立「經典名著文庫」，

希望收入古今中外思想性的、充滿睿智與獨見的經典、名著。

這是一項理想性的、永續性的巨大出版工程。

不在意讀者的眾寡，只考慮它的學術價值，力求完整展現先哲思想的軌跡；

為知識界開啟一片智慧之窗，營造一座百花綻放的世界文明公園，

任君遨遊、取菁吸蜜、嘉惠學子！